Zur Disponibilität der Geschäftsleiterhaftung im faktischen GmbH-Konzern

Europäische Hochschulschriften Recht

European University Studies in Law

Publications Universitaires Européennes de Droit

Band/Volume 6829

Babette Milz

Zur Disponibilität der Geschäftsleiterhaftung im faktischen GmbH-Konzern

PETER LANG

Berlin · Bruxelles · Chennai · Lausanne · New York · Oxford

Bibliografische Information der Deutschen Nationalbibliothek
Die Deutsche Nationalbibliothek verzeichnet diese Publikation in der Deutschen
Nationalbibliografie; detaillierte bibliografische Daten sind im Internet über
http://dnb.d-nb.de abrufbar.

Zugl.: Passau, Univ., Diss., 2025

DE-154
ISSN (Print) 3052-8291
ISSN (eVersion) 3052-8305
ISBN 978-3-631-93672-6 (Print)
ISBN 978-3-631-93635-1 (ePDF)
ISBN 978-3-631-93693-1 (ePUB)
DOI 10.3726/b22847

© 2026 Peter Lang Group AG, Lausanne (Schweiz)
Verlegt durch Peter Lang GmbH, Berlin (Deutschland)

info@peterlang.com

www.peterlang.com

In Dankbarkeit – meinen Eltern

Inhaltsverzeichnis

Vorwort

Diese Dissertation wurde an der Universität Passau verfasst und im Frühjahr 2023 von der Juristischen Fakultät angenommen. Literatur und Rechtsprechung wurden bis März 2023 berücksichtigt.

Für die Betreuung danke ich Professor Dr. Holger Altmeppen sowie Professor Dr. Michael Beurskens, LL.M. (Chicago), LL.M. (Düsseldorf), Attorney At Law (New York) für das Zweitgutachten.

Ebenso danke ich allen, die mich auf diesem Weg begleitet haben, von Herzen. Allen voran gilt mein tiefster Dank meinen Eltern für ihre unerschütterliche Unterstützung und Ermutigung.

München, im April 2025   *Babette Julia Milz*

Einführung

§ 1 Gegenstand der Arbeit

Diese Arbeit befasst sich mit der Frage, inwieweit eine faktisch abhängige Gesellschaft mit beschränkter Haftung (GmbH) über die ihr gegenüber dem Geschäftsleiter zustehenden Ansprüche frei disponieren kann. Disposition ist in diesem Zusammenhang als Oberbegriff für die Befreiung von der Haftung zu verstehen. Zu einer Enthaftung des Geschäftsleiters kann es insbesondere im Wege des Verzichts, eines Vergleichs, einer Weisung oder durch das Einverständnis bzw. die nachträgliche Billigung der Gesellschafter kommen.

Neben der Enthaftung des Geschäftsführers der abhängigen GmbH wird zudem die (Ent)Haftung des Konzerngeschäftsleiters erörtert. Mangels direktem Organverhältnis zwischen der abhängigen Gesellschaft und dem Geschäftsleiter der beherrschenden Muttergesellschaft (Konzerngeschäftsleiter) ist bereits die Herleitung einer unmittelbaren Haftung gegenüber der GmbH ein beachtlicher Teil dieser Arbeit. Darauf aufbauend und in einem engen Zusammenhang mit der einfachen Geschäftsleiterhaftung stehend, stellt sich anschließend auch die Frage der Disponibilität der Haftung in diesem Verhältnis.

Ziel der vorliegenden Arbeit ist es, die sich aus den eben skizzierten Themenbereichen ergebenden Schwierigkeiten durch die Entwicklung eines konsequenten, den schützenswerten Interessen gerecht werdenden Gesamtkonzepts zu lösen und eine umfassende Untersuchung über die Disponibilität der Geschäftsleiterhaftung im faktisch beherrschten GmbH-Konzern vorzulegen.

§ 2 Problemstellung

Der Geschäftsführer einer GmbH ist das Leitungsorgan der Gesellschaft und hat bei der Ausübung seines Amtes die Sorgfalt eines ordentlichen Geschäftsmannes anzuwenden (§ 43 I GmbHG). Verletzt er diese Pflicht, ist er nach § 43 II GmbHG[1] der Gesellschaft zum Ersatz sämtlicher daraus entstandenen Schäden verpflichtet. Anders als ein Arbeitnehmer wird der Geschäftsführer als Leitungsorgan der Gesellschaft nach hM selbst bei leichter Fahrlässigkeit nicht durch die Grundsätze des innerbetrieblichen Schadensausgleiches privilegiert.[2] Darüber hinaus trägt der Geschäftsführer die Beweislast für ein zum Anspruchsausschluss führendes fehlendes Verschulden.[3] Diese im Grundsatz unbeschränkte Haftung kann daher zu einer nicht absehbaren und sehr umfangreichen Ersatzpflicht führen, die das Privatvermögen des Geschäftsführers im schlimmsten Fall weit übersteigen mag und diesen noch Jahre nach dem Ausscheiden treffen kann. Noch dazu ist die GmbH bei jährlich über 10.000 Insolvenzen[4] die wohl insolvenzanfälligste Unternehmensrechtsform.[5] Damit rückt die praktische Bedeutung der Haftung ihrer Leitungsorgane umso deutlicher in den Vordergrund, auch

---

[1] Abhängig von der Qualität der Pflichtverletzung existieren noch weitere speziellere Haftungsnormen, die zu einer Inanspruchnahme durch die Gesellschaft führen können, vgl. nur § 43 III 1 GmbHG, § 9a I GmbHG, § 57 IV GmbHG und § 15b IV, V InsO.

[2] BGHZ 148, 167 (172) = NJW 2001, 3123; *Lutter*, GmbHR 2000, 301 (311 f.); *Werner*, GmbHR 2014, 792 (793 f.); *Podewils*, DB 2018, 2304 ff.; im Einzelnen str., vgl. *Altmeppen*, GmbHG, § 43 Rn. 5; *Beurskens*, in: Noack/Servatius/Haas GmbHG, § 43 Rn. 43; *Fleischer*, in: MüKoGmbHG, § 43 Rn. 309; *Schnorbus*, in: Rowedder/Pentz GmbHG, § 43 Rn. 2; *Verse*, in: Scholz GmbHG, § 43 Rn. 270 f.; *Ziemons*, in: MHLS GmbHG, § 43 Rn. 419 ff.; *Bastuck*, Enthaftung des Managements, 1986, 82 ff.; *Heisse*, Die Beschränkung der Geschäftsführerhaftung gegenüber der GmbH, 1988, 59 ff.; *Lohr*, NZG 2000, 1204 (1205 ff.); *Joussen*, GmbHR 2005, 441 (443 ff.).

[3] Unstr., vgl. nur BGHZ 152, 280 (283) = NZG 2003, 81; BGH ZIP 2008, 117 Rn. 4; BGH NZG 2021, 1356 Rn. 8; *Altmeppen*, GmbHG, § 43 Rn. 112; *Beurskens*, in: Noack/Servatius/Haas GmbHG, § 43 Rn. 81; *Kleindiek*, in: Lutter/Hommelhoff GmbHG, § 43 Rn. 52.

[4] Vgl. dazu die Insolvenzstatistik des Statistischen Bundesamtes abrufbar unter https://www.destatis.de/DE/Themen/Branchen-Unternehmen/Unternehmen/Gewerbemeldungen-Insolvenzen/_inhalt.html, zuletzt abgerufen am 10.01.2023. In den letzten zwei Jahren sind die Insolvenzanmeldungen deutlich zurückgegangen, was jedoch an der pandemiebedingten Aussetzung der Insolvenzantragspflicht liegt.

[5] Die Insolvenzen einer AG bzw. KGaA liegen im Vergleich bei lediglich um die 100 Fälle pro Jahr, vgl. dazu auch die Insolvenzstatistik des Statistischen Bundesamtes in Fn. 4.

wenn man bedenkt, dass dem Geschäftsführer in der Krise erhöhte Pflichten auferlegt werden (vgl. § 15b InsO) und die Geltendmachung der Ansprüche gegen ihn durch den Insolvenzverwalter oftmals die einzige Möglichkeit darstellt, die Insolvenzmasse zu vergrößern und so die Gläubiger wenigstens anteilig zu befriedigen. Wegen ebendieser stetig wachsenden Bedeutung der Managerhaftung und der damit verbundenen Risiken besteht ein großes Bedürfnis der Geschäftsleiter, ihre Haftungsrisiken zu minimieren.

Neben der Einrichtung eines umfangreichen Compliance-Systems[6] durch die Gesellschaft und der Möglichkeit, eine sog. Directors and Officers Liability Insurance (D&O-Versicherung)[7] abzuschließen, kann der Geschäftsführer jedoch auch unmittelbar durch die Gesellschaft von der Haftung befreit werden, insbesondere durch eine vorherige vertragliche Vereinbarung oder einen nachträglichen Gesellschafterbeschluss: Sowohl der Verzicht bzw. Vergleich als auch eine Weisung bzw. das Einverständnis oder die nachträgliche Billigung einer Geschäftsführungsmaßnahme können zur Enthaftung des Geschäftsleiters führen. In all diesen Fällen disponiert die Gesellschaft über einen ihr zustehenden Anspruch.

Diese Enthaftung der Geschäftsleiter einer Kapitalgesellschaft ist jedoch nicht uneingeschränkt möglich. Die Behauptung, die Disposition einer Kapitalgesellschaft über die ihr zustehenden Ansprüche unterliege irgendwelchen Verboten oder Beschränkungen, mag zwar auf den ersten Blick ungewöhnlich erscheinen, wenn man bedenkt, dass die wirtschaftliche Handlungsfreiheit und damit auch die Privatautonomie durch Art. 2 I GG grundrechtlich geschützt ist.[8] Von der Privatautonomie erfasst ist das Recht des Einzelnen, Rechtsverhältnisse frei nach seinem Willen zu gestalten,[9] und damit auch die Dispositionsmöglichkeit in Form der Freizeichnung von einer bestehenden Haftung. Über Art. 19 III GG steht dieses Recht auch

---

[6] Zur „konzernweiten Pflicht" zur Einrichtung eines „Compliance-Management-Systems", Altmeppen, NZG 2022, 1227.
[7] Diese erfassen jedoch nicht alle Pflichtverletzungen und sind regelmäßig mit Einschränkungen verbunden, *Beurskens*, in: Noack/Servatius/Haas GmbHG, § 43 Rn. 169; *Fleischer*, in: MüKoGmbHG, § 43 Rn. 467 jew. mwN; s. auch *Drescher*, Die Haftung des GmbH-Geschäftsführers, 8. Aufl. 2019, Rn. 469 ff.
[8] Unstr., BVerfGE 8, 274 (328); BVerfGE 9, 3 (11); BVerfGE 12, 341 (347 f.); *Di Fabio*, in: Dürig/Herzog/Scholz GG, Art. 2 Abs. 1 Rn. 77; *Dreier*, in: Dreier GG, Art. 2 Abs. 1 Rn. 35 f.; *Murswiek/Rixen*, in: Sachs GG, Art. 2 Rn. 54, 55a.
[9] *Flume*, Das Rechtsgeschäft, S. 1.

Kapitalgesellschaften, genauer inländischen und europäischen juristischen Personen des Privatrechts als Träger dieses Grundrechts zu.[10] Die wirtschaftliche Handlungsfreiheit und die damit verbundene Privat- bzw. Vertragsautonomie werden jedoch gerade nicht schrankenlos gewährleistet, sondern dürfen durch alle Rechtsnormen, die formell und materiell mit der Verfassung in Einklang stehen, eingeschränkt werden.[11] Für Kapitalgesellschaften finden sich solche gesetzlichen Dispositionsschranken u.a. im GmbHG und AktG (Beispiele: § 9b, § 43 III 2 u. 3, siehe auch § 15b IV InsO). Aufgrund der verfassungsrechtlichen Verankerung der Dispositionsfreiheit der Gesellschaft muss diese Einschränkung zwar verhältnismäßig sein, erklärt werden kann dieser Eingriff aber mit dem Bedürfnis des in Ausgleich zu bringenden Spannungsfeldes zwischen der Privatautonomie der Gesellschaft und den schutzwürdigen Interessen Dritter: Disponiert die Gesellschaft über ihr zustehende Ansprüche, schmälert sich das Gesellschaftsvermögen. Dann sind aber immer auch Gläubigerinteressen betroffen, die ein schützenswertes Vertrauen darauf haben, befriedigt zu werden. Dass die Gesellschaft nicht uneingeschränkt über bestimmte Ansprüche disponieren kann, ergibt sich zudem aus der Tatsache, dass bestimmte Pflichten der Geschäftsführer gerade dem Schutz der Gläubiger dienen (vgl. z.B. §§ 43 III 1, 30 GmbHG) und die Gesellschaft damit gar nicht alleiniger Adressat der Ausgleichspflicht und somit des Schutzzweckes der Norm ist. Darüber hinaus sind Minderheitsrechte der Gesellschafter immer dann betroffen, wenn die Gesellschaft mehrheitlich entscheidet. Um die Interessen der Minderheitsgesellschafter zu wahren, bedarf es auch dahingehende Schranken.

In der Literatur und Rechtsprechung sind Zulässigkeit und Grenzen allerdings nicht abschließend geklärt.[12] Angesichts der dargestellten Interessenlage

---

[10] BVerfGE 10, 89 (99); BVerfGE 20, 323 (336); BVerfGE 23, 12 (30); BVerfGE 70, 1 (25); *Dreier*, in: Dreier GG, Art. 2 Abs. 1 Rn. 44; *Murswiek/Rixen*, in: Sachs GG, Art. 2 Rn. 39; *Starck*, in: v. Mangoldt/Klein/Starck GG, Art. 2 Abs. 1 Rn. 47.

[11] stRspr. BVerfGE 6, 32 = NJW 1957, 297; BVerfGE 80, 137 (153) = NJW 1989, 2525; BVerfGE 90, 145 (172) = NJW 1994, 1577; *Lang*, in: BeckOK GG, Art. 2 Rn. 52.

[12] Vgl. *Drescher*, Die Haftung des GmbH-Geschäftsführers, 8. Aufl. 2019, 451: „im Einzelnen bleibt jedoch vieles streitig [...]"; s. auch einschlägige Literatur *Fleischer*, in: MüKoGmbHG, § 43 Rn. 367 ff.; *Haas/Wigand*, in: Krieger/Schneider, Hdb Managerhaftung, § 20 Rn. 1 ff. jew. mwN; umfassend zuletzt *Wigand*, Haftungsbeschränkungen; vgl. auch die Übersicht zur BGH-Rechtsprechung, S. 86.

bleibt jedoch die Frage, wie diese Dispositionsgrenzen interessengerecht auszulegen sind, inwieweit die gesetzlich geregelten Schranken überhaupt ausreichend sind und ob es etwaiger Modifikationen bedarf. Bis heute fehlt es an einer verbindlichen Antwort, sodass eine aktuelle Problemaufarbeitung und Darstellung für die Disponibilität von Ansprüchen gegen den Geschäftsführer in der GmbH schon aus rechtswissenschaftlicher Perspektive sinnvoll erscheinen. Zudem kann auf diese Weise sowohl für die mittelbar betroffenen Gläubiger, aber insbesondere auch für die Geschäftsleiter selbst Klarheit darüber geschaffen werden, ob eine Enthaftung wirksam ist und damit die bestehende Rechtsunsicherheit beseitigt wird.

Noch weniger[13] Beiträge haben sich allerdings bislang der Frage gewidmet, welche Besonderheiten für die Geschäftsleiterhaftung gelten, wenn die GmbH faktisch beherrscht wird. Vor dem Hintergrund, dass die Hälfte der Gesellschaften mit beschränkter Haftung in Konzerne eingebunden sind[14], erscheint dies zunächst überraschend. Wenn man jedoch bedenkt, dass schon die Frage, ob der Konzerngeschäftsleiter mangels Organstellung überhaupt der abhängigen GmbH gegenüber haften kann, weitgehend unbeachtet geblieben ist,[15] dann wird auch deutlich, warum die Disposition über diesen Anspruch und die damit verbundenen Schwierigkeiten einer rechtswissenschaftlichen Aufarbeitung ermangeln. Aus diesem Anlass geht diese Arbeit über die Frage der Disponibilität der einfachen Geschäftsleiterhaftung hinaus auch auf diesen Aspekt der Haftung des Konzerngeschäftsleiters ein.

Berücksichtigt man außerdem, dass die Haftung des GmbH-Geschäftsführers viel weniger Beachtung in der medialen Öffentlichkeit (jüngst zur AG: VW[16],

---

[13] Soweit ersichtlich nur *Altmeppen*, Die Haftung des Managers im Konzern.

[14] Die GmbH ist in der Rechtspraxis der beliebteste Konzernbaustein, was insbesondere an der einfachen Organisationsverfassung und der Weisungsgebundenheit des Geschäftsführers liegt; *Emmerich*, in: Scholz GmbHG, Anh. § 13 Rn. 3; *Liebscher*, in: MüKoGmbHG, Anh. zu § 13 Rn. 6; *Wicke*, GmbHG, Anh. § 13 Rn. 1 jew. mwN; *Hommelhoff*, ZGR 2012, 535 (536); *Bayer/Hoffmann*, GmbHR 2014, 12 (16).

[15] Vgl. dazu *Liebscher*, in: MüKoGmbHG, Anh. zu § 13 Rn. 490 mit Fn. 646, der zu Recht darauf hinweist, dass sich in der einschlägigen Literatur kaum eine eing. Stellungnahme finden lässt; so auch *Zeidler*, in: Michalski GmbHG, 1. Aufl. 2002, Syst. Dar. 4 Rn. 245.

[16] Vgl. die Berichterstattung im Internet, z.B. von *Handelsblatt* „Dieselskandal kostete VW mehr als 30 Milliarden Euro – Ex-Chef Winterkorn kommt mit rund elf Millionen davon. Der Autobauer will wegen der Verletzung von Sorgfaltspflichten sechs Manager um Ex-CEO Winterkorn in Haftung nehmen. Auch mit den Versicherern soll es zu

Wirecard[17], thyssenkrupp[18]) und Rechtswissenschaft findet als die Haftung von Vorständen, zu der sich eine Flut an Beiträgen angesammelt hat, so fordert diese Tatsache erst recht dazu auf, sich mit jener Thematik auseinanderzusetzen. Gerade weil es an einer vergleichbaren Beraterpraxis für die Geschäftsführer einer GmbH fehlt, ist es notwendig, sich weiterhin ausführlich mit diesem Themenbereich zu beschäftigen und die Diskussion anzuregen.

§ 3 Gang der Darstellung

Die Arbeit ist in drei große Abschnitte gegliedert. Der erste Teil gibt einen Überblick über die maßgeblichen Haftungsgrundlagen der Innenhaftung der Geschäftsleiter eines faktischen GmbH-Konzerns (TEIL 1). Dazu wird zu Beginn die allgemeine Organhaftung des Geschäftsführers einer abhängigen Gesellschaft, orientiert an der Grundnorm § 43 GmbHG, betrachtet und eine Einordnung der Fallgruppen des ohnehin indisponiblen § 43 III GmbHG vorgenommen. Da die Außenhaftung eine Ausnahme darstellt und ohnehin mangels Aktivlegitimation für die Gesellschaft nicht disponibel ist, bleibt diese ausgeklammert. Anschließend wird die Haftung des Konzerngeschäftsleiters der Muttergesellschaft gegenüber der abhängigen GmbH untersucht. Die Darstellung beschränkt sich dabei auf die Fälle einer GmbH oder AG als herrschendes Unternehmen.

Im Gesellschaftsrecht ist die Haftung des Konzerngeschäftsleiters einer faktisch abhängigen GmbH nicht geregelt und auch in der Literatur finden sich kaum Stellungnahmen dazu. Für eine umfassende Darstellung

---

einem Vergleich kommen.", abrufbar unter https://www.handelsblatt.com/unternehmen/industrie/streit-ueber-schadensersatz-dieselskandal-kostete-vw-mehr-als-30-milliarden-euro-ex-chef-winterkorn-kommt-mit-rund-elf-millionen-davon/27244030.html, zuletzt abgerufen am 10.01.2023.

[17] Vgl. die Berichterstattung im Internet, z.B. von *LTO* „OLG Frankfurt entscheidet zur Managerhaftpflicht – Urteil zugunsten Ex-Wirecard-Chef Braun", abrufbar unter https://www.lto.de/recht/kanzleien-unternehmen/k/umfang-managerhaftpflicht-wirecard-markus-braun-presserecht-pr-lg-olg-frankfurt-7u15021-7u9621-208o30820/, zuletzt abgerufen am 10.01.2023.

[18] Vgl. die Berichterstattung im Internet, z.B. von *Süddeutsche Zeitung* „Thyssen-Krupp verklagt Ex-Manager auf 100 Millionen Euro", abrufbar unter https://www.sueddeutsche.de/wirtschaft/korruptionsaffaere-bei-stahlkonzern-thyssen-verklagt-ex-manager-auf-100-millionen-euro-1.1546105, zuletzt abgerufen am 10.01.2023.

der Herleitung der Haftung eignet es sich daher besonders gut, sowohl auf das „Ob" der Haftung als auch auf das „Wie" einzugehen. Im ersten Abschnitt werden zudem die verschiedenen Dispositionsmöglichkeiten der Gesellschaft abstrakt dargestellt, wobei sich die Arbeit auf die Disposition in Form der Enthaftung des Geschäftsleiters beschränkt (Verzicht, Vergleich, Weisung und Einverständnis). Wegen der gesellschaftsrechtlichen Besonderheit der Haftungsfreistellung von Geschäftsleitern werden alle weiteren Arten der Disposition über Ansprüche, wie z.b. Rücktritt, Stundung, Abtretung, Annahme an Erfüllung statt usw., nicht untersucht. Auch die Haftungsabschwächung durch Herabsetzung des Pflichten- und Sorgfaltsmaßstabes wird nur punktuell berücksichtigt.

Die zwei darauffolgenden Teile befassen sich dann konkret mit der Reichweite der Disponibilität. Inhalt und Grenzen der Disponibilität werden anhand der zuvor untersuchten allgemeinen Organhaftungsnormen (§ 43 GmbHG und § 317 III AktG) dargestellt.[19] Beide Teile folgen dem gleichen Aufbau, werden aber wegen der unterschiedlichen Schutzrichtungen (Gläubiger- und Minderheitenschutz) zur besseren Darstellung in Einmann-GmbH (TEIL 2) und in mehrgliedrige GmbH (TEIL 3) aufgeteilt.

Begonnen wird jeweils mit den formellen und materiellen Grenzen der Enthaftung des Geschäftsführers der einfachen GmbH und dabei zwischen den jeweiligen Dispositionsformen differenziert. Darauf aufbauend wird auf die Disponibilität der Konzerngeschäftsleiterhaftung nach § 317 III AktG im faktischen Konzern eingegangen. Die Darstellungen zur mehrgliedrigen GmbH beschränken sich wegen der weitergehenden Schutzbedürftigkeit auf die dahin gehend zusätzlich zu setzenden Grenzen und stellen damit den kleinsten Teil der Arbeit dar.

Abschließend werden die wesentlichen Erkenntnisse zusammenfassend dargestellt.

---

[19] Andere Anspruchsgrundlagen wie z.B. § 9a I GmbHG (Gründerhaftung), § 57 IV GmbHG (Haftung bei Verletzung der Eintragungspflicht von Kapitalerhöhungen) und § 15b IV, V InsO, die zur Innenhaftung des Geschäftsführers führen, bleiben außer Betracht.

Überblick

§ 1 Die Geschäftsleiterhaftung in einer faktisch abhängigen GmbH

A. Einführung

Ausgangspunkt der Arbeit ist die *Geschäftsleiterhaftung* im faktischen GmbH-Konzern. Als eine juristische Person kann die GmbH nicht für sich selbst bzw. nach außen hin wirksam handeln. Vielmehr bedarf es dafür eines Geschäftsführers als Organ der Gesellschaft. Selbstverständlich gilt dies auch für die faktisch beherrschte GmbH[20], denn um wirksam handeln zu können, muss eine Kapitalgesellschaft immer durch eine natürliche Person vertreten werden. Ein bedeutender Unterschied ist jedoch, dass der Mehrheits- oder Alleingesellschafter einer beherrschten GmbH typischerweise ein Unternehmen, oftmals in Form einer (Kapital-)Gesellschaft[21] ist, die selbst durch einen Vorstand (AG) oder Geschäftsführer (GmbH) vertreten werden muss, um ihre Geschäfte zu führen. Wenn also von der *Geschäftsleiterhaftung* im faktischen GmbH-Konzern gesprochen wird, können daher zwei

---

[20] Die Stellung des Mutterunternehmens als Allein- oder Mehrheitsgesellschafterin führt trotz Fehlen eines Beherrschungsvertrages (§§ 291 ff. AktG) zur *faktischen Beherrschung* der Tochtergesellschaft, was zu einer höheren Schutzbedürftigkeit der abhängigen Gesellschaft und ihrer Gläubiger führt. Die Besonderheit eines faktisch beherrschten *GmbH*-Konzerns liegt in der fehlenden gesetzlichen Normierung, denn die §§ 311 ff. AktG gelten in direkter Anwendung nur für eine abhängige AG oder KGaA, vgl. *Habersack*, in: Emmerich/Habersack, § 311 Rn. 1. Dazu eing. ab S. 25 ff.

[21] Die Rechtsform des herrschenden *Unternehmens* ist grundsätzlich unerheblich, vgl. zum Unternehmensbegriff *Emmerich*, in: Emmerich/Habersack, § 15 Rn. 6 ff.

unterschiedliche Amtsinhaber gemeint sein, nämlich der Geschäftsführer der Tochter-GmbH oder der Geschäftsführer bzw. Vorstand der beherrschenden Muttergesellschaft.

Bei der Führung ihrer Geschäfte haben die Geschäftsleiter „die Sorgfalt eines ordentlichen Geschäftsmannes anzuwenden" (§ 43 I GmbHG).[22] Verletzen sie schuldhaft ihre Pflichten gegenüber der Gesellschaft, machen sie sich im Innenverhältnis schadensersatzpflichtig (sog. Innenhaftung). Daneben können auch Gesellschafter, Gläubiger und Dritte Ansprüche gegen den Geschäftsführer geltend machen (sog. Außenhaftung).[23] Die Pflichten der Geschäftsleiter variieren je nach Größe, Tätigkeitsbereich und internationaler Ausrichtung des Unternehmens. Der damit verbundene ständige Wandel der einzuhaltenden Pflichten erhöht das Risiko von Fehltritten der Unternehmensleitung und lässt damit die Bedeutung der Managerhaftung stetig wachsen.[24]

Um sich mit der Frage zu beschäftigen, inwieweit über die Ansprüche einer faktisch beherrschten GmbH gegen ihre Geschäftsleiter disponiert werden kann, sollte zunächst dargestellt werden, nach welchen Vorschriften eine Innenhaftung überhaupt in Betracht kommt. Denn schon die jeweiligen Anspruchsgrundlagen des Gesellschaftsrechts können zumindest teilweise Aufschluss darüber geben, inwieweit der Gesetzgeber die Inanspruchnahme des Geschäftsleiters zur freien Disposition der Gesellschaft stellen wollte, vgl. § 43 III GmbHG, § 93 IV, V, § 309 III, IV, § 317 IV AktG.

B. Haftungsgrundlagen des Geschäftsführers einer GmbH

Bei den Anspruchsgrundlagen gegen den eigenen Geschäftsführer einer faktisch beherrschten GmbH ergeben sich keine Unterschiede zur Situation

---

[22] Dies entspricht auch dem Pflichtenmaßstab eines Vorstands in der Aktiengesellschaft („ordentlichen und gewissenhaften Geschäftsleiters", § 93 I 1 AktG), vgl. *Altmeppen, GmbHG,* § 43 Rn. 3.

[23] Dies gilt jedoch nur in Ausnahmefällen, denn aus einer Pflichtverletzung des Geschäftsführers gegenüber der Gesellschaft können Dritte keine Schadensersatzansprüche herleiten (Grundsatz der Haftungskonzentration), vgl. *Ziemons,* in: MHLS GmbHG, § 43 Rn. 368.

[24] Vgl. allgemein zur höchstrichterlichen Rechtsprechung bei Haftung des GmbH-Geschäftsführers *Drescher,* Die Haftung des GmbH-Geschäftsführers, 8. Aufl. 2019; *Ek/Kock,* Die Haftung des GmbH-Geschäftsführers, 2. Aufl. 2020; *Goette/Goette,* Die GmbH, § 8 Rn. 204 ff.

in der „einfachen" (nicht konzernierten) GmbH. Für die Ansprüche der GmbH gegenüber ihrem eigenen, in einer Organbeziehung zu ihr stehenden Geschäftsführer spielt es keine Rolle, ob deren (Mehrheits- oder Allein-) Gesellschafter ein Unternehmen ist. In der folgenden Darstellung wird daher auf konzernspezifische Begriffe verzichtet.

I. § 43 GmbHG

Die zentrale Regelung der Geschäftsführerhaftung gegenüber der GmbH findet sich in § 43 GmbHG. Nach § 43 II GmbHG haftet der Geschäftsführer bei einer schuldhaften Verletzung allgemeiner Sorgfaltspflichten.[25] Daneben regelt § 43 III GmbHG als eigenständige Anspruchsgrundlage eine verschärfte Schadensersatzpflicht bei der Verletzung von Kapitalschutzpflichten. Die Verschärfung der Haftung liegt neben der besonderen Schadensermittlung und der insoweit erleichterten Beweislastregelung vor allem in der Einschränkung der Disponibilität (vgl. § 43 III 2 u. 3 GmbHG).[26] Nach ganz hM ist die Regelung ein Sonderfall eines Schadensersatzanspruches gem. § 43 II GmbHG.[27]

1. Analoge Anwendung von § 43 III 1 GmbHG als Anspruchsgrundlage

Nach dem Normwortlaut greift die strengere Haftung des Geschäftsführers nur im Falle verboten getätigter Auszahlungen (§ 30 GmbHG) und des unzulässigen Erwerbs eigener Geschäftsanteile (§ 33 GmbHG) als sog. qualifizierte Pflichtverletzungen. Darüber hinaus soll § 43 III GmbHG jedoch auch in anderen Fällen entsprechend anwendbar sein. Bemerkenswert ist dabei, dass eine erweiterte Anwendung in der Literatur oftmals nur im Zusammenhang mit der Disponibilität der jeweiligen Geschäftsführerhaftung erörtert wird.[28] Völlig übergangen wird bei der Diskussion indessen, ob überhaupt eine *qualifizierte*

---

[25] Umfassend zu den Sorgfaltspflichten des Geschäftsführers Fleischer, in: MüKoGmbHG, § 43 Rn. 21 ff.; ähnlich dem Vorstand handelt der Geschäftsführer bei der unternehmerischen Tätigkeit nach eigenem Ermessen und hat insofern einen weiten Beurteilungsspielraum, vgl. BGHZ 135, 244 (253) = NJW 1997, 1926; BGHZ 152, 280 (282 f.) = NJW 2003, 358.

[26] *Kleindiek*, in: Lutter/Hommelhoff GmbHG, § 43 Rn. 58; *Paefgen*, in: HCL GmbHG, § 43 Rn. 254, 270 ff.

[27] BGH NJW 2009, 68 Rn. 17; *Kleindiek*, in: Lutter/Hommelhoff GmbHG, § 43 Rn. 56; *Schnorbus*, in: Rowedder/Pentz GmbHG, § 43 Rn. 99.

[28] Vgl. *Fleischer*, in: MüKoGmbHG, § 43 Rn. 378 ff.; *Ziemons*, in: MHLS GmbHG, § 43 Rn. 515 ff.

Pflichtverletzung i.S.d. § 43 III 1 GmbHG, die eine verschärfte Haftung und damit insbesondere eine Einschränkung der Haftungsfreistellung rechtfertigen kann, vorliegt.[29] Sofern nämlich § 43 III 1 GmbHG als Anspruchsgrundlage über den Wortlaut hinaus noch weitere Pflichtverletzungen umfassen soll, müssten diese Ansprüche – bei konsequenter Anwendung des Abs. 3 – ohnehin den Dispositionsschranken von S. 2 u. 3 unterliegen.[30] Das eigentliche Problem ist daher vielmehr ein vorgelagertes und die eingeschränkte Disponibilität nur noch die logische Schlussfolgerung der analogen Anwendung von § 43 III 1 GmbHG auf andere Pflichtverletzungen als die eines Verstoßes gegen §§ 30, 33 GmbHG. In einem ersten Schritt ist demnach zunächst zu klären, ob und in welchen Fällen eine analoge Anwendung von § 43 III 1 GmbHG als Anspruchsgrundlage geboten ist.

Selbstverständlich kann und muss man sich weiterhin die Frage stellen, ob es aufgrund schutzwürdiger Interessen weitere Dispositionsgrenzen für die restlichen *einfachen* Pflichtverletzungen eines Geschäftsführers geben muss.[31] Sie darf jedoch nicht mit der Problematik der analogen Anwendung von § 43 III 1 GmbHG auf weitere *qualifizierte* Pflichtverletzungen vermengt werden.

(1) Meinungsstand
a. Kreditgewährung entgegen den Vorgaben des § 43a GmbHG

Überwiegend anerkannt ist eine analoge Anwendung des § 43 III GmbHG bei der Verletzung von weiteren dem Kapitalschutz dienenden Pflichten, so bspw. bei einer Kreditgewährung entgegen den Vorgaben des § 43a GmbHG.[32]

Gemeint ist dabei nicht der auf Rückgewähr gegen den Leistungsempfänger gerichtete Anspruch aus § 43a S. 2 GmbHG, sondern ein davon unabhängiger Schadensersatzanspruch gegen den für die Kreditgewährung

---

[29] Differenzierend auch *Haas/Wigand*, in: Krieger/Schneider, Hdb Managerhaftung, § 20 Rn. 5 ff.; *Verse*, in: Scholz GmbHG, § 43 Rn. 373 ff.

[30] Dazu sogleich unter S. 16 ff.

[31] Dazu eing. S. 76 ff., 109 ff., 141 ff.

[32] BGHZ 157, 72 (78) = NJW 2004, 1111; Lieder, in: MHLS GmbHG, § 43a Rn. 7; Haas/Wigand, in: Krieger/Schneider, Hdb Managerhaftung, § 20 Rn. 6; Zöllner/Noack, in: Baumbach/Hueck GmbHG, 21. Aufl. 2017, § 43a Rn. 7; U. H. Schneider, in: FS Werner, 795 (809 f.); weitergehend Löwisch, in: MüKoGmbHG, 3. Aufl. 2019, § 43a Rn. 25: direkte Anwendung.

verantwortlichen Geschäftsführer.[33] Begründet wird die analoge Anwendung mit der identischen Schutzrichtung der in § 43 III 1 GmbHG ausdrücklich genannten Vorschriften §§ 30, 33 GmbHG (Sicherung des Bestands und der Kapitalgrundlage der Gesellschaft) und der die Planwidrigkeit begründenden nachträglichen Einführung von § 43a GmbHG.[34] Oft wird aber auch von einer Haftung nach § 43 II GmbHG gesprochen, wobei dem besonderen Schutzzweck des § 43a GmbHG durch die analoge Anwendung von § 43 III 2 u. 3 GmbHG Rechnung getragen werden soll.[35]

b. Über die Verletzung der Kapitalerhaltungspflichten hinausgehende Schäden

Denkbar ist es auch, weitergehende, über die Verletzung der Kapitalerhaltungspflichten hinausgehende Schäden nach § 43 III 1 GmbHG (analog)[36] zu ersetzen. Denn es kann Situationen geben, in denen die Pflichtverletzung nach Abs. 3 – pflichtwidrige Auszahlung – zu einem betragsmäßig höheren Schaden als nur der verbotenen Leistung führt[37], und es erscheint demzufolge

---

[33] *Roßkopf/Notz*, in: MüKoGmbHG, § 43a Rn. 31; daneben kann auch ein Schadensersatzanspruch gegen den Geschäftsführer als Kreditnehmer bestehen, wenn in dem „sich auszahlen lassen" zugleich auch eine schuldhafte pflichtwidrige Handlung liegt, doch ist dieser Anspruch gegenüber dem vorrangigen § 43a S. 2 GmbHG ohnehin subsidiär, vgl. *Roßkopf/Notz*, in: MüKoGmbHG, § 43a Rn. 30.

[34] *Verse*, in: Scholz GmbHG, § 43a Rn. 53.

[35] *Beurskens*, in: Noack/Servatius/Haas GmbHG, § 43a Rn. 17, § 43 Rn. 98; *Kleindiek*, in: Lutter/Hommelhoff GmbHG, § 43 Rn. 64, § 43a Rn. 3 (ausdrücklich aber nur bei einem Geschäftsführer als Kreditnehmer); *Schnorbus*, in: Rowedder/Pentz GmbHG, § 43a Rn. 12; wohl auch *Ziemons*, in: MHLS GmbHG, § 43 Rn. 515 ff.; nicht eindeutig *Paefgen*, in: HCL GmbHG, § 43 Rn. 264: „da solche Kreditgewährungen unter dem Gesichtspunkt der Kapitalerhaltung den nach § 43 III 1 schadensersatzbewehrten Zahlungen an die Gesellschafter gleichzustellen sind" und § 43a Rn. 54: „kann den für die Kreditgewährung verantwortlichen Geschäftsführer zum Schadensersatz nach § 43 II verpflichten".

[36] Da sich der Wortlaut von § 43 III 1 GmbHG nur auf die schadensbegründende Pflichtverletzung bezieht und nicht zwischen den Schadensposten unterscheidet, kommt insofern sogar eine direkte Anwendung in Betracht.

[37] Typische Begleitschäden sind bspw. von der Gesellschaft zu erstattende Verzugszinsen oder Rechtsverfolgungskosten, denn die verbotene Auszahlung führt oft zu Liquiditätsmängeln der Gesellschaft, welche ihre Verbindlichkeiten daraufhin nicht mehr tilgen kann, vgl. BGH ZIP 1987, 1050; weitere Beispiele bei *Wigand*, Haftungsbeschränkungen, S. 55 f.

auf den ersten Blick seltsam, die Geltendmachung auf zwei verschiedene Anspruchsgrundlagen zu stützen. Die heute überwiegende Ansicht trennt die Schadensposten jedoch auf und fasst den weitergehenden Schaden unter § 43 II GmbHG.[38] Vereinzelt wird allerdings noch immer vertreten, dass auch dieser Nachteil über § 43 III 1 GmbHG ersetzt werden soll.[39] Problematisch ist dies jedoch mit Blick auf die in § 43 III GmbHG geltenden Haftungsverschärfungen: Die Modifizierungen müssten dann konsequenterweise auch bzgl. der Begleitschäden Anwendung finden, obwohl die Grundlage der verschärften Haftung in der besonderen Bedeutung des – bei diesen Schäden nicht betroffenen – Kapitalerhaltungsgebots liegt und deren Anwendung über den gesetzlich normierten Fall hinaus daher einer besonderen Rechtfertigung bedarf. Ein Versuch, sich darüber hinwegzuhelfen, ist es, die Schadensvermutung – eine der in § 43 III GmbHG geltenden Verschärfungen – für nicht anwendbar zu erklären.[40]

c. Mitwirkung an einem existenzvernichtenden Eingriff

Ähnlich liegt es im Zusammenhang mit der Haftung bei existenzvernichtenden Eingriffen: Dieser „missbräuchliche, die Insolvenz der Gesellschaft herbeiführende oder vertiefende kompensationslose Eingriff in das zur vorrangigen Gläubigerbefriedigung nötige und damit zweckgebundene Gesellschaftsvermögen" führt nach der *Trihotel*-Entscheidung des BGH zu einer deliktsrechtlichen Innenhaftung (§ 826 BGB) der handelnden Gesellschafter.[41] Überdies können die Geschäftsführer als Teilnehmer nach §§ 826, 830 II BGB in die Haftung geraten.[42] Gleichzeitig kann die Mitwirkung

---

[38] *Beurskens*, in: Noack/Servatius/Haas GmbHG, § 43 Rn. 90; *Fleischer*, in: MüKoGmbHG, § 43 Rn. 363; *Kleindiek*, in: Lutter/Hommelhoff GmbHG, § 43 Rn. 58; *Paefgen*, in: HCL GmbHG, § 43 Rn. 271; *Zöllner/Noack*, in: Baumbach/Hueck GmbHG, 21. Aufl. 2017, § 43 Rn. 49; *Haas*, in: Sernetz/Haas, Kapitalaufbringung und erhaltung, Rn. 507; i.E. auch *Habersack/Schürnbrand*, WM 2005, 957 (961); zur AG auch RGZ 159, 211 (230).

[39] *Born*, in: Krieger/Schneider, Hdb Managerhaftung, § 14 Rn. 31; *Mertens*, in: Hachenburg GmbHG, § 43 Rn. 92; *Verse*, in: Scholz GmbHG, § 43 Rn. 381, 392; *Thelen*, ZIP 1987, 1027 (1032) mit Verweis auf BGH ZIP 1987, 1050; nicht eindeutig *Bitter/Baschnagel*, ZInsO 2018, 557 (562).

[40] *U. H. Schneider*, in: Scholz GmbHG, 11. Aufl. 2013, § 43 Rn. 229.

[41] BGHZ 173, 246 = NJW 2007, 2689 – *Trihotel*.

[42] BGHZ 173, 246 = NJW 2007, 2689 – *Trihotel*; *Altmeppen*, GmbHG, § 43 Rn. 92; *S. H. Schneider*, in: FS U. H. Schneider, 1177 (1183 ff.); *Paefgen*, DB 2007, 1907 (1909); *Weller*, ZIP 2007, 1681 (1687); *Strohn*, ZInsO 2008, 706 (709); *Gehrlein*, WM 2008, 761 (764).

an einem existenzvernichtenden Eingriff als pflichtwidrige Handlung[43] jedoch auch eine Haftung nach § 43 GmbHG begründen.[44] Ohne eindeutige Differenzierung stützt die wohl herrschende Ansicht in der Literatur und Rechtsprechung eine Haftung des Geschäftsführers wegen Mitwirkung an einem existenzvernichtenden Eingriff auf § 43 II GmbHG und wendet lediglich § 43 III 2 u. 3 GmbHG entsprechend an.[45] Mangels klarer Stellungnahme ist aber vereinzelt nicht eindeutig auszuschließen, ob die Mitwirkung an einem existenzvernichtenden Eingriff als qualifizierte Pflichtverletzung entsprechend dem § 43 III 1 GmbHG oder als eine einfache i.S.d. § 43 II GmbHG eingeordnet werden soll.[46] Die jeweiligen Begründungen sind jedenfalls identisch: Die zum existenzvernichtenden Eingriff entwickelten Grundsätze sollen eine „Verlängerung des in §§ 30, 31 GmbHG geregelten Schutzsystems" darstellen[47] und stehen somit in einem engen Zusammenhang mit dem Kapitalschutz dienenden § 43 III GmbHG.[48]

---

[43] Typischerweise wird der Geschäftsführer – weil es primär um eine für die Gesellschafter eigennützige Maßnahme geht – aufgrund eines Beschlusses der Gesellschafter handeln, den er aber in entsprechender Anwendung von § 241 AktG nicht ausführen muss und darf, anderenfalls also pflichtwidrig handelt, *Bayer*, in: Lutter/Hommelhoff GmbHG, Anh. § 47 Rn. 20. Als Kontrollinstanz zwischen Weisung und Ausführung hat der Geschäftsführer dann versagt, vgl. *Lutter/Banerjea*, ZIP 2003, 2177 (2179); handelt ein Gesellschafter-Geschäftsführer, gilt dies umso mehr. Nach allem ist die Existenzvernichtung ohne Mitwirkung eines Geschäftsführers gar nicht denkbar, s. *Haas*, in: Noack/Servatius/Haas GmbHG, § 64 Rn. 334, s. auch BT-Drucks. 16/6140, S. 46: „Geschäftsführer als deren Auslöser oder Gehilfe".

[44] An Bedeutung gewinnt diese Anspruchsgrundlage schon wegen der hohen subjektiven Voraussetzungen von § 826 BGB, vgl. *Altmeppen*, GmbHG, § 13 Rn. 91 ff.; eine Haftung kann sich auch aus § 15b V InsO ergeben, str. bzgl. Anwendungsbereich neben § 43 GmbHG, s. *Altmeppen*, GmbHG, § 64 Rn. 71 ff., 82 ff.; zudem erfasst auch § 15b V InsO diesen Teilbereich der Existenzvernichtungshaftung, der ohnehin nicht disponibel ist, vgl. dazu schon BT-Drucks. 16/6140, S. 46.

[45] BGHZ 173, 246 Rn. 46 = NJW 2007, 2689 – *Trihotel*; *Haas/Wigand*, in: Krieger/Schneider, Hdb Managerhaftung, § 20 Rn. 9; *Paefgen*, in: HCL GmbHG, § 43 Rn. 264; *Zöllner/Noack*, in: Baumbach/Hueck GmbHG, 21. Aufl. 2017, § 43 Rn. 62a, 34, 47; *Lutter/Banerjea*, ZIP 2003, 2177 (2179); *Paefgen*, DB 2007, 1907 (1910).

[46] So ordnet *Beurskens*, in: Noack/Servatius/Haas GmbHG, § 43 Rn. 99, 82 ff. den existenzvernichtenden Eingriff als weitere qualifizierte Pflichtverletzung ein; Gleiches gilt für *Verse*, in: Scholz GmbHG, § 43 Rn. 377, 373 ff.; s. auch *Bitter*, in: Scholz GmbHG, § 13 Rn. 157, 172: Haftung aus § 43 II und III.

[47] So ausdrücklich BGHZ 173, 246 Rn. 33 = NJW 2007, 2689 – *Trihotel*.

[48] *Beurskens*, in: Noack/Servatius/Haas GmbHG, *Paefgen*, in: HCL GmbHG, § 43 Rn. 264; § 43 Rn. 99; *Verse*, in: Scholz GmbHG, § 43 Rn. 377; *Fleischer*, BB 2011, 2435 (2438).

d. Insolvenzverschleppung und Verstoß gegen andere
gläubigerschützende Vorschriften

Zwar werden in diesem Zusammenhang auch die Fälle der Insolvenzverschleppung[49] und der Verletzung anderer gläubigerschützenden Vorschriften[50]
erwähnt, eine analoge Anwendung des § 43 III 1 GmbHG als Anspruchsgrundlage wird, soweit ersichtlich, nicht in Erwägung gezogen. Vielmehr geht
es in der Diskussion allein um die Heranziehung der Dispositionsschranken
des § 43 III 2 u. 3 GmbHG, um einem umfassenden Schutz der Gläubiger
gerecht zu werden.[51]

(2) Stellungnahme
a. Analoge Anwendung bei Verstoß gegen § 43a GmbHG

Einer analogen Anwendung von § 43 III 1 GmbHG bei Verstößen gegen
§ 43a GmbHG ist zuzustimmen. Das in § 43a GmbHG geregelte Verbot der
Kreditgewährung ist den in § 43 III 1 GmbHG ausdrücklich normierten Fällen
einer verbotenen Zahlung an die Gesellschafter gleichzustellen. Im Verstoß
gegen diese Vorschriften liegt jeweils eine qualifizierte Pflichtverletzung
i.S.d. § 43 III 1 GmbHG.

Wie auch bei §§ 30 ff. GmbHG ist der Normzweck von § 43a GmbHG
der Schutz des Stammkapitals und der damit unmittelbar verbundene
Schutz der Gläubiger.[52] Da die §§ 30 ff. GmbHG jedoch nur Auszahlungen
„an die Gesellschafter [Hervorh. d. Verf.]" verbieten, füllt § 43a GmbHG diese
Schutzlücke, indem er dem besonderen Risiko von Krediten an Leitungsorgane
Rechnung trägt, sofern diese aus dem gebundenen Vermögen geleistet werden.
Das besondere Risiko dieser Kredite liegt in der Einflussmöglichkeit auf die
Geschäftsführung, wonach Leitungsorgane versucht sein können, sich besonders
günstige Kredite oder Kredite ohne angemessene Gegenleistung zu beschaffen.[53]

Wenn der Geschäftsführer aber immer dann verschärft haftet, wenn er
schuldhaft das Stammkapital angreifende und damit verbotene Auszahlungen

---

[49] Vgl. BGH NJW 1974, 1088 (1089).
[50] Beispiele: §§ 41, 42a GmbHG, § 49 III GmbHG.
[51] Vgl. *Beurskens*, in: Noack/Servatius/Haas GmbHG, § 43 Rn. 100; *Fleischer*, in:
      MüKoGmbHG, § 43 Rn. 379; *Haas/Wigand*, in: Krieger/Schneider, Hdb Managerhaftung,
      § 20 Rn. 28 ff.; *Verse*, in: Scholz GmbHG, § 43 Rn. 378.
[52] *Kleindiek*, in: Lutter/Hommelhoff GmbHG, § 43a Rn. 1.
[53] Vgl. dazu ausführlich *U. H. Schneider*, in: Scholz GmbHG, 11. Aufl. 2013, § 43a Rn. 9 ff.

an einen Gesellschafter vornimmt, kann nichts anderes gelten, sobald er schuldhaft Organkredite vergibt, die in das zur Erhaltung des Stammkapitals erforderliche Vermögen eingreifen.[54] Als Garant für das gebundene Vermögen der Gesellschaft hat der Geschäftsführer zu verhindern, dass verbotene Zahlungen – egal wie – vorgenommen werden. Das Fehlen einer ausdrücklichen Normierung in § 43 III 1 GmbHG beruht auf der späteren Einführung des § 43a GmbHG. Als Haftungsgrundlage im Falle der Verletzung von § 43a GmbHG durch den Geschäftsführer als Veranlasser der Kreditgewährung ist daher § 43 III 1 GmbHG analog heranzuziehen.[55]

Der in der Literatur vielfach vorgenommene Rückgriff auf § 43 II GmbHG als Anspruchsgrundlage ist dagegen abzulehnen. Wichtig ist zunächst, dass all diejenigen, die § 43 II GmbHG als Haftungsgrundlage heranziehen, dennoch § 43 III 2 u. 3 GmbHG analog anwenden, um dem Kapitalerhaltungsgebot gerecht zu werden. Grund für die analoge Anwendung ist, dass die Haftung nach § 43 II GmbHG grundsätzlich zur freien Disposition der Gesellschafter steht, sodass eine direkte Anwendung von Satz 2 u. 3 schon am eindeutigen Wortlaut und der systematischen Stellung dieser Regelungen scheitert.[56] Der Anspruch soll demnach nicht zur Disposition der Gesellschaft stehen, sofern er zur Gläubigerbefriedigung notwendig ist. Die Argumente für eine analoge Anwendung der Dispositionsschranken decken sich jedoch mit den Argumenten[57] für eine Haftung über § 43 III 1 GmbHG analog. Genau darin liegt jedoch die Ungenauigkeit: Erkennt man, dass ein Verstoß gegen § 43a GmbHG eine qualifizierte Pflichtverletzung i.S.d. § 43 III 1 GmbHG darstellt, ist konsequenterweise der gesamte dritte Absatz anwendbar, also

---

[54] Durch die Einführung von § 30 I 2 GmbHG in der Fassung MoMiG ergibt sich allerdings eine Diskrepanz: Dem Gesellschafter darf seither bei vollwertigem Rückzahlungsanspruch ein Kredit aus dem gebundenen Vermögen gewährt werden, ohne dass ein Verstoß gegen § 30 GmbHG vorliegt. Etwaigen Forderungen, § 43a GmbHG abzuschaffen, vgl. *Drygala/Kremer*, ZIP 2007, 1289 (1296), *K. Schmidt*, GmbHR 2007, 1072 (1075), ist der Gesetzgeber jedoch nicht nachgekommen und die oben beschriebenen Risiken bestehen ohnehin weiterhin.

[55] So auch unmissverständlich *Verse*, in: Scholz GmbHG, § 43a Rn. 53; *Zöllner/Noack*, in: Baumbach/Hueck GmbHG, 21. Aufl. 2017, § 43 Rn. 54.

[56] Ganz hM, BGH NZG 2003, 528; *Fleischer*, in: MüKoGmbHG, § 43 Rn. 366; *Haas/Wigand*, in: Krieger/Schneider, Hdb Managerhaftung, § 20 Rn. 6; dazu noch ausführlich auf S. 89 f.

[57] Dazu der vorherige Absatz.

auch die Haftungsfreistellungsbeschränkungen. Bei rechtsdogmatisch richtiger Einordnung des Verstoßes gegen § 43a GmbHG bedarf es also gar keiner isolierten analogen Anwendung von Satz 2 u. 3 auf § 43 II GmbHG.

Man mag sich nun fragen, weshalb eine solche Differenzierung überhaupt nötig ist, kommen doch beide Ansichten grundsätzlich zu demselben Ergebnis. Um dies beantworten zu können, muss zunächst darauf hingewiesen werden, dass die Ungenauigkeit in der Argumentation wohl darauf zurückzuführen ist, dass die verschärfte Haftung nach § 43 III GmbHG in der Literatur zumeist auf die eingeschränkte Disponibilität reduziert wird und daher die erweiterte Anwendung genau dieser Schranken eine sehr große Rolle spielt. Doch liegt die Verschärfung der Haftung bei Verstößen i.s.d. § 43 III 1 GmbHG eben nicht nur in der Unverzichtbarkeit, sofern sie zur Gläubigerbefriedigung erforderlich ist, sondern auch in der besonderen Schadensermittlung und der insoweit abweichenden Beweislastverteilung.[58]

Würde man einen Verstoß gegen § 43a GmbHG (der unbestritten dem Kapitalschutz dient!) nun lediglich als einfache Pflichtverletzung i.S.d § 43 II GmbHG einordnen, so gelten diese Verschärfungen gerade nicht, selbst wenn man sich mit einer analogen Anwendung von § 43 III 2 u. 3 GmbHG weiterhilft. Bspw. müsste man dann bei der Bestimmung der Schadenshöhe der Gesellschaft nach den allgemeinen Grundsätzen der Schadensberechnung den Rückzahlungsanspruch gegen den Kreditnehmer (§ 43a S. 2 GmbHG) berücksichtigen (sog. Differenzmethode), was einen Schaden grundsätzlich entfallen lassen würde. Doch hat sich der Gesetzgeber bei Pflichtverletzungen, die in das gebundene Vermögen eingreifen, gerade für eine strenge Modifizierung der Haftung entschieden.[59] Denn anders als Abs. 2 soll Abs. 3 die Gläubiger nicht nur reflexartig schützen.[60] Wie auch bei einem Verstoß gegen § 30 GmbHG muss ein Rückzahlungsanspruch bei der Berechnung

---

[58] *Altmeppen*, GmbHG, § 43 Rn. 114; *Born*, in: Krieger/Schneider, Hdb Managerhaftung, § 14 Rn. 30; *Kleindiek*, in: Lutter/Hommelhoff GmbHG, § 43 Rn. 58; *Paefgen*, in: HCL GmbHG, § 43 Rn. 254, 270 ff.

[59] So auch zu § 43a GmbHG *Löwisch*, in: MüKoGmbHG, 3. Aufl. 2019, § 43a Rn. 84; *Verse*, in: Scholz GmbHG, § 43a Rn. 53; *Zöllner/Noack*, in: Baumbach/Hueck GmbHG, 21. Aufl. 2017, § 43 Rn. 54.

[60] RGZ 63, 324 (327 ff.); 159, 211 (223); *Altmeppen*, GmbHG, § 43 Rn. 57; *Ziemons*, in: MHLS GmbHG, § 43 Rn. 7; *Fleck*, ZHR 149 (1985), 387 (395); *U. H. Schneider*, in: FS Werner, 795 (808 f.).

des Schadens unberücksichtigt bleiben, da der Schaden bereits in dem Liquiditätsabfluss liegt.[61] Systematisch zu rechtfertigen ist es auch nicht, die abweichende Beweislastregelung im Rahmen von Abs. 2 anzuwenden.[62] Die Schaffung der speziellen Haftungsgrundlage in § 43 III 1 GmbHG für Verstöße gegen die Kapitalerhaltungsgrundsätze wäre – wenn man all diese Verschärfungen ohnehin auf Abs. 2 anwendet – gänzlich überflüssig gewesen. Das kann der Gesetzgeber unmöglich gewollt haben.

Vor diesem Hintergrund bestehen keine Zweifel daran, dass die Einordnung eines Verstoßes gegen § 43a GmbHG durch den Geschäftsführer als *qualifizierte* Pflichtverletzung i.S.d. § 43 III 1 GmbHG rechtsdogmatisch richtig und daher vorzugswürdig ist.

b. Keine analoge Anwendung bei weitergehenden Schäden

Durch Anwendung juristischer Methodenlehre[63] wird sich im Folgenden zeigen, dass Schäden, die über die Verletzung der Kapitalerhaltungsvorschriften hinausgehen, nicht über § 43 III 1 GmbHG (analog) zu ersetzen sind. Entsteht bei einem Verstoß gegen die Kapitalerhaltungsvorschriften ein betragsmäßig höherer Schaden als der Umfang der verbotenen Leistung, ist dieser weitergehende Schaden über die Generalklausel des § 43 II GmbHG geltend zu machen.

Auffallend ist zunächst, dass bei Entstehung dieser sog. Begleitschäden die schadensbegründende Pflichtverletzung in einem Verstoß gegen die Kapitalerhaltungsvorschriften (§§ 30 ff. GmbHG)[64] liegt, sodass der *Wortlaut* des § 43 III 1 GmbHG einer Anwendung auf weitergehende Schäden grundsätzlich nicht entgegensteht. Er bezieht sich lediglich auf die Qualität der schadensbegründenden Pflichtverletzung (hier: verbotene Auszahlung).

---

[61] Es geht um § 31 GmbHG, s. dazu BGHZ 157, 72 = NZG 2004, 233 – *Novemberurteil*; BGH NZG 2008, 908 Rn. 17; *Beurskens*, in: Noack/Servatius/Haas GmbHG, § 43 Rn. 91; *Fleischer*, in: MüKoGmbHG, § 43 Rn. 362; *Kleindiek*, in: Lutter/Hommelhoff GmbHG, § 43 Rn. 58; *Paefgen*, in: HCL GmbHG, § 43 Rn. 270; *Pöschke*, in: BeckOK GmbHG, § 43 Rn. 340.

[62] So aber *Schnorbus*, in: Rowedder/Pentz GmbHG, § 43a Rn. 12.

[63] Zur juristischen Methodenlehre z.B. *Larenz*, Methodenlehre der Rechtswissenschaft; *Möllers*, Juristische Methodenlehre, *Morlok*, in: Gabriel/Gröschner Subsumtion, S. 179 ff.

[64] Vgl. *Habersack/Schürnbrand*, WM 2005, 957 (958, 961); *Zöllner/Noack*, in: Baumbach/Hueck GmbHG, 21. Aufl. 2017, § 43 Rn. 49.

Doch darf bei der Einordnung der maßgebliche Anspruchsgrundlage der *Schutzzweck* dieser Vorschriften nicht unberücksichtigt bleiben, denn nur dieser soll durch die Haftungsandrohung für den Geschäftsführer gesichert werden: Die Schutzfunktion von §§ 30 ff. GmbHG erschöpft sich in der Erhaltung des gebundenen Vermögens zugunsten der Gläubiger, indem die Zugriffsmöglichkeiten der Gesellschafter – der Rückfluss des bereits eingebrachten Kapitals – begrenzt werden. Der Geschäftsführer ist als zentrales Handlungsorgan und damit Hüter des gebundenen Vermögens über § 43 III GmbHG dafür verantwortlich, die effektive Einhaltung dieses Schutzzwecks zu gewährleisten. Die Kapitalerhaltungsvorschriften finden ihre Schutzgrenzen jedoch bei sonstiger zu einer Unterbilanz oder Überschuldung führenden Minderung des Gesellschaftsvermögens (bspw. durch schlichtes Verwirtschaften).[65] Daher kann ein solcher zusätzlich zu ersetzender Schaden der Gesellschaft – auch wenn er auf einer Verletzung der Kapitalschutzvorschriften beruht – nicht auf § 43 III 1 GmbHG als Anspruchsgrundlage gestützt werden, denn diese Schäden berühren gerade nicht das darin speziell angelegte Schutzsystem der Kapitalerhaltung, sie sind vielmehr nur ein Nebeneffekt der verbotswidrig getätigten Auszahlung.[66] Sowohl die direkte als auch die analoge Anwendung der Norm scheitert demnach *mangels vergleichbarer Interessenlage*.[67] Ersetzt werden diese Schäden über die allgemeine Schadensersatznorm nach § 43 II GmbHG.

Bekräftigt wird dieses Ergebnis auch durch einen *systematischen Vergleich* von Abs. 2 und 3: Grundsätzlich wird nach den Regeln des BGB (§§ 249 ff.) – die auf die Berechnung des Schadens in § 43 II GmbHG nach allgemeiner Meinung anwendbar sind[68] – bei der Geltendmachung mehrerer, qualitativ verschiedener Schadensposten nicht schon bei der Anspruchsgrundlage differenziert, sondern erst hinsichtlich der Ersatzfähigkeit je nach Art des

---

[65] BGH NJW 2000, 1571; *Altmeppen*, GmbHG, § 30 Rn. 7; *Habersack*, in: HCL GmbHG, § 30 Rn. 4.

[66] So auch schon *Wigand*, Haftungsbeschränkungen, S. 56 f.

[67] Will man § 43 III GmbHG direkt anwenden, muss der Anwendungsbereich daher mangels vergleichbarer Interessenlage teleologisch reduziert werden. Der Wortlaut der Norm wurde nach der hier vertretenen Ansicht planwidrig zu weit gefasst.

[68] OLG Frankfurt NZG 2012, 145 (Ls.); *Altmeppen*, GmbHG, § 43 Rn. 105; *Beurskens*, in: Noack/Servatius/Haas GmbHG, § 43 Rn. 51; *Ziemons*, in: MHLS GmbHG, § 43 Rn. 449 ff.

Schadens. Auf den ersten Blick mag die übergreifende Geltendmachung über § 43 III 1 GmbHG daher grundsätzlich mit der Systematik des Allgemeinen Schadensrechts übereinstimmen. Doch kommen die §§ 249 ff. BGB bei § 43 III 1 GmbHG gerade nicht uneingeschränkt zur Anwendung, denn dort gilt ein anderer, normativer Schadensbegriff.[69] Zudem kann diese für § 43 III 1 GmbHG besonders geltende Art der Schadensermittlung auch nicht einfach auf solche, über die Verletzung der Kapitalerhaltungspflichten hinausgehenden Schäden übertragen werden, denn der Gedanke, ein Schaden liege immer schon im erfolgten Vermögensabfluss, ohne dass ein etwaiger Anspruch gegen den begünstigten Gesellschafter schadensmindernd berücksichtigt werden darf,[70] passt dann überhaupt nicht mehr. Die Geltendmachung über § 43 II GmbHG i.V.m. §§ 249 ff. BGB reiht sich daher auch in die Systematik des Gesetzes ein.

Auch dem Einwand, es sei unnötig kompliziert, einen einheitlichen Schaden zum Teil über die spezielle Haftungsnorm und zum Teil über die Generalklausel geltend machen zu müssen,[71] kann das wiederholt angebrachte Argument der Gesetzesdogmatik entgegengehalten werden. Denn neben den Dispositionsschranken wäre folgerichtig auch die in § 43 III 1 GmbHG verankerte Schadensvermutung, die ihre normative Rechtfertigung aber nur in den Verstößen gegen die Kapitalschutzvorschriften findet, anzuwenden. Bei einer Erweiterung auf Begleitschäden fehlt es daher – neben der eben erwähnten Bequemlichkeit – schon an einer plausiblen Begründung für die verschärfte Haftung. Wer dies erkennt und daher die besonderen Beweislastregelungen in diesen Fällen für nicht anwendbar erklären will,[72] muss darauf hingewiesen werden, dass dieser Weg wiederum eine unnötig komplizierte Lösungsmöglichkeit darstellt und es vielmehr schon an der Subsumtion unter § 43 III 1 GmbHG scheitern muss. Methodisch sauber

---

[69] *Fleischer*, in: MüKoGmbHG, § 43 Rn. 362; *Paefgen*, in: HCL GmbHG, § 43 Rn. 271. Dazu schon der vorherige Gliederungspunkt.

[70] BGH NZG 2008, 908 (910); *Beurskens*, in: Noack/Servatius/Haas GmbHG, § 43 Rn. 91; *Fleischer*, in: MüKoGmbHG, § 43 Rn. 362; *Kleindiek*, in: Lutter/Hommelhoff GmbHG, § 43 Rn. 58; *Paefgen*, in: HCL GmbHG, § 43 Rn. 270; *Pöschke*, in: BeckOK GmbHG, § 43 Rn. 340.

[71] *Habersack/Schürnbrand*, WM 2005, 957 (958).

[72] *Born*, in: Krieger/Schneider, Hdb Managerhaftung, § 14 Rn. 31; *Verse*, in: Scholz GmbHG, § 43 Rn. 392.

erfolgt daher mit der hM eine Einordnung unter § 43 II GmbHG, wonach die Gesellschaft den Schaden nach den allgemeinen Grundsätzen darlegen und beweisen muss.[73] All dies steht einer Einschränkung der Disponibilität des § 43 II GmbHG im Einzelfall freilich nicht entgegen, sofern dies geboten (bspw. Betrag ist zur Gläubigerbefriedigung erforderlich) erscheint.[74]

c. Keine analoge Anwendung bei Mitwirkung an einem existenzvernichtenden Eingriff

Auch bei der Mitwirkung des Geschäftsführers an einem existenzvernichtenden Eingriff ist eine Haftung über § 43 III 1 GmbHG abzulehnen: Verletzt der Geschäftsführer schuldhaft seine Pflichten, indem er einen solchen Eingriff duldet, daran mitwirkt oder selbst vornimmt, bleibt es bei einer Haftung nach der allgemeinen Schadensersatznorm des § 43 II GmbHG.

Auf den ersten Blick mag einiges für eine analoge Anwendung von § 43 III 1 GmbHG sprechen: Nach der Rechtsprechung zur Haftung für existenzvernichtende Eingriffe soll das Institut der Existenzvernichtungshaftung als „verlängerter Arm" der Kapitalschutzvorschriften[75] dem Schutz vor Eingriffen in den Bestand und die Kapitalgrundlage der Gesellschaft dienen. Der Schutzzweck ist also im Grundsatz mit der Interessenlage bei §§ 30 ff. GmbHG i.V.m § 43 III 1 GmbHG vergleichbar: Erhaltung des gebundenen Vermögens zugunsten der Gläubiger. Für die nötige Planwidrigkeit einer analogen Anwendung spricht, dass sich die grundlegende Rechtsprechung, die zunächst auch nur die Haftung des Gesellschafters im Blick hatte, erst nach Einführung von § 43 III 1 GmbHG entwickelt hat und der GmbHG-Gesetzgeber die allgemein anerkannte Existenzvernichtungshaftung auch sonst nicht ausdrücklich normiert hat.[76]

Doch wird bei genauerer Betrachtung erkennbar, dass die Interessenlage bei der Haftung wegen der in § 43 III 1 GmbHG geregelten Fälle mit der Haftung wegen Mitwirkung an einem existenzvernichtenden Eingriff

---

[73] So auch schon *Haas*, in: Sernetz/Haas, Kapitalaufbringung und -erhaltung, Rn. 507.
[74] Dazu noch ausführlich auf S. 76 ff., 109 ff., 141 ff.
[75] BGHZ 173, 246 Rn. 33 = NJW 2007, 2689 – *Trihotel*.
[76] Zur Entwicklung der Rechtsprechung vgl. *Bitter*, in: Scholz GmbHG, § 13 Rn. 153 ff.; *Fastrich*, in: Noack/Servatius/Haas GmbHG, § 13 Rn. 49, 57 ff.; *Liebscher*, in: MüKoGmbHG, Anh. zu § 13 Rn. 539 ff.

systematisch gerade nicht vergleichbar ist: Das Institut der Existenzvernichtungshaftung eines Gesellschafters wurde u.a. entwickelt, um den
lückenhaften Gläubigerschutz der §§ 30 ff. GmbHG für diejenigen Fälle zu
ergänzen, in denen der Eingriff in das Gesellschaftsvermögen nicht in einer
einzelnen, individualisierbaren Handlung (Beispiel: verbotene Auszahlung
i.S.d. § 30 GmbHG), sondern in einer Vielzahl von Maßnahmen liegt und
demzufolge nicht über den Erstattungsanspruch aus § 31 GmbHG ausgeglichen werden kann.[77] Nicht nur wegen der ausdrücklichen Bezugnahme
auf §§ 30, 33 GmbHG, sondern auch wegen der besonderen Stellung des
Geschäftsführers als Handlungsorgan der Gesellschaft und somit Hüter des
gebundenen Vermögens muss § 43 III 1 GmbHG dieselbe Schutzfunktion
haben wie die der §§ 30 ff. GmbHG.[78] Immerhin dient § 43 III 1 GmbHG
gerade der Durchsetzung der Kapitalschutzvorschriften. Daraus ergibt
sich aber auch, dass die Norm ihre Grenzen dort finden muss, wo es die
§§ 30 ff. GmbHG tun – insbesondere beim Ausgleich von existenzvernichtenden Eingriffen. Das auf einen Einzelausgleich gerichtete System[79] des
§ 43 III 1 GmbHG i.V.m. §§ 30, 33 GmbHG passt daher – vergleichbar zu
§ 31 GmbHG für den existenzvernichtenden Gesellschafter – nicht für den
Fall der Mitwirkung an einem existenzvernichtenden Eingriff.[80]

Da es bei einer Einordnung dieser Pflichtverletzung des Geschäftsführers
unter § 43 II GmbHG bleibt, kann man sich im nächsten Schritt fragen, ob
der grundsätzlich disponiblen Haftung nach § 43 II GmbHG für diesen
Fall ausnahmsweise Dispositionsgrenzen gesetzt werden sollen, damit der
Kapitalschutz lückenlos gewährleistet wird.[81] Nochmals: Wenn ein Fall von
§ 43 III 1 GmbHG (direkt oder analog) vorliegt, greifen die Dispositionsschranken „automatisch". In der Literatur fehlt es jedenfalls an der rechtsdogmatisch wichtigen Differenzierung der einschlägigen Haftungsnorm,
die, wie aufgeführt, sehr wohl relevant werden kann.

---

[77] *Bayer*, in: Lutter/Hommelhoff GmbHG, § 13 Rn. 26; *Fastrich*, in: Noack/Servatius/Haas
GmbHG, § 13 Rn. 57; *Pentz*, in: Rowedder/Pentz GmbHG, § 13 Rn. 121; *Röhricht*, in:
FS 50 Jahre BGH, 83 (92 ff.).
[78] *Ziemons*, in: MHLS GmbHG, § 43 Rn. 493; *Wigand*, Haftungsbeschränkungen, S. 57.
[79] So *Haas/Wigand*, in: Krieger/Schneider, Hdb Managerhaftung, § 20 Rn. 8; *Röhricht*,
in: FS 50 Jahre BGH, 83 (92 ff.).
[80] So auch *Wigand*, Haftungsbeschränkungen, S. 66.
[81] Vgl. S. 76 ff., 109 ff., 141 ff.

d. Keine analoge Anwendung bei Verstoß gegen andere
    gläubigerschützende Vorschriften

Zutreffend ist die Einordnung der Fälle von Insolvenzverschleppung und
der Verletzung von sonstigen gläubigerschützenden Vorschriften (Beispiele:
§§ 41, 42a, 49 III GmbHG) als einfache Pflichtverletzung nach § 43 II GmbHG,
denn es fehlt schon an der ausreichenden Nähe zu den dem Kapitalschutz
dienenden §§ 30 ff. GmbHG[82] und der erforderlichen Planwidrigkeit der
Regelungslücke. Vielmehr stellt sich in diesen Fällen allgemein die Frage, ob
der Disponibilität der Geschäftsleiterhaftung weitere Grenzen gesetzt werden
müssen, um außenstehenden schutzwürdigen Interessen gerecht zu werden.[83]

2. Fazit

Zusammenfassend ist daher festzustellen, dass der Geschäftsführer gegenüber
seiner GmbH nicht nur in den ausdrücklich genannten Fällen (Verstoß gegen
§§ 30, 33 GmbHG) verschärft haftet, sondern in entsprechender Anwendung
von § 43 III 1 GmbHG auch bei einer Kreditvergabe entgegen den Vorgaben
des § 43a GmbHG. Dieser Anspruch ist daher nicht disponibel, sofern der
Betrag zur Gläubigerbefriedigung notwendig wird.

Alle weiteren Pflichtverletzungen sind über § 43 II GmbHG geltend zu
machen.

II. Andere Haftungstatbestände

Neben der allgemeinen Anspruchsgrundlage für Schadensersatzansprüche
der GmbH gegen ihren Geschäftsführer treten die spezialgesetzlich geregelten Haftungstatbestände wie z.B. § 9a I GmbHG (Gründerhaftung),
§ 57 IV GmbHG (Haftung bei Verletzung der Eintragungspflicht von
Kapitalerhöhungen) und § 15b IV, V InsO[84] (Haftung für Zahlungen bei
Zahlungsunfähigkeit und Überschuldung).[85] Wegen § 9b I GmbHG stehen
diese Ansprüche nicht zur Disposition der Gesellschaft, sofern der Betrag zur
Gläubigerbefriedigung erforderlich ist.[86] Die Organhaftung aus § 43 GmbHG

---

[82] So i.E. auch *Fleischer*, in: MüKoGmbHG, § 43 Rn. 378.
[83] Dazu noch ausführlich auf S. 76 ff., 109 ff., 141 ff.
[84] Früher § 64 GmbHG.
[85] Zur besseren Darstellung wird die weitere Einschränkbarkeit der Geschäftsführerhaftung
      an der „Grundschadensersatznorm" § 43 GmbHG hergeleitet.
[86] In der Insolvenz selbstverständlich immer, § 15b IV InsO.

nimmt zudem die vertragliche Haftung aus dem Anstellungsvertrag in sich auf.[87]

C. Haftungsgrundlagen des Geschäftsleiters der Muttergesellschaft

Wesentlich unklarer ist die Situation der Haftung des Geschäftsleiters der Muttergesellschaft gegenüber der beherrschten GmbH.[88] Selbstverständlich haftet der Geschäftsleiter[89] der Mutter bei einer Pflichtverletzung gegenüber der eigenen (herrschenden) Gesellschaft nach den allgemeinen Organhaftungsregeln über § 93 AktG bzw. § 43 GmbHG. Für den Fall der Haftung des Geschäftsleiters der Muttergesellschaft gegenüber der Tochtergesellschaft passen diese Vorschriften aber nicht, denn passivlegitimiert ist dort nur das Organ *der Gesellschaft*. Der Geschäftsleiter der Mutter steht aber weder in einem organschaftlichen noch in einem sonstigen vertraglichen Verhältnis zur abhängigen GmbH. In Betracht kommt daher auf den ersten Blick allenfalls eine deliktische Haftung nach den §§ 823 ff. BGB, die aber in der Regel mangels verletzten Rechtsgutes der abhängigen GmbH – das Vermögen als solches ist kein geschütztes Rechtsgut – nicht passen wird.[90]

Als Handlungsorgan der Muttergesellschaft kann der Geschäftsleiter Einfluss auf die Tochter-GmbH ausüben. Dies kann bspw. durch

---

[87] BGH ZIP 1989, 1390; BGH ZIP 1997, 199 (200); BGH NZG 2008, 117.

[88] Die Stellung des Mutterunternehmens als Allein- oder Mehrheitsgesellschafterin führt trotz Fehlens eines Beherrschungsvertrages (§§ 291 ff. AktG) zur *faktischen Beherrschung* der Tochtergesellschaft, was eine höhere Schutzbedürftigkeit der abhängigen Gesellschaft und ihrer Gläubiger nach sich zieht. Die Besonderheit eines faktisch beherrschten *GmbH*-Konzerns liegt in der fehlenden gesetzlichen Normierung, denn die §§ 311 ff. AktG gelten in direkter Anwendung nur für eine abhängige AG oder KGaA, vgl. *Habersack*, in: Emmerich/Habersack, § 311 Rn. 1.

[89] Der Oberbegriff „Geschäftsleiter" wird deshalb verwendet, weil es sich je nach Rechtsform der beherrschenden Gesellschaft um einen Geschäftsführer (GmbH) oder Vorstand (AG) handeln kann. Diese Arbeit beschränkt sich auf diese beiden Gesellschaftsformen; die Rechtsform des herrschenden *Unternehmens* ist aber grundsätzlich unerheblich, vgl. zum Unternehmensbegriff *Emmerich*, in: Emmerich/Habersack, § 15 Rn. 6 ff.

[90] Vgl. *Beurskens*, in: Noack/Servatius/Haas GmbHG, Anh. GmbH-KonzernR Rn. 77; in Betracht kommt auch eine deliktische Gehilfenhaftung (§ 830 II BGB) neben der Muttergesellschaft; zur Haftung bei existenzvernichtenden Eingriffen nach § 826 BGB auf S. 36 ff.

Weisungserteilung an die Geschäftsführung der Tochtergesellschaft erfolgen, die wegen § 37 I GmbHG grundsätzlich daran gebunden ist. Dabei besteht die Gefahr, dass Interessen außerhalb der Interessen der abhängigen GmbH verfolgt werden. Gerade deshalb ist dort, wo es durch schuldhaftes Handeln des Geschäftsleiters der herrschenden Gesellschaft zu einem Nachteil der abhängigen Gesellschaft kommt, eine organschaftliche Haftung für schuldhafte Fremdgeschäftsführung gegenüber der abhängigen Gesellschaft sehr wohl denkbar. Entscheidende Bedeutung erlangt diese *Geschäftsleiterhaftung* bei der Insolvenz des herrschenden Unternehmens, denn die Nachteile aus der Verfolgung eigener Interessen treffen nicht nur die abhängige GmbH selbst, sondern reflexartig auch die an ihr beteiligten Minderheitsgesellschafter sowie insbesondere die Gesellschaftsgläubiger.

Abermals spielt die Herleitung der Anspruchsgrundlage eine wichtige Rolle: Sie ist Grundvoraussetzung, denn nur wenn der Konzerngeschäftsleiter überhaupt von der Tochter-GmbH in Anspruch genommen werden kann, darf im nächsten Schritt erörtert werden, inwieweit die Tochtergesellschaft über diesen Anspruch disponieren kann. In Rechtsprechung und Literatur wird die Frage der Haftung des Konzerngeschäftsleiters einer abhängigen GmbH bis heute uneinheitlich beantwortet und bedarf daher einer umfassenden Stellungnahme.

I. Meinungsstand

Schon die Darstellung des Streitstandes bereitet auf den ersten Blick Schwierigkeiten, denn die Problematik wird oftmals allenfalls als Randnotiz aufgegriffen[91], während die damit untrennbar zusammenhängende[92] Haftung der Konzernmutter gegenüber der abhängigen GmbH sehr breit erörtert wird. Ein Versuch, den Meinungsstand strukturiert darzustellen, ergibt folgendes Ergebnis:

Weil der Gesetzgeber auf die umfassende Normierung des GmbH-Konzernrechts verzichtet hat, fehlt es an einer ausdrücklichen gesetzlichen Anordnung der Haftung der Geschäftsleitung des herrschenden

---

[91] Vgl. dazu *Liebscher*, in: MüKoGmbHG, Anh. zu § 13 Rn. 490 mit Fn. 646, der zu Recht darauf hinweist, dass sich in der einschlägigen Literatur kaum eine eing. Stellungnahme finden lässt; so auch *Zeidler*, in: Michalski GmbHG, 1. Aufl. 2002, Syst. Dar. 4 Rn. 245.
[92] Dazu sogleich.

Unternehmens im Verhältnis zur abhängigen GmbH. Ausgangspunkt der Diskussion ist daher die Anwendbarkeit der Regelungen zum faktischen AG-Konzern (§§ 311 ff. AktG). Für den faktisch beherrschten AG-Konzern ist die Verantwortlichkeit des gesetzlichen Vertreters des herrschenden Unternehmens gegenüber der beherrschten Gesellschaft für nachteilige Einflussnahme nämlich ausdrücklich geregelt, vgl. § 317 III, IV AktG. Jedoch scheitert eine direkte Anwendung auf den faktisch beherrschten GmbH-Konzern schon am Wortlaut der aktienrechtlichen Normen, denn die §§ 311 ff. AktG (und damit insbesondere auch der relevante § 317 III AktG) gehen von einer AG (oder KGaA) als das abhängige Unternehmen aus.

Während eine Ansicht die §§ 311 ff. AktG, und damit insbesondere auch § 317 III AktG, entsprechend anwenden will,[93] sind nach hM in Literatur und Rechtsprechung die §§ 311 ff. AktG im Falle der GmbH als abhängiger Gesellschaft grundsätzlich nicht analog anzuwenden.[94] Begründet wird dies meist mit den strukturellen Unterschieden von GmbH und AG, die eine Anwendung der Vorschriften auf die abhängige GmbH im Grundsatz unmöglich machen sollen. So fehle es bspw. schon an einem Organ, das die Erstellung eines in § 312 AktG vorgesehenen Abhängigkeitsberichts gewährleisten könne.[95] Daher hafte das herrschende Unternehmen auch nicht nach §§ 311, 317 AktG, sondern habe vielmehr eine Treuepflicht gegenüber der abhängigen GmbH, die bei Schädigung zur Schadensersatzpflicht nach § 280 I BGB führe.[96] Ob der Geschäftsleiter auch haften soll, bleibt dabei jedoch oftmals unkommentiert.

---

[93] *Altmeppen*, GmbHG, Anh. § 13 Rn. 152 f., 166 ff.; *ders.*, in: MüKoAktG, Vor § 311 Rn. 80 f.; *ders.*, Die Haftung des Managers im Konzern, 79 ff., 85 ff.; *Eschenbruch*, Konzernhaftung, Rn. 4223; *Kropff*, in: FS Kastner, 279 (296 ff.); *ders.*, in: FS Semler, 517 (536 ff.); *Wilhelm*, Kapitalgesellschaftsrecht, Rn. 1372 ff.

[94] BGHZ 65, 15 (18) = NJW 1976, 191 – *ITT*; BGHZ 95, 330 (340) = NJW 1986, 188 – *Autokran*; BGH 149, 10 (16) = NJW 2001, 3622 – *Bremer Vulkan*; *Casper*, in: UHL GmbHG, Anh. § 77 Rn. 54; *Koch*, AktG, § 311 Rn. 53; *Liebscher*, in: MüKoGmbHG, Anh. zu § 13 Rn. 491; *Servatius*, in: BeckOK GmbHG, KonzernR Rn. 522 (nur für die mehrgliedrige GmbH); *Ulmer*, in: Hachenburg GmbHG, Anh. § 77 Rn. 71.

[95] BGHZ 95, 330 (340); *Fleischer*, in: Großkomm AktG, § 311 Rn. 118; *Liebscher*, in: MüKoGmbHG, Anh. zu § 13 Rn. 392.

[96] BGHZ 65, 15 (18 f.) = NJW 1976, 191 – *ITT*; *Beurskens*, in: Noack/Servatius/Haas GmbHG, Anh. GmbH-KonzernR Rn. 66; *Emmerich*, in: Scholz GmbHG, Anh. § 13 Rn. 71, 85; *Habersack*, in: Emmerich/Habersack, Anh. § 318 Rn. 24 ff., 30; *Servatius*,

Teils wird trotz Verweises auf die grundsätzliche Nichtanwendbarkeit der §§ 311 ff. AktG die Haftung des Konzerngeschäftsleiters über § 317 III AktG bejaht.[97]

Losgelöst von der Anwendbarkeit der §§ 311 ff. AktG wird die Frage teilweise auch nur im Hinblick auf die Existenzvernichtungshaftung gem. § 826 BGB erörtert, wobei offenbleibt, ob der Konzerngeschäftsleiter dann auch für „einfache", nicht zwangsläufig zur Insolvenz führende nachteilige Handlungen haften soll.[98]

Viel weiter geht *Uwe H. Schneider*: Rechtsformunabhängig habe der Geschäftsleiter eines herrschenden Unternehmens die Pflicht, bei der Ausübung der Konzernleitung die Sorgfalt eines ordentlichen und gewissenhaften Geschäftsleiters zu beachten, bei deren Verletzung es zu einer Haftung in Analogie zu § 43 II GmbHG bzw. § 93 II AktG kommen könne.[99] Begründet wird dies – in Anlehnung an die Ansicht von Literatur und Rechtsprechung zur ähnlich gelagerten Frage bei der GmbH & Co. KG[100] – durch eine Fortentwicklung der im Verhältnis des Organmitglieds zur eigenen Gesellschaft bestehenden organschaftlichen Sonderrechtsbeziehung.[101]

Schließlich wird eine analoge Anwendung von § 117 AktG in Betracht gezogen,[102] denn diese Norm bringe gerade zum Ausdruck, dass derjenige,

---

in: BeckOK GmbHG, KonzernR Rn. 530; einen Überblick über die verschiedenen Haftungsmodelle findet sich bei *Emmerich*, in: Scholz GmbHG, Anh. § 13 Rn. 67 f.

[97] *Koppensteiner*, in: Rowedder/Schmidt-Leithoff GmbHG, 4. Aufl. 2002, Anh. nach § 52 Rn. 74 f., 78 a.E.; wohl auch *Hommelhoff*, in: Lutter/Hommelhoff GmbHG, Anh. zu § 13 Rn. 15, 25, 41; *ders.*, ZGR 2012, 535 (548, 555); erwägend *Mülbert/Leuschner*, in: NZG 2009, 281 (287); abl. OLG Bremen NZG 1999, 724 (725); *Habersack*, in: Emmerich/Habersack, Anh. § 318 Rn. 30 mit Fn. 90; *Liebscher*, GmbH-Konzernrecht, Rn. 392 ff.; *ders.*, in: MüKoGmbHG, Anh. zu § 13 Rn. 490 f.; *Schnorbus*, in: Rowedder/Pentz GmbHG, Anh. § 52 Rn. 57; *S. H. Schneider*, in: Krieger/Schneider, Hdb Managerhaftung, § 8 Rn. 67 ff.; *Hübner*, Managerhaftung, 61.

[98] *S. H. Schneider*, in: FS U. H. Schneider, 1177 (1192 ff.); *S. H. Schneider*, GmbHR 2011, 685 (687 ff.); *Tröger/Dangelmayer*, ZGR 2011, 558 (577 f.).

[99] *U. H. Schneider*, in: Scholz GmbHG, 11. Aufl. 2013, § 43 Rn. 419 ff.; *ders.*, BB 1981, 249 (257); zustimmend *Jungkurth*, Konzernleitung, 188 ff.

[100] Vgl. dazu eing. *Verse*, in: Scholz GmbHG, § 43 Rn. 443 ff. mwN.

[101] *U. H. Schneider*, in: Scholz GmbHG, 11. Aufl. 2013, § 43 Rn. 430.

[102] Allgemein zur analogen Anwendung von § 117 AktG *Burgard*, ZIP 2002, 827 (837 f.); *Ziemons*, Die Haftung der Gesellschafter für Einflußnahmen auf die Geschäftsführung der GmbH, S. 212 ff.

ÜBERBLICK

der in einem Unternehmen eine wirtschaftliche Machtstellung innehat,
diese Position nicht zulasten der Gesellschaft mittels Einflussnahme ausnutzen soll.[103]

II. Stellungnahme

Der Konzerngeschäftsleiter eines faktischen GmbH-Konzerns haftet für
nachteilige Einflussnahme unmittelbar gegenüber der abhängigen GmbH,
und zwar in entsprechender Anwendung von § 317 III AktG.[104]

Im Folgenden wird sich zeigen, dass die Diskussion um die Haftung
des Konzerngeschäftsleiters einer faktisch beherrschten GmbH eng mit
derjenigen zur Haftung des herrschenden Unternehmens gegenüber der
Tochtergesellschaft verknüpft ist, vgl. den Wortlaut von § 317 III AktG „neben
dem herrschenden Unternehmen [...]". Um die Herleitung der Haftung
des Konzerngeschäftsleiters rechtsdogmatisch zu begründen, ist daher als
Ausgangspunkt insbesondere auch die Haftung der Muttergesellschaft zu
betrachten.

In der Tat wird der Haftung des Konzerngeschäftsleiters in der Literatur
wenig Beachtung geschenkt, vielmehr geht sie in der Diskussion um die
Haftung des herrschenden Unternehmens unter. Im Ergebnis muss aber
streng zwischen den verschiedenen Anspruchsgegnern unterschieden werden.
Um zu einem strukturierten und nachvollziehbaren Ergebnis zu kommen,
wird daher im Folgenden nicht an die Haftbarkeit der Muttergesellschaft
angeknüpft, sondern eine Differenzierung zwischen dem „Ob" und dem
„Wie" der Haftung des Konzerngeschäftsleiters vorgenommen.

1. „Ob" der Haftung
(1) Konzerngeschäftsleiter als außenstehender Dritter?
Die Haftung des Konzerngeschäftsleiters gegenüber der faktisch abhängigen
GmbH ist keine Selbstverständlichkeit. Denn der Einwand, eine direkte
Haftung scheitere schon an einer fehlenden organschaftlichen bzw. einer sons-
tigen vertraglichen Beziehung, aus der sich Rechte und Pflichten zwischen dem
Geschäftsleiter der Muttergesellschaft und der beherrschten GmbH ergeben
können, ist im Grundsatz berechtigt. In der Tat haften Dritte grundsätzlich

---

[103] *Schmidt/Meyer-Landrut*, in: Großkomm AktG, 2. Aufl., § 101 Anm. 3.
[104] So auch schon *Altmeppen*, Die Haftung des Managers im Konzern, 79 ff., 85 ff.

nur aus Delikt, wenn sie nicht ausnahmsweise in einer Sonderbeziehung zur Gesellschaft stehen. Ordnet man den Konzerngeschäftsleiter als einen solchen außenstehenden Dritten ein, verkennt man jedoch, dass schon die Ausgangslage eine ganz andere ist. Denn es geht um die Inanspruchnahme eines die konzernweite Leitungsmacht ausübenden Organs und nicht um einen sonstigen im Verhältnis zur Gesellschaft außenstehenden Dritten:

Aufgrund der Stellung als Mehrheits- oder Alleingesellschafter kann das herrschende Unternehmen im faktischen Konzern Einfluss auf die abhängige Gesellschaft nehmen. Mit der Ausübung dieser Machtposition ist die Gefahr verbunden, dass Interessen außerhalb der abhängigen Gesellschaft verfolgt werden und so das Eigeninteresse der abhängigen Gesellschaft durch das unternehmerische Interesse der herrschenden Gesellschaft zulasten der Minderheit und Gläubiger überlagert wird.[105] Dieses Risiko wird allgemein als Konzerngefahr bezeichnet und spiegelt letztlich den zugrunde liegenden Regelungszweck der §§ 311 ff. AktG wider.

Diese genannten Gefahren bestehen in der abhängigen GmbH aber in sehr hohem Maße, denn anders als der gesetzliche Regelfall einer abhängigen AG hat die GmbH eine vergleichsweise lockere Organisations- und Finanzverfassung,[106] die eine Einflussnahme besonders leicht ermöglicht. Es herrscht daher Einigkeit darüber, dass diese Risiken durch besondere Schutzvorkehrungen weitestgehend einzudämmen sind, allen voran durch eine Vielfalt an Verhaltenspflichten für die herrschende Unternehmens-Gesellschafterin, bei deren Verletzung es zu einer Innenhaftung gegenüber der abhängigen GmbH kommen kann.[107]

In diesem Zusammenhang muss aber berücksichtigt werden, dass das herrschende Unternehmen als juristische Person nur durch einen gesetzlichen Vertreter handeln kann und der Eintritt der beschriebenen Gefahren ohne Mitwirkung eines Konzerngeschäftsleiters als Handlungsorgan daher kaum denkbar ist. Vielmehr wird er als Leitungs- und Ausführungsorgan

---

[105] Vgl. *Altmeppen*, in: MüKoAktG, Vor § 311 Rn. 1 f.; *Casper*, in: UHL GmbHG, Anh. § 77 Rn. 71 f.; *Kropff*, Aktiengesetz 1965, 39 ff., 373 ff., 407 ff.; *ders.*, in: MüKoAktG, 2. Aufl. 2000/2003, § 311 Rn. 3; *Ulmer*, in: Hachenburg GmbHG, Anh. § 77 Rn. 71 f.

[106] Genauer: Weisungsgebundenheit des Geschäftsführers, keine Satzungsstrenge, geringer Kapitalschutz; vgl. dagegen in der AG: § 76 I AktG, § 23 V AktG, §§ 57, 62 AktG.

[107] Str. ist nur, wie sich diese Haftung herleiten lässt, vgl. den Überblick bei *Emmerich*, in: Scholz GmbHG, Anh. § 13 Rn. 67 ff.; dazu noch auf S. 35 ff.

der herrschenden Gesellschaft eine etwaige Einflussnahme der herrschenden Gesellschaft wohl immer ausführen oder sogar initiieren.[108] Wenn man diese Besonderheit bei der Einordnung des Verhältnisses zwischen Konzerngeschäftsleiter und abhängiger GmbH berücksichtigt, wird klar, dass die Qualifikation als ein bloß außenstehender Dritter viel zu kurz gegriffen ist. Die fehlende unmittelbare organschaftliche bzw. vertragliche Beziehung genügt gerade nicht als Argument, um eine Haftung abzulehnen. Vielmehr ist der besonderen Situation Rechnung zu tragen, dass ein Konzerngeschäftsleiter seine Leitungsmacht über die Angelegenheiten seiner eigenen Gesellschaft hinaus ausüben kann und dieser Machtzuwachs nicht ausreichend ausgeglichen wird, solange man die Haftung für die nachteilige Einflussnahme auf die herrschende Unternehmens-Gesellschafterin beschränkt.[109]

(2) Sonderstellung

Ganz allgemein ist eine Direkthaftung von oder gegenüber Dritten nichts Ungewöhnliches, wenn man bedenkt, dass es im allgemeinen Privatrecht eine Reihe von Rechtsinstituten gibt, die eine solche – über die rein deliktisch hinausgehende – Haftung gerade ermöglichen sollen, sofern der Dritte aufgrund besonderer Umstände eine Sonderstellung innehat:

Ein gesetzlich geregelter Fall ist in § 311 III BGB (Eigenhaftung Dritter) normiert: So kann auch zu einem Dritten ein Schuldverhältnis mit Pflichten nach § 241 II BGB entstehen, obwohl er selbst nicht Vertragspartei ist, sofern er aber besonderes Vertrauen im Verhältnis zum Gläubiger in Anspruch genommen hat und so auf das Vertragsverhältnis maßgeblich einwirken konnte. Verletzt der Dritte diese Pflichten, kann es zur Haftung über § 280 I BGB kommen.

Ähnlich – nur der spiegelbildliche Fall: Dritter ist nicht der Schuldner, sondern der Gläubiger – liegt es im Falle eines Vertrags mit Schutzwirkung zugunsten Dritter.[110] Der vertraglich unabhängige Dritte wird aufgrund einer

---

[108] Ist die herrschende Gesellschaft bspw. eine AG, hat der Vorstand Leitungsmacht (§ 76 AktG) und kann die unternehmerischen Entscheidungen weitestgehend selbst treffen. Denkbar wäre auch das Handeln eines Mehrheitsgesellschafter-Geschäftsführers im herrschenden Unternehmen.

[109] Vgl. auch *Tröger/Dangelmayer*, ZGR 2011, 558 (576). Nochmals: Über die Haftung der herrschenden Gesellschaft gegenüber der Tochter-GmbH für nachteilige Einflussnahme herrscht Einigkeit, str. ist nur deren Grundlage, dazu S. 35 ff.

[110] S. dazu *Gottwald*, in: MüKoBGB, § 328 Rn. 166 ff.

besonderen Situation und der damit verbundenen Schutzbedürftigkeit in den Schutzbereich des Vertrages einbezogen und kann über die deliktsrechtlichen Ansprüche hinaus einen Schaden nach § 280 I BGB geltend machen. Auf diesen Gedanken aufbauend soll auch nach der Rechtsprechung des BGH zur GmbH & Co. KG der Geschäftsführer einer Komplementär-GmbH unmittelbar von der KG in Anspruch genommen werden können, indem das Organverhältnis zwischen Geschäftsführer und Komplementär-GmbH Schutzwirkung zugunsten der GmbH entfaltet, obwohl es auch hier an einem direkten organschaftlichen oder vertraglichen Verhältnis fehlt.[111]

Zu dem gleichen Ergebnis kommt man, wenn man einen Blick auf die Systematik des Konzernrechts wirft: Der für die abhängige Gesellschaft externe – er steht weder in einer organschaftlichen noch einer sonstigen vertraglichen Beziehung zur abhängigen Gesellschaft – Konzerngeschäftsleiter kann unstrittig unmittelbar in die Haftung geraten, wenn die abhängige Gesellschaft die Rechtsform einer AG innehat, vgl. § 317 III AktG und § 117 AktG. Demzufolge wäre es nicht nur sinnfrei, sondern nahezu absurd, den Konzerngeschäftsleiter einer abhängigen GmbH anders zu behandeln, obwohl das Gefährdungspotenzial und damit die Schutzbedürftigkeit der GmbH nach hM viel größer ist.

(3) Notwendigkeit der Haftung
Nichts anderes ergibt sich aus dem Sinn und Zweck der konzernrechtlichen Vorschriften: Das im faktischen AG-Konzern geltende Schädigungsverbot, wonach das herrschende Unternehmen die abhängige Gesellschaft nicht schädigen darf,[112] gilt selbstverständlich auch in der abhängigen GmbH.[113] Anderenfalls käme man zu dem absurden Ergebnis, die herrschende Gesellschafterin dürfe ihre Gesellschaft immer dann zu ihrem eigenen Vorteil

---

[111] BGHZ 75, 321 (322 ff.) = NJW 1980, 589; BGHZ 76, 326 (338) = NJW 1980, 1524; BGHZ 100, 190 (193) = NJW 1987, 2008; BGHZ 197, 304 = NZG 2013, 1021.

[112] *Altmeppen*, in: MüKoAktG, Vor § 311 Rn. 80; *ders.*, GmbHG, Anh. § 13 Rn. 152; *Emmerich*, in: Scholz GmbHG, Anh. § 13 Rn. 70 ff.; *Grigoleit*, in: Grigoleit AktG, § 311 Rn. 4, 6; *Liebscher*, in: MüKoGmbHG, Anh. zu § 13 Rn. 412 jew. mwN.

[113] *Altmeppen*, Die Haftung des Managers im Konzern, 80 f.; *Koppensteiner*, in: Rowedder/ Schmidt-Leithoff GmbHG, 4. Aufl. 2002, Anh. nach § 52 Rn. 74; *Kropff*, in: FS Kastner, 279 (296 ff.); *ders.*, in: FS Semler, 517 (536 ff.); *Ulmer*, in: Hachenburg GmbHG, Anh. § 77 Rn. 77.

schädigen, wenn die Tochter eine GmbH ist. Wenn es aber keine Legitimation der Unternehmens-Gesellschafterin für eine nachteilige Einflussnahme auf die abhängige GmbH gibt und ihr Geschäftsleiter gerade durch seine Konzernbeziehung in der Lage ist, die Geschäftsführung der abhängigen GmbH mitzubestimmen, muss die Inanspruchnahme für solch schädigende Handlungen – neben der Haftung der Mutter – erst recht möglich sein.[114] Die Haftungsandrohung stellt lediglich die effektive Einhaltung des vom Gesetzgeber für selbstverständlich gehaltenen Schädigungsverbots sicher. Sie stellt ein wirksames Mittel dar, um den Geschäftsleiter des Mutterunternehmens davon abzuhalten, nachteilig auf die abhängige Gesellschaft einzuwirken.

Besondere Bedeutung gewinnt die Haftung des Konzerngeschäftsleiters dann, wenn das herrschende Unternehmen insolvent ist.[115] Gerade aus Sicht der Gläubiger der abhängigen Gesellschaft wäre die Lage misslich, denn die alleinige Haftung der Mehrheitsgesellschafterin nach § 31 GmbHG und § 826 BGB (Institut der Existenzvernichtungshaftung)[116] sowie die Haftung der Geschäftsführer der abhängigen GmbH nach § 43 III GmbHG können nicht weiterhelfen, wenn der abhängigen GmbH ein Schaden entstanden ist und damit überlebensnotwendige Liquidation entzogen wurde, ohne dass es sich in diesem Kontext um eine verbotene Auszahlung oder einen existenzvernichtenden Eingriff handelt.[117] Jedenfalls dort, wo das geschäftsführende Organ der beherrschenden Gesellschaft eine nachteilige Konzerngeschäftsführung vornimmt, ist eine Haftung gegenüber der Tochtergesellschaft sachgerecht, um so die Interessen der Außenseiter umfassend zu schützen.[118]

(4) Fazit
Der Konzerngeschäftsleiter kann aufgrund seiner besonderen Stellung im Unternehmen seine Leitungsmacht über die Angelegenheiten seiner

---

[114] Vgl. *Altmeppen*, Die Haftung des Managers im Konzern, 86; *Eschenbruch*, Konzernhaftung, Rn. 4221 ff.

[115] Dazu *Altmeppen*, ZIP 2009, 49 (51 f., 55); *ders.*, ZIP 2017, 1977 (1980 f.); zust. *Bayer*, in: Lutter/Hommelhoff GmbHG, § 13 Rn. 44.

[116] BGHZ 173, 246 = NJW 2007, 2689 – *Trihotel*, zu diesem Rechtsinstitut schon auf S. 14 f., 22 f.

[117] Vgl. *Liebscher*, in: MüKoGmbHG, Anh. zu § 13 Rn. 411; Beispiele bei *Casper*, in: UHL GmbHG, Anh. § 77 Rn. 83; *Kropff*, in: FS Kastner, 279 (295 f.).

[118] So auch *Altmeppen*, Die Haftung des Managers im Konzern, 86; *Tröger/Dangelmayer*, ZGR 2011, 558 (576).

eigenen Gesellschaft hinaus ausüben. Wegen ihrer lockeren Finanz- und Organisationsverfassung muss die GmbH besonders vor nachteiliger Einflussnahme geschützt werden. Darüber hinaus ist zu wiederholen, dass die Diskussion um die Anwendbarkeit der §§ 311, 317 AktG auf eine abhängige GmbH mit der Frage, ob die Haftung des Konzerngeschäftsleiters einer GmbH sachgerecht erscheint, nicht verwechselt werden darf. Ob der Manager eines herrschenden Unternehmens gegenüber der abhängigen GmbH unabhängig von einer deliktischen Haftung überhaupt haften muss, ist losgelöst von der maßgeblichen Haftungsnorm und dem Umfang und Inhalt der Haftung zu beantworten. Es besteht Einigkeit darüber, dass das Mutterunternehmen einer GmbH ihrer Tochter gegenüber für nachteilige Einflussnahme haften muss, Uneinigkeit herrscht lediglich über die Herleitung und Reichweite. Dieser Umstand und die Sonderstellung des Konzerngeschäftsleiters rechtfertigen eine direkte, nicht nur deliktische Inanspruchnahme bei schuldhafter Fremdgeschäftsführung durch die abhängige GmbH.

2. „Wie" der Haftung

Erkennt man die direkte Haftung des Konzerngeschäftsleiters gegenüber der Tochter-GmbH an, ist in einem weiteren Schritt zu klären, unter welchen Voraussetzungen und in welchem Umfang es zur Haftung kommen soll. Im Folgenden wird daher die maßgebliche Anspruchsgrundlage (1) der abhängigen Gesellschaft bei Haftung des Konzerngeschäftsleiters bestimmt und sodann deren Inhalt und Reichweite (2).

(1) Anspruchsgrundlage

Als Haftungsgrundlage für schädigende Handlungen des Konzerngeschäftsleiters ist § 317 III AktG heranzuziehen.[119] Die analoge Anwendung von § 317 III AktG ist jedoch begründungsbedürftig, denn die §§ 311 ff. AktG sind nach ihrem eindeutigen Wortlaut nur auf die abhängige AG anwendbar

---

[119] So auch *Altmeppen*, GmbHG, Anh. § 13 Rn. 152 f., 166 ff.; *ders.*, in: MüKoAktG, Vor § 311 Rn. 80 f.; *ders.*, Die Haftung des Managers im Konzern, 79 ff., 85 ff.; *Eschenbruch*, Konzernhaftung, Rn. 4223; *Koppensteiner*, in: Rowedder/Schmidt-Leithoff GmbHG, 4. Aufl. 2002, Anh. nach § 52 Rn. 74 f., 78 a.E.; *Kropff*, in: FS Kastner, 279 (296 ff.); *ders.*, in: FS Semler, 517 (536 ff.); *Wilhelm*, Kapitalgesellschaftsrecht, Rn. 1372 ff.; wohl auch *Hommelhoff*, in: Lutter/Hommelhoff GmbHG, Anh. zu § 13 Rn. 15, 25, 41; *ders.*, ZGR 2012, 535 (548, 555).

(„[...] eine abhängige Aktiengesellschaft [...]"). Für eine analoge Anwendung von § 317 III AktG bedarf es daher einer planwidrigen Regelungslücke und einer vergleichbaren Interessenlage:

a. Planwidrige Regelungslücke

Sowohl im GmbHG als auch im AktG fehlen Regelungen zur Haftung des Konzerngeschäftsleiters einer beherrschten GmbH. Mangels Einführung eines formellen GmbH-Konzernrechts besteht daher grundsätzlich eine *Regelungslücke*.[120]

Das Fehlen einer gesetzlichen Regelung muss zudem *planwidrig* sein: Bei der Auslegung ist auf den Willen des Gesetzgebers abzustellen.[121] Der deutsche Gesetzgeber hat sich gegen eine Normierung des GmbH-Konzernrechts entschieden[122] und sich an dieser Stelle auf die Entwicklung eines Regelungssystems durch Rechtsprechung und Wissenschaft verlassen. Dass bei der Rechtsfortbildung zur Haftung der Konzernmutter gegenüber einer faktisch abhängigen Gesellschaft die Haftung des Konzerngeschäftsleiters wohl schlichtweg übersehen wurde, zeigt sich schon an der weitestgehend fehlenden Stellungnahme zu dieser Problematik.[123] Dann kann man dem Gesetzgeber aber nicht unterstellen, er habe diese Gesetzeslücke bewusst, und damit gerade nicht planwidrig, bestehen lassen. Vielmehr hat er die Entwicklung eines umfassenden Regelungskonzeptes zur Füllung der Gesetzeslücken auf die Rechtsprechung und Literatur übertragen, und solange

---

[120] So auch *Altmeppen*, in: MüKoAktG, Vor § 311 Rn. 78; abl. *Gätsch*, Gläubigerschutz im qualifiziert faktischen GmbH-Konzern, 69 f., 120; *Kleinert*, in: FS Helmrich, 667 (669 ff.); wohl auch *Heinsius*, AG 1986, 105 f.; *Schanze*, in: Mestmäcker/Behrens, 502; *Schramm*, Konzernverantwortung und Haftungsdurchgriff im qualifizierten faktischen GmbH-Konzern, 44; *Stein*, Das faktische Organ, 173.
[121] *Larenz*, Methodenlehre der Rechtswissenschaft, S. 318 f.
[122] Vgl. zu den Bemühungen der 70er-Jahre BT-Drs. VI/3088, 63 ff.: Der Gesetzesentwurf sah ein GmbHG mit einem an das AktG angelehnten Konzernrecht in den §§ 230 ff. vor; s. auch Beurskens, in: Noack/Servatius/Haas GmbHG, Anh. GmbH-KonzernR Rn. 11; Drygala, in: Oppenländer/Trölitzsch, § 41 Rn. 8; Hueck, in: Arbeitskreis GmbH-Reform: Thesen und Vorschläge zur GmbH-Reform, Band 2, 1972, 47 ff.; Liebscher, in: MüKoGmbHG, Anh. zu § 13 Rn. 33: Eine zukünftige Regelung sei „auch nicht zu erwarten"; Wiedemann, GmbHR 2011, 1009 (1010).
[123] Vgl. dazu *Liebscher*, in: MüKoGmbHG, Anh. zu § 13 Rn. 490 mit Fn. 646, der zu Recht darauf hinweist, dass sich in der einschlägigen Literatur kaum eine eing. Stellungnahme finden lässt; so auch *Zeidler*, in: Michalski GmbHG, 1. Aufl. 2002, Syst. Dar. 4 Rn. 245.

diese es versäumen, ausdrücklich und umfassend Stellung zu nehmen, bleibt die Regelungslücke planwidrig. Es gilt jedoch zu untersuchen, ob bereits bestehende Normen oder entwickelte Rechtsinstitute die grundsätzlich bestehende Regelungslücke ausreichend füllen und es daher einer entsprechenden Anwendung von § 317 III AktG nicht mehr entbehrt:

a) Existenzvernichtungshaftung

Das von der Rechtsprechung entwickelte Institut der Existenzvernichtungshaftung[124] spricht jedenfalls nicht gegen eine planwidrige Regelungslücke: Im Ergebnis zutreffend ist, dass neben der Haftung der Unternehmens-Gesellschafterin wegen existenzvernichtenden Eingriffs auch eine Haftung des Konzerngeschäftsleiters in Betracht kommen kann, wenn er an der Schädigung mitgewirkt hat.[125] Stimmt man dem zu, kann der Geschäftsleiter der Obergesellschaft demnach unmittelbar von der abhängigen GmbH in Anspruch genommen werden, wenn er an dem „missbräuchlichen, die Insolvenz der Gesellschaft herbeiführenden oder vertiefenden kompensationslosen Eingriff in das zur vorrangigen Gläubigerbefriedigung nötige und damit zweckgebundene Gesellschaftsvermögen" beteiligt ist. Doch kann dieses von der Rechtsprechung entwickelte Haftungsinstitut die Regelungslücke zur Haftung des Geschäftsleiters immer dann nicht ausreichend schließen, wenn der auszugleichende Schaden auf einer „einfachen" nachteiligen Handlung beruht.[126] Nicht jede die abhängige GmbH schädigende Maßnahme erreicht sogleich die hohe Schwelle des existenzvernichtenden Eingriffs (vorsätzlich sittenwidrige Schädigung i.S.v. § 826 BGB). Freilich wird die Inanspruchnahme in der Praxis in fast allen Fällen erst in der Insolvenz relevant, denn erst dann wird der Betrag zur Gläubigerbefriedigung

---

[124] BGHZ 173, 246 = NJW 2007, 2689 – *Trihotel*, zu diesem Rechtsinstitut auf S. 14 f., 22 f.

[125] Vgl. dazu *Tröger/Dangelmayer*, ZGR 2011, 558, (579 ff.): Haftung unmittelbar aus § 826 BGB; *U. H. Schneider*, in: Scholz GmbHG, 11. Aufl. 2013, § 43 Rn. 287a: § 830 II BGB; eing. zur Mithaftung, ein solche aber i.E. ablehnend dagegen *S. H. Schneider*, in: FS U. H. Schneider, 1177 ff.; *S. H. Schneider*, GmbHR 2011, 685 ff.

[126] Dazu das Beispiel der ungesicherten Kreditvergabe im Konzern (sog. „upstream-loans"): Der Konzerngeschäftsleiter weiß von der Solvenz seiner Gesellschaft und damit der fehlenden Vollwertigkeit des Rückzahlungsanspruches der abhängigen GmbH, vgl. *Altmeppen*, ZIP 2009, 49 (53 ff.); *ders.*, ZIP 2017, 1977 (1980 ff.); s. auch *ders.*, GmbHG, § 30 Rn. 137; eing. dazu *Hirschfeld*, Aufsteigende Sicherheiten im Konzern, S. 263 ff., der auch eine analoge Anwendung von §§ 317 III AktG befürwortet.

notwendig.[127] Doch sind theoretisch auch Situationen denkbar, in denen die Schmälerung des Vermögens schon vor einer Unterdeckung bekannt wird und die Geltendmachung der Ansprüche daher schon vor der Krise relevant wird (Beispiel: Bei einem Wechsel der Geschäftsleitung oder einem Unternehmensverkauf wird die neue Geschäftsleitung das geschmälerte Gesellschaftsvermögen durch Geltendmachung von etwaigen Ansprüchen gegen die vorherige Geschäftsleitung auffüllen wollen)[128]. Dann kann man aber nicht ernsthaft vertreten, dass zum einen abgewartet werden muss, ob die Eingriffe tatsächlich zur Insolvenz des Unternehmens führen, und zum anderen, dass Eingriffe, die nicht schon vorsätzlich bzw. sittenwidrig waren, nicht ausgleichsbedürftig seien. Ebendiese Schutzlücke für das gebundene Gesellschaftsvermögen und damit mittelbar für die Gläubiger muss durch eine passende, diese Fälle erfassende Haftungsnorm gefüllt werden. Wenn man § 317 III AktG analog auf den Konzerngeschäftsleiter anwendet, ist ein Rückgriff auf § 826 BGB (i.V.m. § 830 II BGB) ohnehin überflüssig, da beide Anspruchsgrundlagen zum selben Ergebnis führen – die Haftung über § 317 III AktG erfasst selbstverständlich auch die Beteiligung eines Konzerngeschäftsleiters an einer „besonders nachteiligen" (existenzvernichtenden) Einflussnahme.[129] Ein überzeugendes Argument gegen die analoge Anwendung von § 317 III AktG kann das Institut der Existenzvernichtungshaftung und die Mithaftung des Konzerngeschäftsleiters daher jedenfalls nicht darstellen.

b) Analoge Anwendung der Organhaftungsnormen

Gegen die analoge Anwendung von § 317 III AktG könnte jedoch das von *Uwe H. Schneider* entwickelte Haftungskonzept sprechen: Unabhängig von einer Haftung nach § 317 III AktG statuiert dieser die Pflicht eines jeden Konzerngeschäftsleiters, bei der Ausübung der Leitungsmacht – losgelöst von der konkreten Rechtsform des Konzerns – die Sorgfalt eines ordentlichen und gewissenhaften Geschäftsleiters zu beachten, bei deren Missachtung es zu einer Haftung in analoger Anwendung von § 43 GmbHG

---

[127] *Altmeppen*, in: MüKoAktG, Vor § 311 Rn. 79.
[128] Dieses Beispiel findet sich auch in *Altmeppen*, Die Haftung des Managers im Konzern, 83.
[129] So auch *Altmeppen*, GmbHG, § 13 Rn. 105, *ders.*, in: MüKoAktG, Anh. zu § 317 Rn. 13 mit Fn. 38, 20 f.; *Bayer*, in: Lutter/Hommelhoff GmbHG, § 13 Rn. 44.

bzw. § 93 AktG kommen soll.[130] Er begründet dies mit einer Fortentwicklung der im Verhältnis des Organmitglieds zur eigenen Gesellschaft bestehenden organschaftlichen Sonderrechtsbeziehung[131] und zieht damit einen Vergleich zur Fallkonstellation in der GmbH & Co. KG[132] (Haftung des Geschäftsführers der Komplementär-GmbH gegenüber der KG). Für den faktisch beherrschten GmbH-Konzern würde dies zu einer alleinigen Haftung nach den allgemeinen Schadensersatznormen für Geschäftsleiter führen, wenn man mit der hM den § 317 AktG in der GmbH für nicht anwendbar erklärt. Stimmt man dieser Ansicht zu, gäbe es schon gar keine ausfüllungsbedürftige Regelungslücke mehr, denn die allgemeinen Normen zur Verantwortlichkeit der Geschäftsleiter gehen weiter als § 317 III AktG.[133]

Diese Ansicht baut jedoch auf dem Missverständnis auf, dass es kein abschließend normiertes konzernrechtliches Haftungssystem gäbe und der maßgebliche § 317 III AktG nur eine „vorsatzabhängige Veranlassungshaftung" normiere, die nicht alle sanktionsbedürftigen Verhaltensweisen erfassen könne und deshalb um eine „verschuldensabhängige Handlungshaftung" erweitert werden müsse.[134] Diese Ansicht geht jedoch fehl: Bei richtigem Verständnis von § 317 AktG handelt es sich um nichts anderes als eine gewöhnliche Verschuldenshaftung[135], die in ihrer Funktion – wie auch bei § 309 AktG – die fehlende Organbeziehung zwischen Konzerngeschäftsleiter und der abhängigen Gesellschaft ersetzen soll.[136] Sie bedarf keiner „Erweiterung".

---

[130] *U. H. Schneider*, in: Scholz GmbHG, 11. Aufl. 2013, § 43 Rn. 419 ff.; *ders.*, BB 1981, 249 (257); zustimmend *Jungkurth*, Konzernleitung, 188 ff.
[131] *U. H. Schneider*, in: Scholz GmbHG, 11. Aufl. 2013, § 43 Rn. 430.
[132] BGHZ 75, 321 (322 ff.) = NJW 1980, 589; BGHZ 76, 326 (338) = NJW 1980, 1524; BGHZ 100, 190 (193) = NJW 1987, 2008; BGHZ 197, 304 = NZG 2013, 1021; dazu eing. *Verse*, in: Scholz GmbHG, § 43 Rn. 443 ff.
[133] Darauf abzielend *Jungkurth*, Konzernleitung, 185 f.; *U. H. Schneider*, BB 1981, 249 (257).
[134] Jungkurth, Konzernleitung, 186: „Voraussetzung ist immer eine aktive Einflussnahme […]. Für Unterlassungen haftet er dagegen nicht"; *U. H. Schneider*, BB 1981, 249 (257).
[135] Die Verschuldenserfordernis ergibt sich aus § 317 II AktG, vgl. *Altmeppen*, in: MüKoAktG, § 317 Rn. 10; *ders.*, NZG 2022, 1227 (1232); a.A. *Fleischer*, in: Großkomm AktG, § 317 Rn. 22; *Habersack*, in: Emmerich/Habersack, § 317 Rn. 7, 11: „verschuldensunabhängige Veranlassungshaftung" jew. mwN.
[136] *Altmeppen*, GmbHG, Anh. § 13 Rn. 169; *ders.*, in: MüKoAktG, § 309 Rn. 2, § 311 Rn. 161 ff., § 317 Rn. 8 ff., Rn. 85; *ders.*, in: FS Priester, 1 (2 ff.); *ders.*, ZHR 171 (2007), 320 (329 ff.); *ders.*, NJW 2008, 1553 (1554 f.); *Kropff*, Aktiengesetz 1965, 404 f.

Berücksichtigt man zudem noch, dass eine Haftung des Konzerngeschäftsleiters mangels Organstellung bzw. sonstiger vertraglicher Beziehung zur
abhängigen Gesellschaft immer noch eine begründungsbedürftige[137] und
vom Gesetzgeber deshalb in § 309 AktG und § 317 AktG speziell geregelte
Ausnahme ist, dann muss eine pauschale – und weitergehende[138] – Haftung
nach den allgemeinen Normen ausscheiden. Immerhin hat sich der Gesetzgeber bewusst für ein gesondertes Haftungssystem nach §§ 311, 317 AktG
bei nachteiliger Geschäftsführung im faktischen Konzern entschieden,
obwohl er anderenfalls einfach auf § 93 AktG (bzw. § 43 GmbHG) hätte
verweisen können. Aus denselben Gründen hinkt auch der Vergleich zur
GmbH & Co. KG, denn dort fehlt es gerade an einer solchen gesetzgeberischen
Entscheidung. Nach der hier vertretenen Ansicht ist das Regelungskonzept
der §§ 311, 317 AktG insgesamt entsprechend auf die GmbH anwendbar,[139]
sodass die dargestellten Argumente konsequenterweise nicht nur in der faktisch beherrschten GmbH Geltung finden müssen, sondern wegen desselben
Regelungszwecks auch in der faktisch beherrschten AG.

c) Haftung der herrschenden Gesellschaft wegen Treuepflichtverletzung
Der Einwand, wegen der Haftung des herrschenden Unternehmens aus
mitgliedschaftlicher Treuepflicht bestehe gar kein Bedürfnis für die entsprechende Anwendung des § 317 AktG,[140] ist nicht überzeugend: Selbst wenn
man mit der hM die Haftung der herrschenden Gesellschaft für schädigende
Einflussnahme über eine Verletzung von Treuepflichten begründet[141] und
deshalb die analoge Anwendung von § 317 I AktG für die Haftung des
Mutterunternehmens ablehnt, kann dadurch nicht zugleich die im dritten

---

[137] Dazu schon ausführlich auf S. 29 ff.
[138] § 317 III AktG sanktioniert kein Aufsichtsverschulden und führt gerade nicht zu einer
generellen Haftung für unzureichende Organisation und Überwachung, Müller:
in BeckOGK AktG, § 317 Rn. 18 mwN; auch die Haftung wegen Nichtvornahme
von Weisungen käme dann in Betracht, die eine Konzernleitungspflicht, die es
nach hM nicht gibt, suggeriert, vgl. Koch, AktG, § 309 Rn. 10; Koppensteiner; in:
KölnKommAktG, § 309 Rn. 6; Leuering/Goertz; in: Hölters/Weber, § 309 Rn. 25; Veil/
Walla, in: Großkomm AktG, § 309 Rn. 15; Fleischer, DB 2005, 759 (761 f.); Flume, Die
juristische Person, 399, 403.
[139] Vgl. dazu insgesamt die Ausführungen ab S. 35 ff.
[140] So *Beurskens*, in: Noack/Servatius/Haas GmbHG, Anh. GmbH-KonzernR Rn. 75.
[141] Dazu noch ausführlich ab S. 45 ff.

Absatz geregelte Haftung des Konzerngeschäftsleiters ersetzt werden. Diese Haftung für schuldhafte Fremdgeschäftsführung muss es aber, wie bereits ausführlich dargestellt, gerade geben.[142]

Die durch Rechtsprechung und Literatur entwickelte Treuepflicht der Gesellschafter einer (beherrschenden) Kapitalgesellschaft gegenüber ihrer Gesellschaft und ihren Mitgesellschaftern[143] ist nicht auf den gesetzlichen Vertreter übertragbar. Anders als die Gesellschafter (hier: Unternehmens-Gesellschafter) kann der gesetzliche Vertreter aus seiner Organstellung gerade keine Mitgliedschaft an der abhängigen Gesellschaft herleiten, aus der sich eine solche besondere mitgliedschaftliche Treuepflicht ableiten ließe. Rücksichtnahme schuldet er infolgedessen allein seiner eigenen (herrschenden) Gesellschaft, bei deren Verletzung es zu einer Innenhaftung nach § 43 GmbHG bzw. § 93 AktG kommen kann.[144] Auch der Sonderfall eines Gesellschafter-Geschäftsführers ändert daran nichts: Die Treuepflicht gegenüber der Gesellschaft besteht allein aufgrund der Gesellschafterstellung. Mit der zusätzlichen Eigenschaft eines Leitungsorgans hat diese mitgliedschaftliche Pflicht nichts zu tun.

Die Haftungsandrohung gegenüber der eigenen (herrschenden) Gesellschaft aus der Stellung als gesetzlicher Vertreter (§ 43 II GmbHG, § 93 II AktG) ist aber nicht ausreichend, um das Vermögen der abhängigen Gesellschaft und damit die Gläubiger zu schützen. Denn die Haftung könnte abbedungen worden sein oder wegen interner persönlicher Verflechtungen nicht geltend gemacht werden[145] und somit die Solvenz der Muttergesellschaft bei möglicher Inanspruchnahme ohnehin nicht garantiert sein. Dieser Gedanke gilt jedenfalls auch in der AG, und es gibt keinen Grund, warum eine bloße Innenhaftung gegenüber der eigenen Gesellschaft in der schutzwürdigeren GmbH dagegen genügen soll.

---

[142] Dazu schon auf S. 29 ff.

[143] Vgl. dazu BGHZ 65, 15 (18 f.) = NJW 1976, 191 – *ITT*; BGHZ 98, 276 (279) = NJW 1987, 189; BGH NZG 2007, 185; *Bitter*, in: Scholz GmbHG, § 13 Rn. 50 ff.; *Lieder*, in: MHLS GmbHG, § 13 Rn. 131 ff. jew. mwN.

[144] *Altmeppen*, Die Haftung des Managers im Konzern, 85; *Liebscher*, in: MüKoGmbHG, Anh. zu § 13 Rn. 491; vgl. zur Abgrenzung der mitgliedschaftlichen Treuepflicht von der die Geschäftsführer treffenden organschaftlichen Treuepflicht in der GmbH (Verpflichtung, ihrer organschaftlichen Rechte und Pflichten zum Wohl des Unternehmens auszuüben), *Lieder*, in: MHLS GmbHG, § 13 Rn. 137 ff.

[145] Im Ergebnis ebenso *Altmeppen*, in: MüKoAktG, § 309 Rn. 2.

Ist der Konzerngeschäftsleiter also nicht zugleich Gesellschafter (dann möglicherweise Haftung über die Grundsätze einer Treuepflichtverletzung), kann er von der abhängigen Gesellschaft bei schuldhafter Fremdgeschäftsführung nicht in Anspruch genommen werden. Das Bedürfnis einer Regelung zur Haftung des Konzerngeschäftsleiters besteht mithin selbst dann, wenn man die Haftung der Muttergesellschaft für nachteilige Einflussnahme anstelle der §§ 311, 317 AktG analog auf eine Treuepflichtverletzung gem. § 280 I BGB stützen will.

d) Analoge Anwendung von § 117 AktG

Nach § 117 AktG ist derjenige gegenüber der Gesellschaft zum Schadensersatz verpflichtet, der einer Gesellschaft unter Benutzung seines Einflusses auf ihre Verwaltungsmitglieder einen Schaden zufügt. Um die bestehende Gesetzeslücke für die Haftung des Konzerngeschäftsleiters gegenüber der abhängigen GmbH zu füllen, kann daher schließlich auch eine analoge Anwendung von § 117 AktG in Betracht kommen. Der Weg über § 317 III AktG wäre dann möglicherweise überflüssig. Dieser – im Ergebnis abzulehnende – Lösungsansatz bedarf daher der näheren Erörterung:

Unmittelbare Geltung findet der im allgemeinen Teil des Aktienrechts verortete § 117 AktG nur in der AG. Das haftungsbegründende Merkmal der Benutzung des Einflusses auf die Gesellschaft ist jedoch nicht nur in der einfachen AG denkbar, sondern passt grundsätzlich auch auf die konzernierte AG.[146] Bei einer konzernierten GmbH kann die aktienrechtliche Norm dagegen nicht ohne eine nähere Begründung angewendet werden, sondern nur unter Darlegung der Analogievoraussetzungen. Vergleicht man die Interessenlage des AG-Konzerns mit dem des GmbH-Konzerns, ergibt sich das folgende Ergebnis:

Hintergrund für das Bedürfnis der Haftung des Konzerngeschäftsleiters gegenüber der abhängigen Gesellschaft ist, die Gesellschaft durch die Haftungsandrohung vor schuldhafter Fremdgeschäftsführung durch den Geschäftsleiter zu schützen.[147] Als Leitungsorgan der Muttergesellschaft muss

---

[146] *Grigoleit/Tomasic*, in: Grigoleit AktG, § 117 Rn. 26; *Habersack*, in: Emmerich/Habersack, § 311 Rn. 88, § 317 Rn. 34; *Flume*, Juristische Person, 89; vgl. aber auch die Ausnahmen bei Ausübung von Leitungsmacht aufgrund eines Beherrschungsvertrages (§§ 117 VII Nr. 1, 308 AktG) oder im Fall der Eingliederung (§§ 117 VII Nr. 2, 323 I 1 AktG).

[147] *Kropff*, Aktiengesetz 1965, 418.

neben der herrschenden Gesellschaft auch deren Geschäftsleiter in Anspruch genommen werden können, wenn er versucht, den Interessen der eigenen Gesellschaft Geltung zu verschaffen und dabei der Tochter einen Schaden zufügt (schuldhafte Fremdgeschäftsführung). Dieses Schutzbedürfnis besteht unabhängig von der Rechtsform der abhängigen Gesellschaft, wobei nochmals darauf hinzuweisen ist, dass die Einflussmöglichkeiten auf eine abhängige GmbH besonders groß sind (Weisungsgebundenheit des Geschäftsführers) und sich die Notwendigkeit einer Haftungsandrohung daher sogar noch leichter begründen lässt als bei dem gesetzlich geregelten Fall der abhängigen AG.[148]

Einen vergleichbaren Rechtsgedanken verfolgt § 117 AktG, der den Schutz der Gesellschaft im Hinblick auf diejenigen Personen, die in einem Unternehmen eine wirtschaftliche Machtstellung innehaben und diese mittels Einflussnahme zulasten der Gesellschaft ausüben können, sicherstellen will.[149] So heißt es in der Begründung des Regierungsentwurfes zu § 117 AktG, dass es „stets gegen die Grundsätze anständiger Kaufmannschaft" verstoße, wenn eine Einflussmöglichkeit auf die Gesellschaft dazu genutzt wird, ihr einen Schaden zuzufügen, und es bei schädigender Einflussnahme daher zur Haftung führen muss.[150]

Dieser Rechtsgedanke ist auf die Einflussnahme durch den Konzerngeschäftsleiter übertragbar. Als Repräsentant und Ausführungsorgan der herrschenden Gesellschaft hat der Konzerngeschäftsleiter eine solche Machtposition inne. Wenn man berücksichtigt, dass er durch Weisungserteilung die Geschäftsführung der abhängigen GmbH (§ 37 I GmbHG) nahezu unabhängig lenken und leiten und damit den in § 117 AktG beschriebenen beherrschenden Einfluss ausnutzen kann, dann wirkt die analoge Anwendung auf die GmbH auf den ersten Blick als ein sachgerechtes Mittel zur Prävention eines etwaigen Missbrauchs dieser Machtstellung.[151] Die analoge Anwendung von § 117 AktG ist daher grundsätzlich geeignet, als Haftungsgrundlage für

---

[148] Zu all dem schon ab S. 29 ff.

[149] Begr. zu § 84 RegE AktG von 1930, S.107; *Schmidt/Meyer-Landrut*, in: Großkomm AktG, 2. Aufl., § 101 Anm. 3; *Spindler*, in: MüKoAktG, § 117 Rn. 1.

[150] Vgl. *Kropff*, Aktiengesetz 1965, 162.

[151] Wenn man von einer übergeordneten Geschäftsführungskompetenz des herrschenden bzw. Alleingesellschafters ausgeht, dann liegt es nicht fern, diesen Gedanken auf den Geschäftsleiter des herrschenden Unternehmens zu übertragen, vgl. dazu *Altmeppen*,

den Konzerngeschäftsleiter einer faktisch abhängigen GmbH herangezogen zu werden.[152]

Bei genauer Betrachtung wird jedoch erkennbar, dass die Haftung über § 117 AktG zwar *ein* sinnvolles Mittel darstellt, um die abhängige GmbH vor schädigender Einflussnahme zu schützen, jedoch im Ergebnis nicht ausreichend ist, um das wegen der bestehenden Konzerngefahren gebotene Schutzniveau zu gewährleisten. Vielmehr bleiben dieselben Schutzlücken bestehen wie auch schon bei einer Haftung nach § 826 BGB.[153] Denn parallel zu § 826 BGB stellt § 117 AktG einen deliktsrechtlichen Haftungstatbestand dar, der zwar keine Sittenwidrigkeit voraussetzt, allerdings die Hürde der „vorsätzlich schädigenden Einflussnahme" ähnlich hoch ansetzt.[154] Wenn man den Konzerngeschäftsleiter aber nur in diesen gravierenden Fällen zur Verantwortung ziehen könnte, führt dies letztendlich zu einer unzureichenden Abdeckung des Haftungsfonds der Gesellschaft und damit zu einem Nachteil für die zu schützenden Gläubiger der abhängigen Gesellschaft, insbesondere wenn – und das ist der wichtigste Fall[155] – auch die herrschende Gesellschaft insolvent ist. Die entsprechende Anwendung von § 117 AktG kann die bestehende Gesetzeslücke zur Haftung des Konzerngeschäftsleiters somit allenfalls verkleinern, doch keinesfalls schließen.

Ganz anders liegt es dagegen bei entsprechender Anwendung von § 317 III AktG. Die Haftungsandrohung stellt ein viel effektiveres Mittel dar, um die bestehende Gesetzeslücke zu schließen, denn erfasst wird davon nicht nur die vorsätzliche nachteilige Einflussnahme auf die Gesellschaft, sondern auch schon die fahrlässige Schadenszufügung. Diese Wertung kann auch der Entstehungsgeschichte des Gesetzes entnommen werden, denn § 317 AktG sollte die in § 101 AktG 1937 (jetzt § 117 AktG) geregelte Haftung gerade

---

GmbHG, § 13 Rn. 125 sowie Anh. § 13 Rn. 171: „soweit das herrschende Unternehmen haftet, gilt dies auch für seine gesetzlichen Vertreter".

[152] So auch für den Alleingesellschafter einer GmbH *Burgard*, ZIP 2002, 827 (837 f.). Zur analogen Anwendung auf die GmbH auch *Ziemons*, Die Haftung der Gesellschafter für Einflußnahmen auf die Geschäftsführung der GmbH, S. 212 ff.

[153] S. 14 f., 22 f., 36 ff. zum existenzvernichtenden Eingriff.

[154] BGH NJW 1992, 3167 (3172); *Grigoleit/Tomasic*, in: Grigoleit AktG, § 117 Rn. 1: Haftungsfälle kaum je außerhalb des Sittenwidrigkeitsverdikts; *Koch*, AktG, § 117 Rn. 2; *Leuering/Goertz*, in: Hölters/Weber, § 117 Rn. 1, 7; *Schall*, in: BeckOGK AktG, § 117 Rn. 4 f.

[155] Dazu *Altmeppen*, ZIP 2009, 49 (53 ff.); *ders.*, ZIP 2017, 1977.

verschärfen.[156] Nun zu behaupten, § 117 AktG könne die für die GmbH bestehende Lücke des § 317 AktG schließen, wäre demnach mehr als abwegig, wenn man bedenkt, dass der Haftungsumfang schon weitaus geringer ist. Daher ist eine analoge Anwendung von § 117 AktG für die Haftung des Konzerngeschäftsleiters einer abhängigen GmbH abzulehnen.

e) Zwischenergebnis

Die bestehende Regelungslücke zur Haftung des Konzerngeschäftsleiters kann durch andere Haftungsinstitute des Gesellschaftsrechts nicht ausreichend geschlossen werden. Die bereits vorhandenen Rechtsinstitute der Existenzvernichtungshaftung, der allgemeinen Organhaftung, der Haftung aus Treuepflichtverletzung und § 117 AktG vermögen nur Teile der bestehenden Schutzlücke zu schließen und sind daher nicht geeignet, das Bedürfnis nach einer analogen Anwendung von § 317 III AktG abzuwenden.

b. Vergleichbare Interessenlage

Um § 317 III AktG entsprechend auf die abhängige GmbH anzuwenden, muss die *Interessenlage* mit der Interessenlage im ausdrücklich geregelten Anwendungsfall – die Konzerngeschäftsleiterhaftung gegenüber einer abhängigen AG – *vergleichbar* sein.

Um einen Vergleich vorzunehmen, ist vorweg erneut darauf hinzuweisen, dass es für die Haftung der Konzernmutter grundsätzlich dahinstehen mag, wie sie dogmatisch begründet wird. Denn unstreitig ist, dass es aufgrund der besonderen Konzerngefahren zu einer Haftung gegenüber der abhängigen Gesellschaft kommen muss. Für die Ermittlung der richtigen Anspruchsgrundlage gegen den Konzerngeschäftsleiter spielt es dagegen sehr wohl eine Rolle, wie man die Haftung der Mutter begründet:

Die hier vertretene Dogmatik zur Haftung über § 317 III AktG analog baut auf der Grundprämisse auf, dass die §§ 311, 317 AktG insgesamt, also auch bezüglich der Haftung des herrschenden Unternehmens, entsprechend auf die abhängige GmbH anwendbar sind. Bei der Herleitung der Analogie und dem Vergleich der Interessenlagen ist daher insgesamt auf die Vergleichbarkeit von abhängiger AG und abhängiger GmbH zu achten und insbesondere bei der Einordnung der Haftung der Muttergesellschaft anzusetzen, denn das ist

---

[156] Vgl. *Kropff*, Aktiengesetz 1965, 418.

der eigentliche Regelungszweck der §§ 311, 317 AktG, um daraufhin damit untrennbar zusammenhängend die Haftung ihres Geschäftsleiters zu begründen. Nur bei einer Gesamtbetrachtung der beiden Haftungsfragen kann eine systematisch sinnvolle Einordnung erfolgen und damit ein schlüssiges Gesamtkonzept für die Haftung im faktischen GmbH-Konzern entwickelt werden.

a) Haftung wegen Treuepflichtverletzung

Die Rechtsprechung und herrschende Lehre wollen eine Haftung des herrschenden Unternehmens über die im GmbH-Recht anerkannte Dogmatik der Verletzung von mitgliedschaftlichen Treuepflichten der Gesellschafter herleiten.[157] Bei genauer Betrachtung wird jedoch erkennbar, dass keine Notwendigkeit für einen Rückgriff auf die Treuepflichtkonstruktion besteht. Diese Rechtsfigur hat eine Schwäche, die eine Anwendung der §§ 311, 317 AktG dagegen nicht hat: Die Herleitung der Haftung des herrschenden Unternehmens über eine Treuepflichtverletzung gewährleistet kein lückenloses Schutzsystem für die Gläubiger der abhängigen Gesellschaft.

Die Rechtsfigur ist unbrauchbar, wenn es um eine Einmann-GmbH geht bzw. dann, wenn alle Gesellschafter einer Maßnahme zugestimmt haben.[158] In dieser Lage eine Treuepflicht zu konstruieren[159] ist kaum zu begründen, wenn man bedenkt, dass es in dieser Situation kein von den Gesellschaftern losgelöstes und damit von der Treuepflicht erfasstes Gesellschaftsinteresse geben kann.[160] Außerdem gäbe es bei Zustimmung aller wohl keinen Gesellschafter, der diesen Anspruch durchsetzen würde, und der Fremdgeschäftsführer

---

[157] BGHZ 65, 15 (18 f.) = NJW 1976, 191 – *ITT*; *Beurskens*, in: Noack/Servatius/Haas GmbHG, Anh. GmbH-KonzernR Rn. 66; *Emmerich*, in: Scholz GmbHG, Anh. § 13 Rn. 71, 85; *Habersack*, in: Emmerich/Habersack, Anh. § 318 Rn. 24 ff., 30; *Servatius*, in: BeckOK GmbHG, KonzernR Rn. 530; einen Überblick über die verschiedenen Haftungsmodelle bei *Emmerich*, in: Scholz GmbHG, Anh. § 13 Rn. 67 f.

[158] Vgl. dazu schon ausführlich *Kropff*, in: FS Kastner, 279 (293 ff.); *Servatius*, in: BeckOK GmbHG, KonzernR Rn. 524 ff. will die §§ 311, 317 AktG daher nur im Falle der Ein-Personen-GmbH für anwendbar erklären.

[159] So aber *Ulmer*, ZHR 148 (1984), 391 (416 ff.).

[160] BGHZ 119, 257 (262) = NJW 1993, 193; BGH NZG 2008, 187 Rn. 15; *Altmeppen*, GmbHG, § 13 Rn. 58 f., Anh. § 13 Rn. 170 f.; *Beurskens*, in: Noack/Servatius/Haas GmbHG, Anh. GmbH-KonzernR Rn. 70; *Casper*, in: UHL GmbHG, Anh. § 77 Rn. 83 jew. mwN.

der abhängigen Gesellschaft wäre wegen seiner Weisungsgebundenheit und persönlichen Abhängigkeit wohl regelmäßig nicht dazu bereit.[161] Im Ergebnis käme es daher bei der Anwendung der Treuepflichtkonstruktion bei schädigender Einflussnahme des herrschenden Unternehmens zu nicht hinnehmbaren Schutzlücken für die Gläubigerinteressen, wenn die abhängige GmbH in den Grenzen der §§ 30, 31 GmbHG und unter der Schwelle des § 826 BGB beliebigen Schädigungen, die zur Schmälerung des gebundenen Vermögens führen, durch ihren herrschenden Alleingesellschafter oder bei Zustimmung aller ausgesetzt werden kann.[162]

Gleiches gilt für die Haftung des Konzerngeschäftsleiters. Der gesetzliche Vertreter kann aus seiner Organstellung in der eigenen Gesellschaft gerade keine Mitgliedschaft an der abhängigen Gesellschaft herleiten, die eine solche besondere mitgliedschaftliche Treuepflicht begründet.[163] Die Konstruktion zeigt daher auch hier ihre Schutzlücken.

Aus demselben Grund ist die von *Flume* entwickelte Lehre[164] zur Verletzung von Mitgliedschaftsrechten der Mitgesellschafter als Haftungsgrundlage des herrschenden Unternehmens abzulehnen. Anders als die Treuepflichtkonstruktion ist die Anwendung dieser Rechtsfigur auf den Konzerngeschäftsleiter zwar grundsätzlich denkbar. Als Leitungsorgan der herrschenden Gesellschaft kann auch er die Mitgliedschaftsrechte der Mitgesellschafter verletzen.[165] Im Fall der Einmann-GmbH oder bei Einigkeit aller Gesellschafter findet aber auch diese Rechtsfigur ihre Grenzen. Gibt es keine weiteren Mitglieder im

---

[161] *Habersack*, in: Emmerich/Habersack, Anh. § 318 Rn. 5.

[162] Dieser Gedanke muss auch schon in der einfachen, nicht konzernierten GmbH Geltung finden, vgl. *Altmeppen*, GmbHG, § 13 Rn. 121 ff.: Der Mehrheits- und Alleingesellschafter muss jenseits der Schwelle von § 826 und neben dem Fall der Einlagenrückgewähr (§ 31 GmbHG) zumindest für „gröblich" pflichtwidrige Geschäftsführung einstehen, soweit dadurch das nicht zu seiner Disposition stehende, der Gläubigerbefriedigung gewidmete Vermögen vernichtet wird, zustimmend *Fastrich*, in: FS K. Schmidt I, 291 (305); für die konzernierte GmbH *Kropff*, in: FS Kastner, 279 (295 f.). Zur materiellen Disponibilität der Geschäftsführerhaftung noch eing. S. 83 ff., 87 ff.

[163] S. dazu schon S. 40; vgl. zur Abgrenzung der mitgliedschaftlichen Treuepflicht der Gesellschafter und die den Geschäftsführer treffende organschaftliche Treuepflicht in der eigenen GmbH (Verpflichtung, ihrer organschaftlichen Rechte und Pflichten zum Wohl des Unternehmens auszuüben), *Lieder*, in: MHLS GmbHG, § 13 Rn. 137 ff.

[164] *Flume*, Juristische Person, 258 ff.; *ders.*, ZIP 1996, 161 ff.

[165] So *Altmeppen*, Die Haftung des Managers im Konzern, 86.

Verband oder sind sich alle einig, gibt es auch keine zu verletzenden Mitgliedschaftsrechte. Die schutzbedürftigen Gläubiger werden gänzlich übergangen. Durch analoge Anwendung der §§ 311, 317 AktG – die unstreitig auch für die Einmann-AG gelten[166] – kann dieser Schutzlücke jedoch abgeholfen werden. Anders als die beschriebenen Rechtsfiguren können die §§ 311, 317µ AktG einen umfassenden Schutz[167] der Außenseiter gewährleisten.

Die entsprechende Anwendung der §§ 311, 317 AktG bei Schädigungen durch das herrschende Unternehmen überzeugt auch nach einem Blick auf die Systematik des Gesetzes: Immerhin handelt es sich bei § 317 AktG um eine gewöhnliche Verschuldenshaftung für *negotiorum gestio* (übergeordnete Fremdgeschäftsführung), anknüpfend an die Leitungsmacht des Haftenden und wegen des Weisungsrechts der (herrschenden) Gesellschafter lässt sich diese Einordnung in der abhängigen GmbH eben noch leichter begründen als in der abhängigen AG.[168] Diese Wertung muss schon deshalb überzeugen, weil es in der Sache nicht um eine Verletzung von Treuepflichten, sondern um eine pflichtwidrige Ausübung von Machtbefugnissen geht.[169] Schließlich leuchtet auch nicht ein, wieso bei der Ausgestaltung der Haftung wegen Treuepflichtverletzung teilweise auf die §§ 311 ff. AktG zurückgegriffen werden sollte,[170] obwohl eine entsprechende Anwendung der §§ 311, 317 AktG auf die GmbH doch vehement abgelehnt wird. Immerhin müsste auch diese (eher umständliche) punktuelle Analogie begründet werden.

Nach alldem ist diese Einordnung überzeugend, denn ein Lösungsweg, der seine Grundlage im Gesetz findet und zugleich auf die konkrete Rechtsfrage zugeschnitten ist, sollte einer allgemeinen geltenden, frei entwickelten und nicht

---

[166] Ganz hM, vgl. nur *Habersack*, in: Emmerich/Habersack, § 311 Rn. 13.

[167] Vgl. auch das in § 317 IV AktG i.V.m. § 309 IV 3 AktG geregelte Gläubigerverfolgungsrecht; dazu noch S. 57.

[168] *Altmeppen*, GmbHG, Anh. § 13 Rn. 169; *ders.*, in: FS Priester, 1 (12 ff.); *Flume*, Juristische Person, 88 ff.; *Wilhelm*, Rechtsform und Haftung, 227 ff, 349 ff.

[169] Vgl. dazu *Altmeppen*, GmbHG, § 13 Rn. 125; im Ergebnis auch *Kropff*, in: FS Semler, 517 (538); *Rowedder*, ZGR 1986, 20 (23).

[170] So aber *Casper*, in: UHL GmbHG, Anh. § 77 Rn. 89; *Emmerich*, in: Scholz GmbHG, Anh. § 13 Rn. 73, 88; *Habersack*, in: Emmerich/Habersack, Anh. § 318 Rn. 6, 29, 32; *Liebscher*, in: MüKoGmbHG, Anh. zu § 13 Rn. 393, 501 ff.; *Schnorbus*, in: Rowedder/Pentz GmbHG, Anh. § 52 Rn. 62; *Servatius*, in: BeckOK GmbHG, KonzernR Rn. 526, der in der Einmann-GmbH den gestreckten Nachteilsausgleich zulassen will; *Verse*, in: Henssler/Strohn GesR, Anh. § 13 Rn. 55.

im Gesetz zu findenden Rechtsfigur vorgezogen werden.[171] So schreibt *Wilhelm* zu Recht „Die §§ 311 ff. AktG sind [...] gerade der gesetzliche Ausdruck der vom BGH in seinem Urteil gesetzesfrei entwickelten Verantwortlichkeit des faktisch herrschenden Gesellschafters für Einflussnahmen auf die Geschäftsführung der GmbH". Das muss hier schon deshalb gelten, weil bei der inhaltlichen Ausgestaltung der beiden Lösungswege keine Unterschiede bestehen sollen.[172]

b) Strukturunterschiede von AG und GmbH

Das Argument, die Interessenlage wäre wegen der Strukturunterschiede von AG und GmbH nicht vergleichbar,[173] kann nicht überzeugen, denn eine Untersuchung der rechtsformabhängigen Unterschiede belegen vielmehr das Gegenteil. Im Folgenden wird sich zeigen, dass die von der AG abweichende Struktur der GmbH die Notwendigkeit des in §§ 311 ff. AktG angelegten Schutzsystems in der abhängigen GmbH gerade untermauert:

(a) Schutzinteresse

Schutzzweck der §§ 311 ff. AktG ist es, die abhängige AG, die keinen Beherrschungsvertrag geschlossen hat, vor schädigender Einflussnahme zu bewahren.[174] Regelmäßig ist eine beherrschte AG mangels eines Gleichlaufs von Gesellschafts- und Gesellschafterinteressen (sog. Konzernkonflikt) dem Risiko schädigender Einflussnahme durch das herrschende Unternehmen ausgesetzt.[175] In der GmbH besteht die Gefahr der Einflussnahme jedoch in noch viel erheblicherem Maße, denn – anders als im Recht der Aktiengesellschaft – gibt es in der GmbH nur wenig zwingende Vorschriften, die eine nachteilige Einflussnahme verhindern können. Eigentlich können die (Mehrheits-)Gesellschafter und Geschäftsführer die GmbH aufgrund ihrer vergleichsweise flexiblen Finanz- und Organisationsverfassung (genauer: Weisungsgebundenheit des Geschäftsführers, keine Satzungsstrenge, geringer Kapitalschutz)[176] beinahe beliebig steuern. Überträgt man den Gedanken auf

---

[171] *Wilhelm*, Kapitalgesellschaftsrecht, Rn. 1372.
[172] Z.B.: Nachteilsbegriff aus § 311 AktG, Gläubigerverfolgungsrecht § 317 IV AktG i.V.m. § 309 IV 3 AktG; vgl. Fn. 170.
[173] So schon BGHZ 95, 330 (340) = NJW 1986, 188.
[174] *Kropff*, Aktiengesetz 1965, 407 f.
[175] *Habersack*, in: Emmerich/Habersack, § 311 Rn. 1; *Kropff*, Aktiengesetz 1965, 408.
[176] Vgl. dagegen in der AG: § 76 I AktG, § 23 V AktG, §§ 57, 62 AktG.

die konzernierte GmbH, erkennt man, dass dieser Strukturunterschied zu einem viel größeren Schutzbedürfnis führt. Denn auch bzw. gerade in der abhängigen GmbH ist nicht auszuschließen, dass es zu einem Konzernkonflikt kommt und das herrschende Unternehmen (und seine Geschäftsleitung) durch Einflussnahme auf die abhängige Gesellschaft ein anderweitig verfolgtes unternehmerisches Interesse durchsetzen will. Die daraus resultierenden Nachteile für die GmbH und insbesondere für ihre Gläubiger und Minderheitsgesellschafter müssen daher verhindert werden.

Die Interessenlage der beiden Rechtsformen (Bedürfnis eines Schutzsystems i.S.v. §§ 311 ff. AktG bzw. Schädigungsverbot) ist demnach sehr wohl vergleichbar. Wenn es einem Unternehmen verboten wird, eine von ihm beherrschte AG im Konzerninteresse zu schädigen, sofern kein Beherrschungsvertrag geschlossen wurde, dann muss dies erst recht gelten, wenn es sich bei der beherrschten Gesellschaft um eine GmbH handelt. Die strukturellen Unterschiede von AG und GmbH schließen die Analogie nicht aus, sondern liefern ein weiteres Argument für die Übertragung dieses aktienrechtlichen Regelungssystems. Insbesondere kann durch eine *entsprechende* – modifizierte – Anwendung der Normen zum faktischen AG-Konzern den strukturellen Besonderheiten der GmbH Rechnung getragen werden.[177]

(b) Personalistisch geprägte Struktur der GmbH

Auch das Argument, das gesetzliche Leitbild der GmbH, welches auf einer größeren personalistisch geprägten Struktur beruhe und daher nicht mit dem der AG vergleichbar sei,[178] kann nicht als Begründung für die Nichtanwendbarkeit der §§ 311 ff. AktG überzeugen.[179]

Die unterschiedliche Interessenlage zur AG soll insbesondere durch § 243 II 2 AktG zum Ausdruck kommen. Dieser räume dem einzelnen Aktionär die Möglichkeit ein, sich Sondervorteile gegen Ausgleich zu verschaffen. Eine solche Regelung fehle jedoch für die GmbH. Ein Umkehrschluss

---

[177] So auch *Koppensteiner*, in: Rowedder/Schmidt-Leithoff GmbHG, 4. Aufl. 2002, Anh. nach § 52 Rn. 78; *Kropff*, in: FS Semler, 517 (537 f.); Bedenken gegen isolierte Analogien *Wiedemann*, JZ 1976, 392 (395); dazu noch ab S. 55.

[178] *Altmeppen*, GmbHG, § 13 Rn. 13; *Fastrich*, in: Noack/Servatius/Haas GmbHG, § 13 Rn. 18; *Merkt*, in: MüKoGmbHG, § 13 Rn. 89; *Flume*, Juristische Person, 62.

[179] So aber *Servatius*, in: BeckOK GmbHG, KonzernR Rn. 523. Zu dieser Ansicht auch die folgenden Ausführungen im Text.

begrunde daher die Annahme, dass, anders als in der AG, die Gesellschafter einer GmbH wegen ihrer stärkeren personalen Verbundenheit immer insgesamt an den Vorteilen partizipieren sollen. Im Konzernrecht werde diese Wertung durch den nachträglich eingeführten § 311 AktG weitergeführt, der dem einzelnen herrschenden Gesellschafter einer AG die Schädigung gegen Ausgleich gestatte, ohne dass die übrigen Gesellschafter auch ein Recht auf die Vorteile hätten.[180] Die analoge Anwendbarkeit der §§ 311 ff. AktG auf die GmbH würde daher der gesetzlichen Wertung (personalistisch geprägte Struktur der GmbH) zuwiderlaufen.[181]

Diese Argumentation überzeugt nicht, denn sie beruht auf dem Verständnis, § 311 AktG enthalte ein Privileg zur Schädigung für die herrschende Gesellschaft. Dies ist aber gerade nicht der Fall.[182] Die §§ 311 ff. AktG wollen lediglich sicherstellen, dass die abhängige Gesellschaft durch den Konzernkonflikt nicht geschädigt wird. Ein Privileg des herrschenden Unternehmens gegenüber den Aktionären einer einfachen AG oder gegenüber den Mitgesellschaftern im Konzern gibt es jedenfalls nicht.[183] In der Einmann-Gesellschaft kommt eine solche Privilegierung gegenüber den Mitgesellschaftern ohnehin nicht in Frage.[184] Wenn sich diese Sonderstellung des herrschenden Unternehmens aber gar nicht aus der Wertung der §§ 311 ff. AktG entnehmen lässt, kann daraus auch kein Umkehrschluss gegen die Anwendbarkeit auf die GmbH gezogen werden. Die personale Verbundenheit in der GmbH kann jedenfalls nicht als Argument gegen die vergleichbare Interessenlage überzeugen.

c) Abhängigkeitsbericht als zwingende Voraussetzung?

Gegen die Vergleichbarkeit der Interessenlagen spricht auch nicht, dass es für die GmbH wegen der Weisungsgebundenheit des Geschäftsführers und des

---

[180] Zum Ganzen *Servatius*, in: BeckOK GmbHG, KonzernR Rn. 523.1.
[181] *Servatius*, in: BeckOK GmbHG, KonzernR Rn. 523 f.
[182] Dazu auf der nächsten Seite.
[183] *Kropff*, Aktiengesetz 1965, 407 f.: „vor einer Schädigung [...] zu schützen; das Verbot", von einer Privilegierung ist keine Rede.
[184] In der Ein-Personen-Gesellschaft soll die vorgenannte Ansicht daher nicht gelten, sondern die §§ 311, 317 AktG anwendbar sein, *Servatius*, in: BeckOK GmbHG, KonzernR Rn. 524 ff. Darin liegt jedenfalls ein Versuch, die Schutzlücke bei Anwendung der Treuepflichtkonstruktion zu füllen. Gegen diese Differenzierung s. aber S. 40 ff, 45 ff.

Fehlens eines Aufsichtsrates kein unabhängiges Prüfungsorgan und damit keinen Raum für die Erstellung eines in §§ 312, 314 AktG vorausgesetzten Abhängigkeitsberichts gebe.[185] Denn dieser ist schon gar nicht zwingende Voraussetzung für die Anwendung der §§ 311, 317 AktG. Ein systematischer Vergleich zu § 316 AktG bestätigt dies, denn in § 316 AktG findet sich die Regelung, dass die Erstellung eines Abhängigkeitsberichts gerade nicht erforderlich ist, wenn zwischen abhängiger Gesellschaft und dem herrschenden Unternehmen ein Gewinnabführungsvertrag geschlossen wurde. Wenn die Dokumentationspflicht aber schon für die abhängige AG nicht zwingend erforderlich ist (vgl. § 316 AktG), um den Schutz der §§ 311, 317 AktG in Anspruch nehmen zu können, dann kann dies selbstverständlich auch nicht als haltbares Argument gegen die entsprechende Anwendbarkeit der §§ 311, 317 AktG auf die abhängige GmbH angebracht werden.[186]

d) Schädigungsprivileg des herrschenden Unternehmens?

Zu einem Missverständnis führt zudem die Interpretation von § 311 AktG: Keinesfalls kann in dem konzernrechtlichen Modell ein Schädigungs*privileg* („Schädigung gegen Ausgleich") gesehen werden, das auf die abhängige GmbH nicht passe, weil dort ein aus der Treuepflicht abgeleitetes striktes Schädigungsverbot gelte.[187]

(a) Schädigungsverbot

Denn bei richtigem Verständnis ist auch dem § 311 AktG nach dem Willen des Gesetzgebers und dem Schutzzweck der Norm ein Schädigungs*verbot* immanent.[188] Die §§ 311, 317 drücken daher nur die Selbstverständlichkeit

---

[185] So aber *Beurskens*, in: Noack/Servatius/Haas GmbHG, Anh. GmbH-KonzernR Rn. 46; *Habersack*, in: Emmerich/Habersack, Anh. § 318 Rn. 6; *Liebscher*, in: MüKoGmbHG, Anh. zu § 13 Rn. 392.

[186] *Altmeppen*, GmbHG, Anh. § 13 Rn. 168; *ders.*, Die Haftung des Managers im Konzern, 81.

[187] BGHZ 179, 71 = NJW 2009, 850 Rn. 12; BGH NZG 2012, 1030 Rn. 19; *Casper*, in: UHL GmbHG, Anh. § 77 Rn. 53 f. mit einem Vergleich zur allgemeinen Haftung nach § 117 AktG; *Fett*, in: Bürgers/Körber AktG, § 311 Rn. 55; *Habersack*, in: Emmerich/ Habersack, § 311 Rn. 2, 4 f.; Anh. § 318 Rn. 6; *Liebscher*, in: MüKoGmbHG, Anh. zu § 13 Rn. 390 f.; *Ulmer*, in: Hachenburg GmbHG, Anh. § 77 Rn. 55; zur Privilegierungsfunktion auch *Koppensteiner*, in: KölnKomm AktG, Vorb. § 311 Rn. 5 ff.

[188] S. dazu *Altmeppen*, GmbHG, Anh. § 13 Rn. 152, 168; *Flume*, Aktienrechtsreform, S. 43; *Wilhelm*, Rechtsform und Haftung, 220; s. auch *Altmeppen*, ZIP 1996, 693 ff.; *ders.*,

aus, dass eine nachteilige Maßnahme ausgeglichen werden muss; anderenfalls liegt eine nach §§ 311, 317 AktG zu ersetzende Schädigung vor. Wenn man dann noch berücksichtigt, dass die Gesellschaft – unabhängig von ihrer Rechtsform – gar nicht *geschädigt* wird, wenn eine nachteilige Maßnahme unmittelbar ausgeglichen wird, dann kann die Formulierung in den §§ 311, 317 AktG nicht gleichzeitig als Privileg *zur Schädigung* verstanden werden. Kommt es zu einem Schaden, muss das herrschende Unternehmen diesen selbstverständlich immer ersetzen (§ 317 I AktG). Kurzum: Entweder das herrschende Unternehmen gleicht den Nachteil aus – dann liegt aber auch keine Schädigung vor, zu der es privilegiert wurde – oder das herrschende Unternehmen gleicht den Nachteil nicht aus und wird deshalb zum Schadensersatz verpflichtet – dann ist das herrschende Unternehmen aber gerade nicht privilegiert, denn es muss haften.

(b) Gestreckter Nachteilsausgleich, § 311 II AktG

Als ein Privileg der herrschenden Gesellschaft kann man dann allenfalls die Möglichkeit des gestreckten Nachteilsausgleichs bis zum Ende des Geschäftsjahres (§ 311 II AktG) verstehen.[189] Diese Regelung stellt jedoch richtigerweise nur eine Auflockerung der Ausgleichsmöglichkeit in zeitlicher Hinsicht dar.[190] Die Lockerung der in den §§ 311, 317 AktG geregelten Ausgleichspflicht ist in der abhängigen AG insoweit gerechtfertigt, als dass dem eigenverantwortlichen, am Gesellschaftsinteresse orientierten Vorstand der abhängigen Gesellschaft über seine normalen Organpflichten hinaus eine Dokumentationspflicht im Abhängigkeitsbericht auferlegt wurde und er damit selbst bei einem hinausgeschobenen Nachteilsausgleich noch der nötigen Kontrolle unterliegt.[191] In Wirklichkeit ist diese vermeintliche Privilegierung gegenüber einem Privataktionär (§§ 57, 117 AktG) wegen der

---

NZG 2022, 1227 (1232); vgl. auch die Begründung zum RegE in *Kropff*, Aktiengesetz 1965, 407 ff., wo von einer Privilegierung des herrschenden Unternehmens keine Rede ist.

[189] Die heutige hM sieht wohl, wenn auch missverständlich formuliert, ohnehin nur in § 311 II AktG das Schädigungsprivileg. Selbst das genügt aber nicht, um die Wertung der §§ 311 ff. AktG insgesamt für nicht übertragbar zu erklären.

[190] *Altmeppen*, in: MüKoAktG, § 311 Rn. 42; *Bayer*, in: MüKoAktG, § 57 Rn. 147; *Kropff*, NJW 2009, 814 (816).

[191] Vgl. dazu *Kropff*, in: FS Semler, 517 (537).

geradezu minutiösen Rechenschaftspflicht daher vielmehr eine Verschärfung zu den allgemeinen Kapitalschutzregeln.[192]

Für die Anwendung auf die GmbH ergibt sich Folgendes: Der Abhängigkeitsbericht stellt weder ein taugliches noch ein notwendiges Kontrollinstrument in der abhängigen GmbH dar.[193] Die Pflicht zu Erstellung eines Abhängigkeitsberichts ist aber die Rechtfertigung für die Anwendung von § 311 II AktG und daher nicht auf die GmbH übertragbar.[194] Letztendlich ist diese Tatsache aber kein taugliches Argument, um der abhängigen und strukturell schwächeren GmbH den in den §§ 311, 317 AktG verankerten Schutz gänzlich zu versagen.

e) Fazit

Die für eine entsprechende Anwendbarkeit von § 317 III AktG notwendige *vergleichbare Interessenlage* zwischen dem gesetzlich geregelten Fall der abhängigen AG und der in den Anwendungsbereich einzubeziehenden abhängigen GmbH liegt vor. Ein Vergleich zeigt, dass den §§ 311, 317 AktG nach dem Willen des Gesetzgebers und dem Schutzzweck der Norm ein Schädigungsverbot immanent ist, das sowohl in der faktisch beherrschten AG als auch in der faktisch beherrschten GmbH Anwendung finden kann. Ein Blick auf die Strukturunterschiede der beiden Rechtsformen bekräftigt dieses Ergebnis: Ein herrschendes Unternehmen, das keinen Beherrschungsvertrag abgeschlossen hat, darf auf die abhängige AG nicht schädigend Einfluss nehmen. Auf eine abhängige GmbH kann jedoch wegen der weitaus schwächeren Stellung des Geschäftsführers deutlich leichter Einfluss genommen werden. Das Interesse nach einem Schutzsystem wie das der §§ 311, 317 ff. AktG ist wegen des Risikos eines Konzernkonfliktes in der abhängigen GmbH daher noch größer. Die entsprechende Anwendung von § 317 AktG ist nur konsequent, denn es handelt sich bei § 317 AktG um eine gewöhnliche Verschuldenshaftung für *negotiorum gestio* (übergeordnete Fremdgeschäftsführung), anknüpfend an die Leitungsmacht des Haftenden, die auch auf die Rechtsform einer faktisch beherrschten GmbH passt.

---

[192] *Altmeppen*, in: MüKoAktG, § 311 Rn. 42; *Altmeppen*, ZIP 1996, 693 (697); *Kropff*, NJW 2009, 814 (816).

[193] Siehe dazu vorheriger Abschnitt.

[194] So auch *Kropff*, in: FS Kastner, 279 (298); *ders.*, in: FS Semler, 517 (536 ff.): „Teilanalogie".

c. Zwischenergebnis

Zusammenfassend ist festzustellen, dass § 317 III AktG entsprechend auf die Haftung des Konzerngeschäftsleiters im faktischen GmbH-Konzern anzuwenden ist. Die Notwendigkeit, nach einem eigenständigen GmbH-rechtlichen Lösungsansatz zu suchen,[195] besteht nicht. Denn mit der entsprechenden Anwendung der §§ 311, 317 AktG gibt es ein sinnvolles und effektives Schutzkonzept, das sich schon in der faktisch abhängigen AG bewährt hat. Der Weg über die §§ 311, 317 AktG stellt zudem die flexibelste Lösung dar, denn für diese Anspruchsgrundlage spielt es keine Rolle, in welcher Rechtsform das herrschende Unternehmen geführt wird.[196] Schließlich kann durch *entsprechende* – modifizierte – Anwendung der Normen zum faktischen AG-Konzern den strukturellen Besonderheiten der GmbH Rechnung getragen werden.[197]

(2) Inhalt und Reichweite bei entsprechender Anwendung von § 317 III AktG

Bei der analogen Anwendung von § 317 III AktG als Haftungsnorm des Konzerngeschäftsleiters einer abhängigen GmbH müssen entsprechende Modifikationen vorgenommen werden, denn einer uneingeschränkten Anwendung der §§ 311, 317 AktG stehen die Strukturunterschiede von GmbH und AG entgegen.[198] Durch die entsprechende Anwendung der §§ 311, 317 AktG kann der Eigenart der GmbH Rechnung getragen werden. Wichtig ist jedoch, dass die gesetzgeberische Wertung der für die AG entwickelten §§ 311 ff. AktG nicht völlig unterlaufen wird. *Kropff* spricht daher zu Recht von „essenziellen Elementen der §§ 311 ff. AktG", die bei der Übertragung auf die GmbH nicht abdingbar sind.[199]

Soweit die Haftung des Konzerngeschäftsleiters einer abhängigen GmbH nach § 317 III AktG in Umfang und Reichweite daher im Vergleich zum

---

[195] So aber *Liebscher*, GmbH-Konzernrecht, Rn. 307.
[196] Und davon abhängig auch die entsprechende Organstellung der jeweiligen Geschäftsleiter (Vorstand oder Geschäftsführer), vgl. dazu auch *S. H. Schneider*, in: FS U. H. Schneider, 1177 (1178): wohl oft GmbH.
[197] So auch *Koppensteiner*, in: Rowedder/Schmidt-Leithoff GmbHG, 4. Aufl. 2002, Anh. nach § 52 Rn. 78; *Kropff*, in: FS Semler, 517 (537 f.); dazu sogleich.
[198] Diese begründen aber keinesfalls die Nichtanwendbarkeit der §§ 311, 317 AktG auf die abhängige GmbH, vgl. dazu schon S. 49 ff.
[199] *Kropff*, in: FS Semler, 517 (537 f.).

direkten Anwendungsfall modifiziert werden muss, wird dies im Folgenden dargestellt:[200]

a. Gestreckter Nachteilsausgleich

In direkter Anwendung geben die §§ 311, 317 AktG dem herrschenden Unternehmen bei schädigender Einflussnahme die Möglichkeit zwischen dem tatsächlichen Ausgleich des Nachteils oder eines gestreckten Nachteilsausgleichs (§ 311 II AktG) mit der Folge, dass es trotz nachteiliger Einflussnahme nicht unmittelbar zu einer Haftung kommt.[201] In diesem Fall erlangt die Gesellschaft einen Rechtsanspruch auf Nachteilsausgleich, der bis zum Ende des Geschäftsjahres ausgeglichen werden muss.[202] Damit korrespondierend ist die Pflicht zur Erstellung eines Abhängigkeitsberichts (§ 312 AktG), denn nur so kann sichergestellt werden, dass der nicht unmittelbar ausgeglichene Nachteil letztendlich doch kompensiert wurde.

Die Dokumentationspflicht aus § 312 AktG ist jedoch wegen der abweichenden Organisationsverfassung nicht auf die abhängige GmbH übertragbar.[203] Wenn es aber in der GmbH keine Pflicht zur Erstellung eines Abhängigkeitsbericht geben kann, dann ist es nur konsequent, die Möglichkeit des zeitlich gestreckten Nachteilsausgleichs für nicht anwendbar zu erklären: Die Pflicht zur Erstellung eines Abhängigkeitsberichts soll unter anderem gewährleisten, dass der zeitlich gestreckte Nachteilsausgleich von einem unabhängigen Organ (Aufsichtsrat) kontrolliert werden kann. Wenn es dieses Organ und damit auch einen Abhängigkeitsbericht aber in der GmbH nicht gibt, dann muss – mangels effektivem Kontrollmechanismus – in entsprechender Anwendung der §§ 311, 317 AktG die Möglichkeit eines gestreckten Nachteilsausgleichs ausscheiden. Das herrschende Unternehmen kann sich

---

[200] Inhalt und Reichweite der Haftung des Konzerngeschäftsleiters spielen für diese Arbeit insofern eine wichtige Rolle, als dass über die *Disponibilität* dieser Ansprüche erst dann diskutiert werden kann, wenn feststeht, in welchem Umfang die Konzerngeschäftsleiter für schädigendes Handeln überhaupt von der Gesellschaft in Anspruch genommen werden kann. Insbesondere die Begrenzung der Haftung auf das Stammkapital (c.) und die Begrenzung auf grobe Fahrlässigkeit (d.) sind dafür von Bedeutung.

[201] *Altmeppen*, in: MüKoAktG, § 311 Rn. 453.

[202] *Habersack*, in: Emmerich/Habersack, § 311 Rn. 69; *Koch*, AktG, § 311 Rn. 44, 46 f.; *Leuering/Goertz*, in: Hölters/Weber, § 311 Rn. 93 ff., anders *Fett*, in: Bürgers/Körber AktG, § 311 Rn. 47.

[203] S. dazu S. 51 f.

daher auch nicht mit dem Argument, es werde künftig noch Ausgleich bringen, entschuldigen,[204] da ihm der zeitlich nachgelagerte Nachteilsausgleich
ohnehin nicht gestattet ist.

Da es sich bei § 311 II AktG nur um eine Auflockerung der Ausgleichsmöglichkeit in zeitlicher Hinsicht handelt,[205] wird durch die Modifikation der
§§ 311, 317 AktG auch nicht die gesetzgeberische Wertung eines Schädigungsverbots in §§ 311 ff. AktG ausgehöhlt. Die Konzerngeschäftsleiterhaftung nach
§ 317 III AktG erfährt also keine Erleichterung i.S.d. § 311 II AktG, sofern es
um den zeitlichen Ausgleich eines Nachteils geht.[206]

b. Gläubigerverfolgungsrecht

Das in § 317 IV AktG i.V.m. § 309 IV 3 AktG geregelte Gläubigerverfolgungsrecht ist auf die abhängige GmbH anwendbar. Grundsätzlich haben die
Gesellschaftsgläubiger die Möglichkeit sich etwaige Schadensersatzansprüche
der GmbH gegen das herrschende Unternehmen und seine Organwalter
pfänden und überweisen zu lassen. Ein Gläubigerverfolgungsrecht räumt
den Gläubigern der Gesellschaft jedoch die zusätzliche Befugnis ein, das
herrschende Unternehmen bzw. den Konzerngeschäftsleiter unmittelbar auf
Leistung an sich selbst in Anspruch zu nehmen.

Für die Haftung des herrschenden Unternehmens nach § 317 I AktG muss
die entsprechende Anwendung des § 317 IV AktG i.V.m. § 309 IV 3 AktG
schon deshalb gelten, weil es zumindest in der Einmann-GmbH wohl
keinen Gesellschafter geben wird, der den Anspruch durchsetzen würde,
und der Fremdgeschäftsführer wegen seiner Weisungsgebundenheit
und persönlichen Abhängigkeit wohl regelmäßig nicht dazu bereit sein
wird.[207] Aus diesem Grund ist es nur sachgerecht, den Gläubigern das

---

[204] Diese Bedenken hat *Beurskens*, in: Noack/Servatius/Haas GmbHG, Anh. GmbH-KonzernR Rn. 46 bei einer Anwendung von §§ 311, 317 AktG auf die GmbH.

[205] Dazu S. 53 f.

[206] So auch schon Kropff, in: FS Semler, 517 (537) mit Fn. 95 „ein solcher Ausschluss nach-geordneter Regelungsteile ist auch sonst nicht unbekannt, z.B. bei entsprechender Anwendung von § 246 I AktG auf die GmbH"; ders., in: FS Kastner, 279 (298); anders Servatius, in: BeckOK GmbHG, KonzernR Rn. 526, der in der Einmann-GmbH den gestreckten Nachteilsausgleich zulassen will.

[207] Dazu *Habersack*, in: Emmerich/Habersack, Anh. § 318 Rn. 5; praktische Relevanz hat das Gläubigerverfolgungsrecht eben dann, wenn die Gesellschaft auf die Geltendmachung des Anspruchs verzichtet hat, Vgl. *Liebscher*, in: MüKoGmbHG, Anh. zu § 13 Rn. 502;

Recht zu gewähren, den Anspruch in Höhe ihrer Forderung unmittelbar an sich selbst geltend zu machen. Daneben besteht zumindest bei der Anwendung der Treuepflichtkonstruktion[208] in der GmbH ohnehin weitestgehend Einigkeit darüber, dass es aus Gläubigerschutzgründen ein Gläubigerverfolgungsrecht geben muss.[209] Bei einer Anwendung der §§ 311, 317 AktG, die nur einen anderen Lösungsweg für die Haftung darstellen, muss diese Wertung dann selbstverständlich auch gelten, denn das Schutzbedürfnis bleibt gleich.

Das Gläubigerverfolgungsrecht auch für den Anspruch gegen den Konzerngeschäftsleiter zuzulassen ist nur systematisch konsequent: Wenn die Haftung aus § 317 III AktG neben einer Haftung aus § 317 I AktG notwendig ist, um einen umfassenden Gläubigerschutz zu gewährleisten,[210] muss der zur Gläubigerbefriedigung notwendige Anspruch selbstverständlich genauso durchsetzbar sein.

c. Begrenzung der Haftung auf die Höhe des Stammkapitals
a) Allgemeine Grundsätze bei Gesellschafterhaftung in der GmbH

Aus den allgemeinen Grundsätzen des Schadensrechts ergibt sich, dass derjenige, der eine schädigende Handlung vornimmt, grundsätzlich in Höhe des dadurch entstandenen Schadens haften muss. Diese Grundsätze finden auch bei der unmittelbaren Geltung der §§ 311, 317 AktG Anwendung: Das herrschende Unternehmen und seine Geschäftsleiter müssen den verursachten Nachteil der Gesellschaft ausgleichen, indem sie den ursprünglichen Zustand ggf. durch Geldersatz (§§ 249 ff. BGB) wiederherstellen.[211] In der AG

---

ein Verzicht ist gegenüber den Gläubigern jedoch nicht immer wirksam, dazu noch eing. unten S. 76 ff, 141 ff.

[208] Dazu schon S. 40 f., 45 f.

[209] BGHZ 95, 330 (340) = NJW 1986, 188 „spricht viel dafür"; *Casper*, in: UHL GmbHG, Anh. § 77 Rn. 88; *Emmerich*, in: Scholz GmbHG, Anh. § 13 Rn. 73, 88; *Habersack*, in: Emmerich/Habersack, Anh. § 318 Rn. 32; *Liebscher*, in: MüKoGmbHG, Anh. zu § 13 Rn. 501 f.; *Schnorbus*, in: Rowedder/Pentz GmbHG, Anh. § 52 Rn. 62; *Verse*, in: Henssler/Strohn GesR, Anh. § 13 Rn. 55; dagegen *Hommelhoff*, in: Lutter/Hommelhoff GmbHG, Anh. zu § 13 Rn. 41: Treuepflichtkonstruktion dient allein dem Schutz der Minderheitsgesellschafter.

[210] Dazu eing. S. 29 ff.

[211] *Habersack*, in: Emmerich/Habersack, § 317 Rn. 15 ff.; *Koch*, AktG, § 317 Rn. 9 f.; *Müller*, in: BeckOGK AktG, § 317 Rn. 9 ff.

ist daher grundsätzlich in voller Höhe Schadensersatz zu leisten, wenn auf die abhängige Gesellschaft nachteilig Einfluss genommen wurde.

Bei der entsprechenden Anwendung von §§ 311, 317 AktG auf die GmbH ist die Sachlage jedoch eine andere, und es muss insbesondere berücksichtigt werden, dass der Kapitalerhaltungsgrundsatz in der GmbH vergleichsweise schwach ausgestaltet ist:[212] So ist es den Gesellschaftern einer GmbH gestattet, beliebig Kapital zu entnehmen, sofern die Auszahlung aus dem ungebundenen Vermögen erfolgt (vgl. §§ 30, 31 GmbHG).[213] Für die AG gilt dagegen der Grundsatz der strengen Kapitalbindung, wonach insbesondere die Vermögensausschüttung an die Aktionäre vor Auflösung auf den Bilanzgewinn der AG beschränkt wird (§§ 57, 62 AktG).[214] Diese von den aktienrechtlichen Normen abweichende Wertung muss bei der Übertragung der §§ 311, 317 I AktG auf die GmbH berücksichtigt werden, denn das herrschende Unternehmen ist Gesellschafter der GmbH.

Erkennt man also, dass der beherrschende Gesellschafter einer GmbH über das ungebundene Vermögen der Gesellschaft ohnehin beliebig verfügen kann, dann müsste ihm konsequenterweise auch eine schädigende Handlung gestattet sein, mit der er lediglich das ungebundene Gesellschaftsvermögen angreift. Dies lässt sich mit dem einfachen Argument vertreten, dass man ansonsten zu dem umständlichen Ergebnis käme, dass der herrschende Gesellschafter Schadensersatz an die Gesellschaft leisten müsste, obwohl er die von ihm eingetriebene Haftungsmasse unmittelbar danach wieder zulässigerweise entnehmen kann, denn sie steht zu seiner freien Disposition.[215]

---

[212] *Ekkenga*, in: MüKoGmbHG, § 30 Rn. 1; *Habersack*, in: Emmerich/Habersack, Anh. § 318 Rn. 4; *Servatius*, in: Noack/Servatius/Haas GmbHG, § 30 Rn. 3, 6.

[213] BGHZ 95, 330 (340) = NJW 1986, 188; BGH BeckRS 2006, 14699 Rn. 7; beachte aber auch die Grenze der Existenzvernichtungshaftung nach § 826 BGB; selbst wenn man dann noch die umstrittene Haftung eines herrschenden Gesellschafters für schuldhafte übergeordnete Geschäftsführung berücksichtigt, ist diese Haftung auf das zur Gläubigerbefriedigung relevante Vermögen beschränkt, vgl. zum Streitstand eing. *Altmeppen*, GmbHG, § 13 Rn. 121 ff.

[214] *Ekkenga*, in: MüKoGmbHG, § 30 Rn. 1 mit Fn. 3; *Servatius*, in: Noack/Servatius/Haas GmbHG, § 30 Rn. 6.

[215] So auch *Altmeppen*, in: MüKoAktG, Vor § 311 Rn. 81; kritisch zu diesem Argument aber *Kropff*, in: FS Semler, 517 (540). Außerdem muss berücksichtigt werden, dass der Mehrheitsgesellschafter bzw. Alleingesellschafter wohl immer auf die Geltendmachung des Anspruchs gegen sich selbst verzichten wird, soweit der Anspruch disponibel ist

Bei der entsprechenden Anwendung der §§ 311, 317 I AktG auf den faktischen GmbH-Konzern ist die Beschränkung der Haftung des herrschenden
Unternehmens auf die Höhe des Stammkapitals daher durchaus vertretbar.[216]

b) Übertragung der Grundsätze auf die Haftung des Konzerngeschäftsleiters
Ungeklärt bleibt damit aber, ob diese Wertung überhaupt auf die Haftung
des Konzerngeschäftsleiters übertragbar ist. Diese Frage spielt für die
Disponibilität der Geschäftsleiterhaftung schon insoweit eine Rolle, als dass
die Dispositionsmöglichkeit der Gesellschaft auf den ersten Blick eingeschränkt wäre. Denn in der GmbH gilt der Grundsatz, dass die Gesellschaft
aus Gläubigerschutzgründen in der Zone der Unterdeckung nicht frei über
ihre Ansprüche disponieren darf,[217] und wenn der Konzerngeschäftsleiter
ohnehin nur für Handlungen, die in das gebundene Vermögen eingreifen,
haften soll, gäbe es praktisch keinen disponiblen Bereich.[218] Im Folgenden
ist daher zu diskutieren, ob bei der Haftung des Konzerngeschäftsleiters
eine Begrenzung auf die Höhe des Stammkapitals durch Übertragung der
allgemeinem Haftungsgrundsätze in der GmbH vorzunehmen ist.

Das tragende Argument für die Beschränkung der Haftung nach
§ 317 I AktG – das herrschende Unternehmen könne die eingetriebene Haftungsmasse sogleich wieder entnehmen – kann jedenfalls nicht für den
Konzerngeschäftsleiter Geltung finden. Denn das Recht, freies Kapital zu
entnehmen, steht nur dem Unternehmens-*Gesellschafter* zu. Der Konzerngeschäftsleiter ist dagegen keinesfalls berechtigt, die einmal getätigte Ersatz-
leistung wieder für sich aus dem Vermögen zu entnehmen. Ein Ergebnis
muss vielmehr durch eine umfassende Gesetzesauslegung ermittelt werden:

Aus dem Wortlaut und der Systematik des Gesetzes ergibt sich auf den
ersten Blick ein Gleichlauf der Haftung des herrschenden Unternehmens
(§ 317 I AktG) und deren Geschäftsleiter (§ 317 III AktG): *„Neben* dem

---

(ungebundenes Vermögen!), beachte § 317 IV i.V.m. § 309 III, IV AktG: „den Gläubigern
gegenüber" meint im Recht der GmbH grundsätzlich nur in Höhe des gebundenen
Kapitals. Zu den formellen und materiellen Grenzen der Disponibilität bei entsprechender Anwendung von § 317 AktG aber noch eing. auf S. 120 ff., 148 ff.
[216] So schon *Altmeppen*, in: MüKoAktG, Vor § 311 Rn. 81; kritisch *Kropff*, in: FS Kastner,
279 (297 f.); *ders.*, in: FS Semler, 517 (539 f.).
[217] BT-Drucks. 8/1347, S. 36; Rechtsgedanke des § 9b GmbHG, und auch § 43 III GmbHG.
[218] Zu den Grenzen der Disponibilität auf S. 120 ff., 148 ff.

herrschenden Unternehmen haften *als Gesamtschuldner* [...; Hervorh. d. Verf.]". Denn die gesamtschuldnerische Haftung nach § 421 BGB beschreibt das Schulden „einer Leistung" durch die Gesamtschuldner. Bei diesem Verständnis kann man zu dem rechtlichen Schluss gelangen, dass der Konzerngeschäftsleiter nur insoweit haftet wie auch das herrschende Unternehmen. Wenn man also das herrschende Unternehmen nur bis zur Höhe des Stammkapitals in Anspruch nehmen kann, dann schuldet auch der Konzerngeschäftsleiter in gesamtschuldnerischer Haftung nur bis zu dieser Höhe als „die geschuldete Leistung".[219]

Zu einem anderen Ergebnis gelangt man jedoch, wenn man bei der Auslegung des Gesetzes den Sinn und Zweck der Haftungsbeschränkung auf die Höhe des Stammkapitals mit einbezieht: Die GmbH-Gesellschafter schulden grundsätzlich nur die Erbringung ihrer Einlage und haben die Verpflichtung, dieses bis zur Höhe des festgesetzten Stammkapitals zu erhalten, denn dieser Haftungsfond ist den Gläubigern gewidmet.[220] Nach Erbringung der Einlage ist eine Haftung des (herrschenden) GmbH-Gesellschafters für fahrlässiges[221] schädigendes Handeln gegenüber der Gesellschaft gesetzlich nicht vorgesehen.[222] Die Haftung des herrschenden Unternehmens (Gesellschafter) für schädigende Einflussnahme gegenüber der abhängigen GmbH stellt daher eine Ausnahme dar, die sich nur durch die besonderen Gefahren des Konzernkonflikts rechtfertigen lässt und in ihrer Rechtsnatur eine gewöhnliche Verschuldenshaftung für *negotiorum gestio* (übergeordnete Fremdgeschäftsführung), anknüpfend an die pflichtwidrige Ausübung von Machtverhältnissen, darstellt.[223] Wenn aber die Haftung des herrschenden GmbH-Gesellschafters nach §§ 311, 317 I AktG ohnehin eine begründungsbedürftige Ausnahme zur Verantwortlichkeit eines

---

[219] Zu diesem Ergebnis kommt wohl auch *Koppensteiner*, in: Rowedder/Schmidt-Leithoff GmbHG, 4. Aufl. 2002, Anh. § 52 Rn. 75: *„Soweit* [Hervorh. d. Verf.] das herrschende Unternehmen haftet, gilt dies auch für seine gesetzlichen Vertreter. Das ergibt sich aus § 317 III AktG analog".

[220] *Servatius*, in: Noack/Servatius/Haas GmbHG, § 30 Rn. 5 f.

[221] Zur unverzichtbaren Haftung des beherrschenden Gesellschafters für „gröblich" sorgfaltswidriges Verhalten (§ 93 V 2, 3 AktG analog) aufgrund einer übergeordneten Geschäftsführungskompetenz vgl. *Altmeppen*, GmbHG, § 13 Rn. 121 ff., jedoch str.

[222] Vgl. eben nur §§ 30 ff. GmbHG bzw. § 826 BGB.

[223] Zu diesem Begriff schon auf S. 47 f., 54 f.

Gesellschafters darstellt, dann muss bei der entsprechenden Anwendung die gesetzgeberische Wertung – Einstandspflicht nur bzgl. der Deckung des Stammkapitals, §§ 30 ff. GmbHG – Berücksichtigung finden. Genau diese Einsicht passt aber nicht für den Konzerngeschäftsleiter. Anders als der Gesellschafter einer GmbH haben die Organe der Gesellschaft keine Pflicht zur Erbringung einer Einlage. Die Erbringung der Einlage ist aber gerade Grund für das schutzwürdig gebildete Vertrauen auf eine beschränkte Haftung, solange und soweit das gebundene Kapital zugunsten der Gläubiger erhalten bleibt. Der Konzerngeschäftsleiter kann dementsprechend gerade nicht darauf vertrauen, nur für eine bestimmte Höhe (hier: Stammkapital) einstehen zu müssen. Vielmehr muss er wissen, dass er grundsätzlich für sein pflichtwidriges Handeln vollumfänglich in Anspruch genommen werden kann. Im Ergebnis gibt es keinen tragfähigen Grund, der eine Privilegierung des Konzerngeschäftsleiters gegenüber der Gesellschaft und deren Gläubiger durch eine Beschränkung der Haftung auf die Höhe des Stammkapitals rechtfertigen würde.

Schließlich passt diese Wertung auch zur allgemeinen Schadensersatzhaftung des Geschäftsführers einer GmbH (§ 43 GmbHG), denn dieser Haftung ist eine Begrenzung auf die Höhe des gebundenen Vermögens fremd. Der GmbH-Geschäftsführer haftet nach den allgemeinen Grundsätzen des Schadensrechts in voller Höhe des von ihm verursachten Schadens. Zwar haftet der Konzerngeschäftsleiter mangels direkter Organbeziehung nicht unmittelbar gem. § 43 GmbHG gegenüber der Gesellschaft. Der Gedanke der Haftung wegen pflichtwidriger Fremdgeschäftsführung lässt sich aber wegen der vergleichbaren Interessenlage auf § 317 III AktG übertragen: Immerhin stellt auch § 317 III AktG eine gewöhnliche Haftungsgrundlage für schuldhaftes Überschreiten des Geschäftsleiterermessens dar, der lediglich die fehlende Organbeziehung zwischen der Geschäftsleitung des herrschenden Unternehmens und der abhängigen Gesellschaft ersetzen soll.[224]

Im Ergebnis ist die Haftung des Konzerngeschäftsleiters bei entsprechender Anwendung der §§ 311, 317 III AktG nicht auf die Höhe des Stammkapitals der GmbH zu begrenzen.

---

[224] *Altmeppen*, GmbHG, Anh. § 13 Rn. 169; *ders.*, in: MüKoAktG, § 309 Rn. 2, § 311 Rn. 161 ff., § 317 Rn. 8 ff., Rn. 85; *ders.*, ZHR 171 (2007), 320 (329 ff.); *ders.*, NJW 2008, 1553 (1554 f.); *ders.*, in: FS Priester, 1 (2 ff.); *Kropff*, Aktiengesetz 1965, 404 f.

d. Begrenzung auf grobe Fahrlässigkeit

Schließlich wird bei der entsprechenden Anwendung der §§ 311, 317 AktG nicht nur eine Begrenzung der Haftung auf die Höhe des Stammkapitals, sondern auch auf grobe Fahrlässigkeit erwogen.[225] Der Grund für diesen Gedanken lässt sich wiederum aus der Haftung des herrschenden Unternehmens bzw. des herrschenden Gesellschafters ableiten. Denn nach einer weitverbreiteten Meinung im Schrifttum ist die Haftung für Existenzvernichtung (§ 826 BGB) im Gläubigerinteresse nicht genügend, und es soll daher eine weiter gehende Haftung für schuldhafte übergeordnete Geschäftsführung des herrschenden Gesellschafters einer GmbH geben.[226]

Dies ist richtig, soweit man den herrschenden Gesellschafter in entsprechender Anwendung von § 93 V 2 und 3 AktG auch für *gröbliche* Pflichtverletzungen zulasten des gebundenen Gesellschaftsvermögens haften lässt.[227] Jedenfalls ist dann auch die Erwägung berechtigt, dass der herrschende Unternehmens-Gesellschafter einer GmbH über §§ 311, 317 AktG nicht weiter haften soll als der beherrschende Gesellschafter einer GmbH gem. § 93 V 2 und 3 AktG analog. Jedoch ist diese Einschränkung wegen des eindeutigen Gesetzeswortlauts, der eine solche Beschränkung im Konzernrecht nicht kennt, und dem besonderen Schutzzweck dieser Normen – der Prävention von schädigender Einflussnahme wegen eines drohenden Konzernkonflikts –, nicht zwingend. Noch dazu müsste man dann noch die Übertragung dieses Gedankens auf den Konzerngeschäftsleiter begründen, der grundsätzlich nichts mit der entsprechenden Haftung nach § 93 V 2 und 3 AktG zu tun hat und auf dessen Haftung – anders als auf die des herrschenden Gesellschafters – nicht schon regelmäßig verzichtet wurde.[228] Nach der hier vertretenen Ansicht haftet der Konzerngeschäftsleiter daher grundsätzlich uneingeschränkt, und ob diese Haftung im Einzelfall auf grobe Fahrlässigkeit beschränkt werden kann, ist eine Frage der Disponibilität der Geschäftsleiterhaftung.[229]

---

[225] Mit diesem Gedanken spielend *Altmeppen*, GmbHG, Anh. § 13 Rn. 171.

[226] Zum Meinungsstand s. *Altmeppen*, GmbHG, § 13 Rn. 121 ff.

[227] So *Altmeppen*, GmbHG, § 13 Rn. 123 ff.

[228] Beispiel: Bei einem Wechsel der Geschäftsleitung oder einem Unternehmensverkauf wird die neue Geschäftsleitung das geschmälerte Gesellschaftsvermögen durch Geltendmachung von etwaigen Ansprüchen gegen die vorherige Geschäftsleitung auffüllen wollen, *Altmeppen*, Die Haftung des Managers im Konzern, 83.

[229] Zu all dem daher eing. ab S. 120 ff., 148 ff.

e. Fazit

Die Haftung des Konzerngeschäftsleiters gem. §§ 311, 317 III AktG kann auf den Fall einer abhängigen GmbH nicht ohne Einschränkungen übertragen werden. So ist die Möglichkeit eines gestreckten Nachteilsausgleichs i.S.v. § 311 II AktG wegen der strukturellen Unterschiede der GmbH nicht anwendbar. Dagegen besteht das Gläubigerverfolgungsrecht aus § 317 IV AktG i.V.m. § 309 IV 3 AktG auch bei einer Haftung in entsprechender Anwendung. Die mögliche Begrenzung der Haftung auf die Höhe des Stammkapitals bei Inanspruchnahme des herrschenden Unternehmens kann dagegen nicht für den Konzerngeschäftsleiter gelten, denn es fehlt an einem tragfähigen Grund für eine solche Privilegierung. Eine Modifikation bei *gröblicher* Pflichtverletzung zulasten des gebundenen Gesellschaftsvermögens ist erwägenswert, aber letztlich eine Frage der Disponibilität der Geschäftsleiterhaftung.

III. Ergebnis

Der Geschäftsleiter der herrschenden Muttergesellschaft haftet in analoger Anwendung von § 317 III AktG gegenüber der abhängigen Gesellschaft. Neben der Haftung des eigenen Geschäftsführers (§ 43 GmbHG), kann es daher auch zu einer Inanspruchnahme des Konzerngeschäftsleiters der faktisch abhängigen GmbH kommen.

§ 2 Die Disposition über Schadensersatzansprüche gegen den Geschäftsleiter

Der Begriff der *Disponibilität* ist im hier behandelten Sinne als *Einschränkbarkeit der Geltendmachung* von Ansprüchen gegen den Geschäftsleiter durch die Gesellschaft zu verstehen. Als oberstes willensbildendes Organ der Gesellschaft entscheidet die Gesellschaftsversammlung grundsätzlich darüber.[230]

A. Begriffe und generelle Zulässigkeit

Im Bereich der Innenhaftung der Geschäftsleiter haben sich drei relevante Dispositionsvarianten herausgebildet: der *Verzicht* bzw. *Vergleich*, die *Weisung* und das nachträgliche *Einverständnis* bzw. die *Billigung*. Im Folgenden

---

[230] Zur Zuständigkeit noch S. 77 f., 142 ff; auch zu den Besonderheiten einer Unternehmens-Gesellschafterin, S. 122 ff.

werden die Begriffe und die generelle Zulässigkeit der unterschiedlichen Dispositionsmöglichkeiten erläutert.[231]

I. Verzicht und Vergleich

1. Begriffsbestimmung

Der Verzicht und der Vergleich der Gesellschaft auf eine Forderung gegen den Geschäftsführer sind Formen der (zumindest teilweisen) Enthaftung der Geschäftsführung. Der GmbHG-Gesetzgeber verwendet die Begriffe im Zusammenhang mit Ansprüchen gegen den Geschäftsführer in § 9b I GmbHG.

Für den Vergleich bedarf es eines – auch im Prozess (§ 794 I Nr. 1 ZPO) – geschlossenen Vertrags (§ 779 BGB).[232] Es genügt, wenn auch nur ein Teil der Schuld nicht mehr geltend gemacht werden kann, sofern ein erkennbares Nachgeben beider Parteien vorliegt.[233]

Unter einen Verzicht fällt der Abschluss eines Erlassvertrages (§ 397 I BGB) und das negative Schuldanerkenntnis (§ 397 II BGB).[234] Einen einseitigen Verzicht des Gläubigers auf Forderungen kennt das geltende Recht aber nicht, sodass beide Tatbestände Willenserklärungen sowohl des Schuldners als auch des Gläubigers voraussetzen.[235] Gleiches gilt für solche im Prozess (§§ 306, 307 ZPO).[236] Ein Verzicht i.S.d. GmbHG liegt – anders als im Aktienrecht, § 120 II 2 AktG – auch bei Entlastung des Geschäftsführers (§ 46 Nr. 5 GmbHG) vor.[237] Dieser Beschluss der Gesellschafterversammlung

---

[231] Es handelt sich dabei um allgemein geltendes (Gesellschaft-)Recht. Sofern sich Besonderheiten in Bezug auf die Konzernkonstellation bzw. Haftung des Konzerngeschäftsleiters ergeben, wird gesondert darauf hingewiesen.

[232] *Altmeppen*, GmbHG, § 9b Rn. 2; *Verse*, in: Scholz GmbHG, § 43 Rn. 355.

[233] *Tebben*, in: MHLS GmbHG, § 9b Rn. 4; *Ulmer/Habersack*, in: HCL GmbHG, § 9b Rn. 10 f.

[234] BGHZ 219, 98 Rn. 20 = ZIP 2018, 1451; *Altmeppen*, GmbHG, § 9b Rn. 2; *Wöstmann*, in: Rowedder/Pentz GmbHG, § 9b Rn. 5; *Servatius*, in: Noack/Servatius/Haas GmbHG, § 9b Rn. 2; *Ulmer/Habersack*, in: HCL GmbHG, § 9b Rn. 8.

[235] BGH NJW 1987, 3203 (3203); *Grüneberg*, in: Grüneberg BGB, § 397 Rn. 4 f.; *Rieble*, in: Staudinger BGB, § 397 Rn. 1; *Schlüter*, in: MüKoBGB, § 397 Rn. 1; *Ulmer/Habersack*, in: HCL GmbHG, § 9b Rn. 8.

[236] *Altmeppen*, GmbHG, § 9b Rn. 2; *Servatius*, in: Noack/Servatius/Haas GmbHG, § 9b Rn. 2; *Ulmer/Habersack*, in: HCL GmbHG, § 9b Rn. 11.

[237] BGH ZIP 1987, 1050 (1052); *Altmeppen*, GmbHG, § 46 Rn. 57; *Haas/Wigand*, in: Krieger/Schneider, Hdb Managerhaftung, § 20 Rn. 4; *Hüffer*, in: Hachenburg GmbHG, § 46

soll neben dem Vertrauen für die Zukunft gerade auch die Billigung der vergangenen Geschäftsführung ausdrücken.[238] Durch einen wirksamen Entlastungsbeschluss wird der Geschäftsführer jedoch nur von solchen Ersatzansprüchen befreit, die den Gesellschaftern im Zeitpunkt der Beschlussfassung bekannt oder bei sorgfältiger Prüfung aller ihr gemachten Vorlagen und erstatteten Berichte erkennbar waren.[239] Davon streng zu unterscheiden, aber auch unter den Verzicht fallend, ist die sog. Generalbereinigung. Anders als bei der Entlastung sind durch sie auch regelmäßig den Parteien unbekannte Ansprüche erfasst.[240] Auch formell ist sie von der Entlastung zu unterscheiden: Erforderlich ist ein Vertrag zwischen Gesellschaft und Geschäftsführer.[241] Weitere erfasste Rechtsgeschäfte sind solche, die eine dem Verzicht vergleichbare Wirkung (Benachteiligung der GmbH) haben: z.B. Vereinbarungen, die Durchsetzbarkeit oder Klagbarkeit der Ansprüche ausschließen oder einschränken,[242] Abtretung

---

Rn. 56; *Noack*, in: Noack/Servatius/Haas GmbHG, § 46 Rn. 41; *Verse*, in: Scholz GmbHG, § 43 Rn. 357.

[238] BGHZ 94, 324 (326) = ZIP 1985, 1325; OLG Hamm GmbHR 1992, 802 (803); *Altmeppen*, GmbHG, § 46 Rn. 54; *Bayer*, in: Lutter/Hommelhoff GmbHG, § 46 Rn. 26; *Hüffer/Schäfer*, in: HCL GmbHG, § 46 Rn. 67; *Römermann*, in: MHLS GmbHG, § 46 Rn. 259; *Holthausen*, GmbHR 2019, 634 ff.

[239] RGZ 89, 396; BGH NJW 1959, 192 (194); BGH NJW 1969, 131; BGHZ 94, 324 (326) = ZIP 1985, 1325; *K. Schmidt*, in: Scholz GmbHG, § 46 Rn. 94; *Noack*, in: Noack/Servatius/Haas GmbHG, § 46 Rn. 41; *Ulmer/Habersack*, in: HCL GmbHG, § 9b Rn. 9; *Verse*, in: Scholz GmbHG, § 43 Rn. 357.

[240] BGHZ 97, 382 (389) = NJW 1986, 2250; BGH NJW 1975, 1273; BGH NJW 1998, 1315; *Altmeppen*, GmbHG, § 43 Rn. 123; *Bayer*, in: Lutter/Hommelhoff GmbHG, § 46 Rn. 29; *Ganzer*, in: Rowedder/Pentz GmbHG, § 46 Rn. 45; *K. Schmidt*, in: Scholz GmbHG, § 46 Rn. 105; *Liebscher*, in: MüKoGmbHG, § 46 Rn. 181; *Noack*, in: Noack/Servatius/Haas GmbHG, § 46 Rn. 49; *Römermann*, in: MHLS GmbHG, § 46 Rn. 314.

[241] *Bayer*, in: Lutter/Hommelhoff GmbHG, § 46 Rn. 29; *Liebscher*, in: MüKoGmbHG, § 46 Rn. 187; *Lieder*, NZG 2015, 569 (575).

[242] So beispielsweise eine Vereinbarung, durch die die Verjährungsfrist verkürzt wird, vgl. BGH NZG 2000, 204 (205); BGH NJW 2002, 3777 (3778): „nur andere Form der Verzichtsmöglichkeit"; so auch *Haas/Wigand*, in: Krieger/Schneider, Hdb Managerhaftung, § 20 Rn. 4; *Mertens*, in: Hachenburg GmbHG, § 43 Rn. 95; *Ulmer/Habersack*, in: HCL GmbHG, § 9b Rn. 11; str. bei Stundung, vgl. dazu *Herrler*, in: MüKoGmbHG, § 9b Rn. 17; *Schäfer*, in: Henssler/Strohn GesR, § 9b Rn. 4; *Tebben*, in: MHLS GmbHG, § 9b Rn. 3; *Veil*, in: Scholz GmbHG, § 9b Rn. 6.

ohne vollwertige Gegenleistung²⁴³ und Entgegennahme von geringwertigen
Erfüllungssurrogaten.²⁴⁴

2. Zulässigkeit

Der Verzicht auf oder der Vergleich²⁴⁵ über Schadensersatzansprüche gegen
den Geschäftsführer wird für grundsätzlich zulässig erachtet,²⁴⁶ denn
anders als das AktG kennt das GmbHG keine generellen Einschränkungen
(§ 93 IV 3 AktG) des Verzichts auf bzw. des Vergleichs über solche Ansprüche.
Dieses systematische Argument wird durch § 46 Nr. 6, 8 GmbHG bekräftigt:
Es gehört zum Aufgabenkreis der Gesellschafter zu entscheiden, ob ein
Geschäftsführer für sein Handeln zur Rechenschaft gezogen werden soll.²⁴⁷
Sie müssen daher auch darauf verzichten oder sich darüber vergleichen
können.²⁴⁸ Nichts anderes ergibt sich aus § 43 III 2 i.V.m. § 9b I GmbHG,
der ein Verbot des Verzichts bzw. Vergleichs nur bei Verstoß gegen die
Kapitalschutzvorschriften anordnet. Im Umkehrschluss gilt dieses Verbot
daher nicht für den Grundtatbestand der Ersatzhaftung (§ 43 II GmbHG) und
muss insoweit grundsätzlich möglich sein.²⁴⁹ Auch die Entstehungsgeschichte
des GmbHG bestätigt die dahingehende Dispositionsmöglichkeit der

---

²⁴³ OLG Hamm NZG 2001, 1144; *Altmeppen*, GmbHG, § 9b Rn. 2; *Bayer*, in: Lutter/Hommelhoff GmbHG, § 9b Rn. 1; *Ulmer/Habersack*, in: HCL GmbHG, § 9b Rn. 12; *Wicke*, GmbHG, § 9b Rn. 1; offenlassend BGHZ 219, 98 Rn. 20 = NJW 2018, 2494.

²⁴⁴ *Altmeppen*, GmbHG, § 9b Rn. 2; *Herrler*, in: MüKoGmbHG, § 9b Rn. 18; *Servatius*, in: Noack/Servatius/Haas GmbHG, § 9b Rn. 2; *Ulmer/Habersack*, in: HCL GmbHG, § 9b Rn. 12.

²⁴⁵ Bzgl. der Zulässigkeit ergeben sich keine Unterschiede zwischen Vergleich und Verzicht.

²⁴⁶ hM, vgl. *Beurskens*, in: Noack/Servatius/Haas GmbHG, § 43 Rn. 66; *Fleischer*, in: MüKoGmbHG, § 43 Rn. 350; *Haas/Wigand*, in: Krieger/Schneider, Hdb Managerhaftung, § 20 Rn. 2; *Oetker*, in: Henssler/Strohn GesR, § 43 Rn. 58; *Ziemons*, in: MHLS GmbHG, § 43 Rn. 548; *Strohn*, ZInsO 2009, 1417 (1421); vgl. auch *K. Schmidt*, ZGR 1978, 425 (426 f.).

²⁴⁷ BGH NJW 2002, 3777 (3777 f.); BGH NZG 2003, 528 (528); OLG Stuttgart GmbHR 2003, 835 (837); *Fleischer*, in: MüKoGmbHG, § 43 Rn. 350; *Paefgen*, in: HCL GmbHG, § 43 Rn. 244.

²⁴⁸ Vgl. insb. auch § 46 Nr. 5, wonach ein Verzicht auf Ansprüche gegen den Geschäftsführer durch Entlastungsbeschluss der Gesellschafterversammlung möglich ist. Wäre § 43 II GmbHG davon nicht umfasst, liefe die Entlastung und die damit verbundene Vertrauenskundgebung ins Leere.

²⁴⁹ *Fleischer*, in: MüKoGmbHG, § 43 Rn. 350; *Oetker*, in: Henssler/Strohn GesR, § 43 Rn. 57.

Gesellschaft: Im Entwurf eines Gesetzes betreffend die Gesellschaften mit beschränkter Haftung nebst Begründung und Anlagen von 1891, § 44 S. 95, heißt es „Der Entwurf schränkt deshalb die Wirksamkeit von Vergleichen und Verzichten der Gesellschaft hinsichtlich der fraglichen Ansprüche (§ 44 GmbHG a.f.) in derselben Weise ein, wie bezüglich der in § 9 bezeichneten Ersatzforderungen [...]". Die Wirksamkeit eines Vergleichs bzw. Verzichts kann nur *eingeschränkt* werden, wenn sie grundsätzlich zulässig ist. Ein Verzicht bzw. Vergleich auf Schadensersatzansprüche ist daher in den Grenzen des Gesetzes möglich.

Auch dem Konzernrecht sind die Begriffe des Verzichts auf und des Vergleichs über Ansprüche nicht fremd (vgl. § 302 III AktG und § 309 III, IV AktG). Diese Normen finden über Verweisungen (§ 317 IV AktG) auch im Recht des faktischen Konzerns Anwendung und lassen daher im Umkehrschluss zumindest im direkten Anwendungsfall der abhängigen AG eine Disposition über Geschäftsleiteransprüche i.S.v. § 317 III AktG im Grundsatz zu. Berücksichtigt werden muss aber, dass der Konzernrechtsgesetzgeber nach dem Vorbild des allgemeinen Aktienrechts (vgl. § 93 IV 3 AktG) gehandelt hat und nicht wie im GmbH-Recht von einer generellen Zulässigkeit ausgegangen ist, sondern Verzicht und Vergleich unter erschwerte Zulässigkeitsvoraussetzungen gestellt hat (§ 309 III, IV AktG).[250]

II. Weisung

Auch die Weisung durch die Gesellschafterversammlung als oberstes Organ der Gesellschaft kann zur Einschränkung der Schadensersatzhaftung des Geschäftsleiters führen. Anders als der Vorstand einer AG leitet der Geschäftsführer einer GmbH die Gesellschaft nicht unter eigener Verantwortung (§ 76 I AktG). Vielmehr kann und wird die Gesellschafterversammlung Weisungen an die Geschäftsführung erteilen.[251] Dieses Recht lässt sich aus § 37 I GmbHG ableiten. Damit korrespondierend ist die Pflicht der Geschäftsführer, den Weisungen Folge zu leisten.[252]

---

[250] Ob diese Grenzen bei entsprechender Anwendung auf eine abhängige GmbH übertragbar sind noch auf S. 131 ff.

[251] *U. H. Schneider/S. H. Schneider*, in: Scholz GmbHG, § 37 Rn. 75.

[252] BGHZ 31, 258 (278) = NJW 1960, 285; OLG Düsseldorf ZIP 1984, 1476 (1478); OLG Frankfurt a.M. ZIP 1997, 451; *Mertens*, in: Hachenburg GmbHG, § 37 Rn. 27; *Flume*, Juristische Person, S. 61.

Vollzieht ein Geschäftsführer eine (rechtlich bindende)[253] Weisung, um seiner Folgepflicht nachzukommen, muss eine Haftung für dieses Handeln grundsätzlich entfallen.[254] Diese Freistellung von der Haftung beruht auf der übergeordneten Geschäftsführungskompetenz der Gesellschafter einer GmbH und kann nur so zur Geltung kommen.[255] Außerdem wäre es widersprüchlich, den Geschäftsführer haften zu lassen, wenn er doch nur seine ihm auferlegte Pflicht erfüllt.[256] Eine weitere Begründung ergibt ein *arg. e contrario* aus § 43 III 3 GmbHG: Die dort geregelte Ausnahme[257] setzt voraus, dass eine Weisung im Grundsatz zur Haftungsfreistellung führen kann.[258] Der Norm liegt der Gedanke zugrunde, dass die Gesellschafter in ihrer Gesamtheit den Willen der GmbH bilden und ein Handeln des Geschäftsführers, welches genau diesen Willen ausführt, nicht zu einer Haftung führen kann, solange nicht übergeordnete Interessen verletzt werden.[259] Zwar ist der Vorschlag nicht Gesetz geworden, aber ursprünglich vorgesehen war die Freistellung des Geschäftsführers bei weisungsgemäßem Verhalten auch in § 75 IV RegE 1971.[260]

---

[253] Keine Befolgungspflicht besteht im Falle nichtiger Weisungsbeschlüsse; bei anfechtbaren Beschlüssen gelten besondere Regeln. Dazu noch S. 112 f., 147.

[254] BGHZ 31, 258 (278) = NJW 1960, 285; BGHZ 119, 157 (261) = ZIP 1992, 1734; BGHZ 122, 333 (336) = NJW 1993, 1922; BGH NJW 2010, 64 Rn. 10; *Altmeppen*, GmbHG, § 43 Rn. 122; *Beurskens*, in: Noack/Servatius/Haas GmbHG, § 43 Rn. 16; *Paefgen*, in: HCL GmbHG, § 43 Rn. 213 ff.; *Ziemons*, in: MHLS GmbHG, § 43 Rn. 94, 390.

[255] *Kleindiek*, in: Lutter/Hommelhoff GmbHG, § 43 Rn. 40; *Altmeppen*, DB 2000, 657 (657).

[256] BGH NJW 1974, 1089: Der Geltendmachung des Anspruchs stehe der „Einwand unzulässiger Rechtsausübung" entgegen; *Verse*, in: Scholz GmbHG, § 43 Rn. 260; *Ziemons*, in: Oppenländer/Trölitzsch, § 29 Rn. 1; *Canaris*, ZGR 1978, 207 (209).

[257] „*Soweit* [Hervorh. d. Verf.] der Ersatz zur Befriedigung der Gläubiger der Gesellschaft erforderlich ist [...]".

[258] BGHZ 31, 258, (278) = NJW 1960, 285; *Beurskens*, in: Noack/Servatius/Haas GmbHG, § 43 Rn. 16; *Oetker*, in: Henssler/Strohn GesR, § 43 Rn. 33; *Paefgen*, in: HCL GmbHG, § 43 Rn. 214.

[259] BGH NJW 1974, 1088 (1089); BGH NJW 2000, 1571 (1571); OLG Nürnberg NZ 2001, 943 (944); *Fleischer*, in: MüKoGmbHG, § 43 Rn. 344; *Verse*, in: Scholz GmbHG, § 43 Rn. 260.

[260] „Die Ersatzpflicht tritt nicht ein, wenn die Handlung [...] auf einem Beschluss der Gesellschafter oder einer für die Geschäftsführer verbindlichen Weisung beruht."; dieser Vorschlag ist dennoch aufschlussreich, denn es sollte doch nur dasjenige gesetzlich

Allgemein wird auch bei Weisung durch die Gesellschafterversammlung von *Disponibilität* der Geschäftsleiterhaftung gesprochen.[261] Zwar disponiert die Gesellschaft im Falle der Weisung – anders als bei Verzicht und Vergleich – nicht im engeren Sinne, genauer: aktiv, über ihr zustehende Ersatzansprüche gegenüber der Geschäftsführung,[262] doch ist mit der (wirksamen) Weisungserteilung grundsätzlich die Haftungsfreistellung der Geschäftsleitung verbunden. Die Gesellschaft disponiert insofern schon im Zeitpunkt der Weisungserteilung über den ihr grundsätzlich durch eine Verletzung von Pflichten erwachsenden Anspruch: Mangels Pflichtwidrigkeit kommt es gar nicht erst zur Entstehung,[263] die Haftung wird wegen des übereinstimmenden Willens der Gesellschaft in den Grenzen der Zulässigkeit aufgehoben. Inwieweit der grundsätzlich zulässigen Erteilung von Weisungen etwaige Grenzen gesetzt sind, ist daher ebenfalls eine Frage der *Disponibilität* der Geschäftsleiterhaftung.

Dagegen kommt eine Haftungsbefreiung des Konzerngeschäftsleiters durch vorherige Weisung der abhängigen GmbH schon mangels Befugnis der Gesellschaft zur Weisungserteilung nicht in Betracht. Der Geschäftsleiter der Muttergesellschaft steht weder in einem organschaftlichen noch in einem sonstigen vertraglichen Verhältnis zur abhängigen Gesellschaft, aus dem sich ein Weisungsrecht i.S.d. § 37 I GmbHG und dementsprechend eine Befolgungspflicht des Konzerngeschäftsleiters im Verhältnis zur abhängigen Gesellschaft ergeben kann. Davon zu unterscheiden ist die Möglichkeit der Weisungserteilung innerhalb des herrschenden Unternehmens, was jedoch nur das Verhältnis der herrschenden Gesellschaft zu ihrer eigenen Geschäftsleitung betrifft und daher nur in diesem Verhältnis zu einer Haftungsfreistellung führen kann.

---

normiert werden, was zum damaligen Zeitpunkt Stand der Rechtsprechung und Literatur war.

[261] Vgl. nur Überschriften bei *Paefgen*, in: HCL GmbHG, § 43 Rn. 227; *Altmeppen*, GmbHG, § 43 Rn. 126; *ders.*, DB 2000, 657; s. auch *Fleischer*, in: MüKoGmbHG, § 43 Rn. 367 ff. mwN.

[262] Zu diesem Zeitpunkt können die Gesellschafter noch nicht wissen, dass ihre Weisung nachteilig ist und es zur Haftung kommen könnte. Andernfalls wäre die (treuwidrige) Weisung ohnehin nichtig bzw. anfechtbar, sodass keine Befolgungspflicht besteht, die zur Haftungsfreistellung führt, vgl. S. 112 f., 147.

[263] BGHZ 31, 258 (278 f.) = NJW 1960, 285; BGHZ 93, 146 (148) = NJW 1985, 1030; BGHZ 95, 330 (340) = NJW 1986, 188; BGHZ 122, 333 = NJW 1993, 1922; BGH NZG 2000, 544.

III. Einverständnis

Im Unterschied zur Weisung wird der Geschäftsführer beim sog. Einverständnis (auch: Billigung) durch die Gesellschafterversammlung nicht von vorneherein zu einem Handeln angewiesen, sondern die Gesellschafter drücken (zumindest stillschweigend)[264] aus, dass sie die Verantwortung für die in Frage stehende Geschäftsführungsmaßnahme übernehmen wollen.[265] Innerhalb der gesetzlichen Grenzen hat ein Handeln mit Einverständnis der Gesellschafter, wie auch die Weisung, grundsätzlich haftungsausschließende Wirkung.[266]

B. Anreize der Gesellschaft für eine Enthaftung des Geschäftsleiters

Kommt es zu einer Haftung der Unternehmensleitung gegenüber der GmbH,[267] steht die Geltendmachung dieser Ansprüche grundsätzlich zur freien Disposition der Gesellschaft. Die verfassungsrechtlich verankerte Freiheit der Gesellschaft, über die gerichtliche oder außergerichtliche Geltendmachung der ihr zustehenden Ansprüche zu entscheiden, ist in Art. 2 I GG i.V.m. Art. 19 III GG normiert. Davon geschützt wird die wirtschaftliche Handlungsfreiheit von Kapitalgesellschaften, und die aus der Handlungsfreiheit abgeleitete Privatautonomie erfasst mit ihrem Schutzbereich die Freiheit, eigene Rechtsverhältnisse frei zu gestalten und damit auch die Enthaftung der Geschäftsleiter.[268]

Man muss sich jedoch die Frage stellen, weshalb eine Gesellschaft von der Durchsetzung etwaiger Schadensersatzansprüche gegen ihre Organmitglieder absehen sollte. Denn die Enthaftung der Geschäftsleiter wirkt auf den ersten Blick nachteilig für die Gesellschaft. Mit dieser Entscheidung ist nämlich der Verlust der ihr zustehenden Ansprüche als Teil des Gesellschaftsvermögens

---

[264] BGH NZG 2003, 528 (528); *Kleindiek*, in: Lutter/Hommelhoff GmbHG, § 43 Rn. 41.

[265] *Oetker*, in: Henssler/Strohn GesR, § 43 Rn. 56; *Paefgen*, in: HCL GmbHG, § 43 Rn. 218.

[266] BGHZ 142, 92 (95) = NZG 1999, 1001; BGH NJW 2000, 1571; BGHZ 176, 204 Rn. 39 = NJW 2008, 2437; BGH NZG 2015, 225 Rn. 15; *Fleischer*, in: MüKoGmbHG, § 43 Rn. 348 mwN; *Ziemons*, in: Oppenländer/Trölitzsch, § 29 Rn. 14; zu den Grenzen der Haftungsfreistellung, S. 76 ff., 109 ff., 120 ff, 141 ff., 148 ff.

[267] Zur Herleitung, S. 10 ff., 25 ff.

[268] Unstr., BVerfGE 8, 274 (328); BVerfGE 9, 3 (11); BVerfGE 12, 341 (347 f.); *Di Fabio*, in: Dürig/Herzog/Scholz GG, Art. 2 Abs. 1 Rn. 77; *Dreier*, in: Dreier GG, Art. 2 Abs. 1 Rn. 35 f.; *Murswiek/Rixen*, in: Sachs GG, Art. 2 Rn. 54, 55a; *Flume*, Das Rechtsgeschäft, S. 1.

verbunden. In der Praxis besteht in solchen Fällen allerdings oftmals ein erhebliches Interesse der durch das Fehlverhalten der Unternehmensleitung geschädigten Unternehmen daran, die betroffenen Geschäftsleiter nicht oder nur mit Einschränkungen haftungsrechtlich zur Verantwortung zu ziehen: Gerade in der personalistisch strukturierten GmbH ist mit der Geltendmachung eines Schadensersatzanspruches gegen die Geschäftsführung die Gefahr verbunden, dass die loyale und vertrauensvolle Zusammenarbeit erheblich und langfristig belastet wird.[269] Wegen der persönlichen Verbundenheit der Beteiligten wird die Gesellschaft aber regelmäßig auf ein kollegiales Zusammenwirken angewiesen sein. Zudem wird der Geschäftsleiter trotz (kleiner) Fehltritte im Regelfall im Amt bleiben und nicht aus der Geschäftsführung ausscheiden.[270] Ein adäquater Ersatz für die verantwortlichen Unternehmensleiter ist nämlich oftmals, jedenfalls kurzfristig, nicht verfügbar oder für das Unternehmen mit hohen Kosten verbunden.[271] Jedenfalls bei weniger gravierenden Verstößen und ansonsten einwandfreier Tätigkeit wird es von großem Interesse der Gesellschaft sein, das gute Verhältnis zur Geschäftsführung zu erhalten. Durch die Konfrontation mit Schadensersatzansprüchen würde die Gesellschaft den Geschäftsleiter aber womöglich zu einer Amtsniederlegung provozieren, da ein Verbleib im Unternehmen oftmals weder aus seiner Sicht noch aus Sicht des Unternehmens vertretbar wäre. Durch einen Verzicht auf die Geltendmachung des Anspruchs erweist sich die Gesellschaft daher als besonders großzügig und drückt damit das Vertrauen in ihre Geschäftsleitung aus.

Insbesondere mit der gerichtlichen Geltendmachung ist zwangsläufig die Gefahr verbunden, dass Unternehmensinterna an die Öffentlichkeit geraten können. Je nach Umfang des Anspruchs und der Unternehmensgröße besteht

---

[269] *Bayer*, in: Lutter/Hommelhoff GmbHG, § 46 Rn. 35; *Haas/Wigand*, in: Krieger/ Schneider, Hdb Managerhaftung, § 20 Rn. 20; *Liebscher*, in: MüKoGmbHG, § 46 Rn. 242; *Hasselbach*, DB 2010, 2037.

[270] Beim Ausscheiden eines Geschäftsführers wird zwar vielfach auch auf die Geltendmachung von Schadensersatzansprüchen „verzichtet", *Haas*, ZInsO 2007, 464; jedoch oftmals durch Aufrechnung von Gehalts- und Ruhegeldansprüchen, vgl. *U. H. Schneider*, in: Krieger/Schneider, Hdb Managerhaftung, § 2 Rn. 4. Dann handelt es sich aber gerade nicht um einen „echten" Verzicht.

[271] Berücksichtigt werden muss bspw. auch das oftmals über Jahre gewonnene Know-how bzgl. spezieller Unternehmensabläufe und die guten geschäftlichen und persönlichen Beziehungen zu Betriebspartnern.

das Risiko großer medialer Aufmerksamkeit,[272] was sich wiederum negativ auf die Belange der Gesellschaft auswirken kann. Gelangen so Umstände an Konkurrenzunternehmen oder potenzielle Gläubiger, kann sich dies wiederum nachteilig auf die Marktstellung und Kreditwürdigkeit der Gesellschaft – im Konzern insbesondere auch auf das Mutterunternehmen – auswirken.[273]

Auch aus wirtschaftlicher Sicht kann es für das Unternehmen sinnvoll sein, von der Inanspruchnahme abzusehen. Einfluss haben kann die Solvenz des Geschäftsführers, vor allem dann, wenn eine vollständige Befriedigung der Gesellschaft nicht zu erwarten ist.[274] Gerade bei komplexen Haftungstatbeständen können Schwierigkeiten bei der Beweisführung mit einem nicht unerheblichen finanziellen Aufwand verbunden sein. Schließlich dürfen etwaige Prozesskosten nicht unberücksichtigt bleiben, denn die klagende Gesellschaft muss in Vorleistung treten und die Kosten werden ihr nur bei einem gänzlichen Obsiegen vollständig ersetzt.[275]

All diese Gründe gebieten daher eine Abwägung der Vor- und Nachteile bzw. der Chancen und Risiken der Anspruchsverfolgung und führen daher oftmals dazu, dass die Gesellschaft von der Geltendmachung der Ansprüche absehen wird.

---

[272] Das ist insbesondere bei der AG zu sehen, vgl. Fn. 15.

[273] BGHZ 28, 355 (357) = NJW 1959, 194; BGH NJW 1975, 977 (978); BGH DStR 1997, 1735 (1736); BGH NZG 2004, 962 (964); *Bayer*, in: Lutter/Hommelhoff GmbHG, § 46 Rn. 35; *Liebscher*, in: MüKoGmbHG, § 46 Rn. 242; *Zöllner*, ZGR 1988, 392 (409) mit Fn. 61.

[274] Dann bietet sich ein Vergleich bzw. im Extremfall auch ein vollumfänglicher Verzicht an.

[275] Dazu auch *Wigand*, Haftungsbeschränkungen, S. 23.

Einmann-Gmbh

Der folgende Teil der Arbeit widmet sich der Disponibilität der Geschäftsleiterhaftung in der Einmann-GmbH. Der Grund der gesonderten Darstellung
liegt in den divergierenden schutzwürdigen Interessen von Einmann- und
mehrgliedriger GmbH. Bei der Diskussion um die Reichweite und Grenzen
der Disponibilität sind die Interessen außenstehender Dritter entscheidend,
denn nur so kann das Spannungsfeld zwischen Privatautonomie der Gesellschaft und dem Schutzbedürfnis betroffener Dritter in einen schonenden
Ausgleich gebracht werden.

§ 1 Schutzwürdige Interessen in der Einmann-GmbH

Sowohl in der Einmann-GmbH als auch für den Fall der Zustimmung
aller Gesellschafter[276] sind bei der Diskussion um die Disponibilität der
Geschäftsleiterhaftung vor allem die *Gläubigerinteressen* der GmbH[277] entscheidend. Wenn die Gesellschaft – aus welchen Gründen auch immer – von
der Geltendmachung des Anspruchs absieht, sind nachteilige Auswirkungen
auf das Haftungsvermögen der Gesellschaft, insbesondere auf die zur
Gläubigerbefriedigung notwendige Masse und damit mittelbar für die Gläubiger,
nicht auszuschließen. Die privatautonome Entscheidung der Gesellschaft, von

---

[276] Dazu sogleich.

[277] Allgemein zum Gläubigerschutz in der GmbH *Altmeppen*, ZIP 2001, 1837 ff.; *ders.*,
ZIP 2002, 1553 ff.; *Assmann*, JZ 1986, 928 ff.; *Fleck*, in: FS 100 Jahre GmbHG 391 ff.;
Röhricht, in: FS 50 Jahre BGH, 83 ff.; *Stimpel*, in: FS 100 Jahre GmbHG, 335 ff.

der Geltendmachung der Ansprüche gegen den Geschäftsführer abzusehen, mag zwar ein sinnvolles Mittel darstellen, um eine loyale und vertrauensvolle Zusammenarbeit mit der Unternehmensleitung zu sichern,[278] doch darf die Durchsetzung dieses Zwecks nicht zu einer Abwälzung geschäftlicher Risiken auf die Gesellschaftsgläubiger führen.[279] Spätestens in der Krise der Gesellschaft ist das für die unbefriedigten Gläubiger nicht hinnehmbar.

Der Schutz der Minderheitsgesellschafter spielt in der Einmann-GmbH dagegen keine Rolle. Es gibt keine weiteren zu schützenden Interessen der Minderheit. Gleiches gilt dann, wenn die Minderheit zulässigerweise auf ihre Rechte durch Zustimmung verzichtet hat.[280]

§ 2 Disponibilität der Haftung des Geschäftsführers

Die allgemeine Organhaftung des Geschäftsführers einer GmbH (§ 43 GmbHG) ist im Grundsatz disponibel (Art. 2 I GG i.V.m. Art. 19 III GG).[281] Gesetzlich vorgesehen ist der notwendige Gläubigerschutz jedenfalls auf den ersten Blick nur in §§ 43 III 2, 3 GmbHG.[282] Sofern also nach dem Wortlaut der Norm kein Verstoß gegen die Kapitalerhaltungsvorschriften (§§ 30, 33 GmbHG) durch den Geschäftsführer begangen worden ist, wäre bei einfacher Gesetzesanwendung die Geschäftsführerhaftung disponibel und der unabdingbare Gläubigerschutz auf diese Spezialfälle beschränkt. Es gilt daher im Folgenden näher zu betrachten, ob dieser gesetzlich geregelte Schutz ausreichend ist oder ob es noch weitere Schutzvorkehrungen gibt bzw. geben muss, um den Interessen der Gläubiger einer Einmann-GmbH bzw. bei Zustimmung aller Gesellschafter gerecht zu werden.[283]

---

[278] Zu den Interessen der Gesellschaft, von einer Geltendmachung abzusehen, S. 72 ff.

[279] Die Möglichkeit einer grenzenlosen Enthaftung hätte im Extremfall die Folge, dass die Risikobereitschaft der Unternehmensleitung ins unendliche animiert wird und das zur Gläubigerbefriedigung notwendige Gesellschaftsvermögen immer weiter geschmälert wird, wenn die Fehlentscheidungen der Geschäftsleiter ohnehin folgenlos bleiben.

[280] Ganz anders liegt es in der mehrgliedrigen GmbH, dazu ab S. 140 ff.

[281] Bei der Darstellung der Disponibilität von § 43 GmbHG wird auf die Konzernkonstellation nicht eingegangen, da es sich hier um allgemeine Fragen des GmbH-Rechts handelt.

[282] Vgl. „Soweit der Ersatz zur Befriedigung der Gläubiger der Gesellschaft erforderlich ist [...]".

[283] Waren sich alle Gesellschafter einer mehrgliedrigen GmbH einig, ist die Haftung nach den Grundsätzen der Einmann-GmbH zu behandeln. Dieser Fall wird im Folgenden

A. Verzicht und Vergleich

Die Gesellschafter können grundsätzlich auf einen Vergleich hinwirken oder sogar auf ihren bestehenden Ersatzanspruch verzichten. Abgeleitet wird dieses Recht u.a. aus § 46 Nr. 6 und Nr. 8 GmbHG, denn es gehört zum originären Aufgabenbereich der Gesellschafterversammlung zu entscheiden, ob und inwieweit sie einen Anspruch gegen ihren Geschäftsführer geltend machen will.[284]

Sowohl der Verzicht als auch der Vergleich über die allgemeine Organhaftung des Geschäftsführers sind jedoch nur innerhalb der gesetzlich vorgesehenen Grenzen zulässig, deren Inhalt und Tragweite im Folgenden näher betrachtet werden. Der Vergleich über Ansprüche gegen den Geschäftsführer wird nach denselben Grundsätzen wie der Verzicht behandelt und deshalb bei der Darstellung nicht mehr besonders hervorgehoben.

I. Formelle Grenzen

Formelle Grenzen der Disponibilität können sich insbesondere aus der allgemeinen Zuständigkeits- und Verfahrensordnung des GmbHG ergeben. So regelt § 46 Nr. 8 GmbHG bspw., dass „die Gesellschafter" über die Geltendmachung von Ersatzansprüchen gegen ihren Geschäftsführer bestimmen. Gemeint ist damit eine Beschlussfassung durch die Gesellschafterversammlung (§§ 47 I, 48 GmbH).[285] Für die Einmann-Gesellschaft herrscht jedoch Einigkeit darüber, dass es sich bei einer Beschlussfassung um eine bloße Förmelei handelt und deshalb an deren Stelle ein „Entschluss" des Alleingesellschafters tritt, wenn der Wille des Alleingesellschafters hinreichend klar zutage tritt.[286]

Die Wahrung der Regelungen zur Beschlussfassung (vgl. §§ 47, 48 GmbHG: Mehrheitsberechnung, Stimmkraft, Ausschluss von Stimmrechten usw.) haben u.a. den Sinn und Zweck, die Mitgliedschaftsrechte der Minderheitsgesellschafter zu sichern.[287] Zu schützende Minderheitsrechte, die durch etwaige

---

deshalb nicht mehr besonders hervorgehoben. Zur Disponibilität in der mehrgliedrigen GmbH noch ab S. 140 ff.

[284] Zur Begriffsbestimmung und generellen Zulässigkeit schon ausführlich ab S. 65 ff.

[285] *Liebscher*, in: MüKoGmbHG, § 46 Rn. 5; *Noack*, in: Noack/Servatius/Haas GmbHG, § 46 Rn. 1; *Wicke*, GmbHG, § 46 Rn. 1.

[286] BGH ZIP 1983, 689; OLG München BeckRS 2018, 1152 Rn. 13; *Altmeppen*, GmbHG, § 46 Rn. 88; *Bayer*, in: Lutter/Hommelhoff GmbHG, § 46 Rn. 39; *Liebscher*, in: MüKoGmbHG, § 46 Rn. 7; *Noack*, in: Noack/Servatius/Haas GmbHG, § 46 Rn. 7, 63.

[287] *Heisse*, Die Beschränkung der Geschäftsführerhaftung gegenüber der GmbH, S. 91; *Wigand*, Haftungsbeschränkungen, S. 32.

Zuständigkeits- und Formvorschriften bei der Beschlussfassung gesichert werden sollen, gibt es in der Einmann-Gesellschaft jedenfalls nicht, denn die Gesellschaft hat nur einen einzigen Gesellschafter mit Alleinentscheidungskompetenz.[288] Die Gesichtspunkte des Minderheitenschutzes kommen in Bezug auf die Disponibilität von Ansprüchen vielmehr in der mehrgliedrigen Gesellschaft auf[289] und werden daher gesondert erörtert.[290]

II. Materielle Grenzen

Neben den Schranken aus den allgemeinen Gesetzen (bspw. BGB und InsO) ergeben sich materiellrechtliche Grenzen des Verzichts auch unmittelbar aus den gesellschaftsrechtlichen Vorschriften. Im Folgenden werden diese gesetzlichen Grenzen dargestellt und anschließend Stellung dazu genommen, ob die Regelungen *de lege lata* für das gebotene Schutzniveau ausreichend sind oder doch im Wege einer erweiternden Gesetzesauslegung ergänzt werden müssen.

1. Allgemeine Grenzen

Allgemeine Grenzen des Verzichts ergeben sich aus dem allgemeinen Teil des BGB und den insolvenzrechtlichen Vorschriften: So geht die Verwaltungs- und Verfügungsbefugnis der Gesellschafterversammlung ab Eröffnung des Insolvenzverfahrens auf den Insolvenzverwalter über (§ 80 InsO). Daher können die Gesellschafter mangels Verfügungsbefugnis ab Insolvenzeröffnung nicht mehr auf den Organhaftungsanspruch der Gesellschaft verzichten.[291]

In seltenen Fällen kann der Verzicht auch nach § 138 I BGB sittenwidrig und damit nichtig sein. In diesem Zusammenhang wird insbesondere die Fallgruppe der Gläubigergefährdung und Gläubigerbenachteiligung relevant.[292]

---

[288] Eine Besonderheit ist sicherlich, dass es sich bei dem Einmann-Gesellschafter einer faktisch beherrschten GmbH um ein Unternehmen (regelmäßig AG oder GmbH) handelt; bei der internen Beschlussfassung des herrschenden Unternehmens sind selbstverständlich auch die rechtsformabhängigen Form- und Verfahrensvorschriften zu beachten. Dies betrifft aber die Disponibilität der Geschäftsführerhaftung grundsätzlich nicht.

[289] Vgl. insbesondere zur Verschaffung von Sondervorteilen durch den Mehrheitsgesellschafter *Altmeppen*, GmbHG, § 43 Rn. 143.

[290] Dazu ab S. 140 ff.

[291] Vgl. insgesamt dazu *Haas/Wigand*, in: Krieger/Schneider, Hdb Managerhaftung, § 20 Rn. 34.

[292] BGHZ 15, 382 (386) = NJW 1995, 221; BGH NJW 1995, 1668.

An die Sittenwidrigkeit eines Verzichts sind allerdings sehr hohe Anforderungen zu stellen.[293]

Schließlich kann dem Geschäftsführer die Haftung wegen Vorsatzes nicht im Voraus erlassen werden (§ 276 III BGB). Ein im Vorfeld vereinbarter Verzicht zwischen Gesellschaft und Geschäftsführer für vorsätzliches Handeln ist daher immer unwirksam.[294]

2. § 43 III 2 GmbHG i.V.m. § 9b I GmbHG

Im Gesellschaftsrecht findet sich eine ausdrücklich normierte Grenze der Verzichtbarkeit bereits unmittelbar in § 43 III 2 GmbHG i.V.m. § 9b I GmbHG: Ein Verzicht der Gesellschaft auf den Ersatzanspruch ist unwirksam, soweit der Ersatz zur Befriedigung der Gläubiger der Gesellschaft erforderlich ist. Dies gilt ausnahmsweise nicht, wenn der Geschäftsführer zahlungsunfähig ist und sich zur Abwendung des Insolvenzverfahrens mit seinen Gläubigern vergleicht oder wenn die Ersatzpflicht in einem Insolvenzplan geregelt wird.[295]

(1) Erfasster Ersatzanspruch

Schon aus der Gesamtsystematik des § 43 GmbHG ergibt sich, dass die in § 43 III 2 GmbHG i.V.m. § 9b I GmbHG geregelte Verzichtsschranke nicht den allgemeinen Organhaftungsanspruch aus § 43 II GmbHG wegen einfacher Pflichtverletzung der Geschäftsführung erfassen soll, sondern lediglich der speziellere Ersatzanspruch wegen einer Verletzung von Kapitalschutzpflichten (§§ 30, 33 GmbHG) aus § 43 III 1 GmbHG von dieser Einschränkung betroffen ist.[296]

---

[293] Vgl. dazu *Fischinger*, in: Staudinger BGB, § 138 Rn. 339 ff.; *Armbrüster*, in: MüKoBGB, § 138 Rn. 113 ff.

[294] Gem. § 202 BGB auch für den vorherigen Verjährungsverzicht bei vorsätzlichem Handeln, *Beurskens*, in: Noack/Servatius/Haas GmbHG, § 43 Rn. 107; *Haas/Wigand*, in: Krieger/Schneider, Hdb Managerhaftung, § 20 Rn. 36; *Oetker*, in: Henssler/Strohn GesR, § 43 Rn. 78.

[295] Einen Überblick zu dieser Ausnahme findet sich bei *Haas/Wigand*, in: Krieger/Schneider, Hdb Managerhaftung, § 20 Rn. 16 ff.

[296] S. 2: „Auf den Ersatzanspruch [...]" bezieht sich auf den in S. 1 konkret beschriebenen Schadensersatzanspruch wegen Verletzung von Kapitalschutzpflichten; *Fleischer*, in: MüKoGmbHG, § 43 Rn. 364; *Paefgen*, in: HCL GmbHG, § 43 Rn. 244; *Schnorbus*, in: Rowedder/Pentz GmbHG, § 43 Rn. 102; *Ziemons*, in: MHLS GmbHG, § 43 Rn. 518.

Diese Einordnung stimmt mit den gesetzlichen Wertungen der betroffenen Regelungen überein: Normzweck der in § 9b I GmbHG geregelten und an die Gesellschaft gerichteten Verzichtsschranke ist es, im Interesse einer ordnungsgemäßen Kapitalaufbringung die effektive Durchsetzbarkeit des Anspruchs aus § 9a GmbHG zum Schutz der Gläubiger zu sichern.[297] Damit korrespondierend und diesen Schutzzweck fortführend ist aber auch § 43 III 1 GmbHG, denn die Durchsetzbarkeit dieses Anspruchs gewährleistet die Erhaltung des bereits aufgebrachten Kapitals der Gesellschaft. Und anders als der Anspruch aus § 43 II GmbHG, der die Gläubiger allenfalls reflexartig schützt,[298] soll § 43 III 1 GmbHG vor allem den Gläubigerinteressen dienen.[299]

Wenn man darüber hinaus bedenkt, dass eine unzulässige Kreditvergabe i.S.v. § 43a GmbHG als eine qualifizierte Pflichtverletzung des Geschäftsführers einzuordnen ist, dann wird diese Wertung nochmals bestätigt: Nach rechtsdogmatisch richtigem Verständnis ist wegen der vergleichbaren Interessenlage eine unzulässige Kreditvergabe einem Verstoß gegen die §§ 30, 33 GmbHG gleichzustellen und deshalb in analoger Anwendung über die haftungsverschärfende Anspruchsgrundlage[300] gem. § 43 III 1 GmbHG von der Gesellschaft geltend zu machen.[301] Das Bedürfnis der Qualifizierung als eine Pflichtverletzung i.S.d. § 43 III 1 GmbHG ergibt sich aber gerade aus den haftungsverschärfenden Rechtsfolgen und damit insbesondere auch aus der unmittelbar – und grundsätzlich nicht für § 43 II GmbHG[302] – geltenden Verzichtsschranke aus § 43 III 2 GmbHG.

---

[297] BT-Drucks. 8/1347, S. 36; *Herrler*, in: MüKoGmbHG, § 9b Rn. 2; *Tebben*, in: MHLS GmbHG, § 9b Rn. 1; *Ulmer/Habersack*, in: HCL GmbHG, § 9b Rn. 2; *Veil*, in: Scholz GmbHG, § 9b Rn. 1.

[298] BGH NJW 1974, 1088 (1089); BGHZ 218, 290 Rn. 31 = NJW 2018, 2125.

[299] *Fleischer*, in: MüKoGmbHG, § 43 Rn. 374; *Paefgen*, in: HCL GmbHG, § 43 Rn. 254; *Pöschke*, in: BeckOK GmbHG, § 43 Rn. 5; *Verse*, in: Scholz GmbHG, § 43 Rn. 8.

[300] Der Unterschied von § 43 II GmbHG und § 43 III 1 GmbHG als Anspruchsgrundlage liegt in der verschärften Haftung des Geschäftsführers bei Begehung einer qualifizierten Pflichtverletzung (besondere Schadensermittlung, erleichterte Beweislastregelungen und eingeschränkte Disponibilität), *Kleindiek*, in: Lutter/Hommelhoff GmbHG, § 43 Rn. 58; *Paefgen*, in: HCL GmbHG, § 43 Rn. 254, 270 ff.

[301] Siehe dazu S. 16 ff.

[302] Für § 43 II GmbHG kommt daher nur eine analoge Anwendung in Betracht, vgl. S. 87 ff.

(2) Erforderlichkeit des Anspruchs zur Gläubigerbefriedigung

Für die Unwirksamkeit eines Verzichts nach § 43 III 2 GmbHG i.V.m. § 9b I GmbHG muss neben einer qualifizierten Pflichtverletzung (Verstoß gegen die §§ 30, 33, 43a GmbHG) der *Ersatz zur Gläubigerbefriedigung erforderlich* sein.

Die Erforderlichkeit des Anspruchs zur Befriedigung der Gläubiger tritt jedenfalls immer dann ein, wenn über das Vermögen der Gesellschaft entweder das Insolvenzverfahren eröffnet wurde (§ 27 InsO)[303] oder der Insolvenzantrag mangels Masse abgewiesen wurde (§ 26 InsO).[304] Nach einhelliger Meinung soll dies aber auch schon dann der Fall sein, wenn die Gesellschaft zahlungsunfähig (§ 17 InsO) oder überschuldet (§ 19 InsO) ist.[305]

Aufgrund des eindeutigen Wortlauts („soweit [...]") gilt das Verzichtsverbot jedoch nur in der Höhe, die notwendig ist, um die Zahlungsunfähigkeit oder Überschuldung der Gesellschaft zu beseitigen. Ist der Verzicht nur teilweise unwirksam oder ist er Teil einer umfassenderen rechtsgeschäftlichen Vereinbarung, richtet sich die Rechtsfolge für die übrigen Vertragsbestandteile daher nach der allgemeinen Auslegungsregelungen in § 139 BGB.[306]

Wegen dieser Voraussetzung soll die Unwirksamkeit des rechtsgeschäftlich vereinbarten Anspruchsverzichts nach hM erst in dem Zeitpunkt eintreten, in dem der Ersatzanspruch tatsächlich zur Befriedigung der Gläubiger erforderlich wird und damit eine auflösende Bedingung (§ 158 II BGB) für die Enthaftung des Geschäftsführers darstellt.[307] Daraus folgt dann aber auch, dass § 43 III 2 GmbHG i.V.m. § 9b I GmbHG die Verfügung über

---

[303] *Haas/Wigand*, in: Krieger/Schneider, Hdb Managerhaftung, § 20 Rn. 13; *Herrler*, in: MüKoGmbHG, § 9b Rn. 21; *Ulmer/Habersack*, in: HCL GmbHG, § 9b Rn. 13; *Veil*, in: Scholz GmbHG, § 9b Rn. 8.

[304] OLG Hamm NZG 2001, 1144.

[305] *Altmeppen*, GmbHG, § 9b Rn. 3; *Bayer*, in: Lutter/Hommelhoff GmbHG, § 9b Rn. 2; *Haas/Wigand*, in: Krieger/Schneider, Hdb Managerhaftung, § 20 Rn. 13; *Herrler*, in: MüKoGmbHG, § 9b Rn. 21; *Wöstmann*, in: Rowedder/Pentz GmbHG, § 9b Rn. 9; *Tebben*, in: MHLS GmbHG, § 9b Rn. 7; *Veil*, in: Scholz GmbHG, § 9b Rn. 8.

[306] *Ulmer/Habersack*, in: HCL GmbHG, § 9b Rn. 16; *Veil*, in: Scholz GmbHG, § 9b Rn. 10; *Wigand*, Haftungsbeschränkungen, S. 95.

[307] *Altmeppen*, GmbHG, § 9b Rn. 3; *Bayer*, in: Lutter/Hommelhoff GmbHG, § 9b Rn. 2; *Wöstmann*, in: Rowedder/Pentz GmbHG, § 9b Rn. 9; *Tebben*, in: MHLS GmbHG, § 9b Rn. 1; *Ulmer/Habersack*, in: HCL GmbHG, § 9b Rn. 15; *Veil*, in: Scholz GmbHG, § 9b Rn. 10.

den Ersatzanspruch nicht schon grundsätzlich verbietet. Es kann vielmehr vorkommen, dass ein grundsätzlich wirksamer, aber lange vor der wirtschaftlichen Krise vereinbarter Verzicht der Gesellschaft über die Ansprüche gegen den Geschäftsführer erst später, nämlich mit Eintritt der auflösenden Bedingung (Erforderlichkeit für die Gläubigerbefriedigung) unwirksam wird.[308] Ist dies der Fall, lebt der ursprüngliche Ersatzanspruch wieder auf und kann von der Gesellschaft[309] bzw. ihrem Insolvenzverwalter geltend gemacht werden. Für den Prozess*vergleich* (§ 306 ZPO) gilt diese Rechtsfolge ausnahmsweise nicht, denn Prozesshandlungen sind bedingungsfeindlich.[310]

3. Erweiterung der Verzichtsschranken

Nach den soeben dargestellten allgemeinen und gesetzlich normierten Grenzen der Verzichtbarkeit[311] stellt sich die Frage, ob diese Einschränkungen der Disponibilität ausreichend sind.

(1) Problemstellung

Bei wortlautgetreuer Anwendung von § 43 III 2 GmbHG i.V.m. § 9b I GmbHG ergibt sich folgende Problematik: Die Haftung des Geschäftsführers wäre regelmäßig verzichtbar, wenn dessen Pflichtverletzung nicht in einem Verstoß gegen die Kapitalerhaltungsvorschriften (§§ 30, 33 GmbHG)[312] läge. Dies würde selbst dann gelten, wenn sich die Gesellschaft später in der Krise befände und der Schadensbetrag daher zur Befriedigung der Gesellschaftsgläubiger erforderlich werden würde. Die Gesellschaft könnte ihren Geschäftsführer nach dem Wortlaut von § 43 III GmbHG selbst dann noch von der Haftung freizeichnen, wenn sie nicht mehr über genügend Gesellschaftsvermögen

---

[308] *Haas/Wigand*, in: Krieger/Schneider, Hdb Managerhaftung, § 20 Rn. 12; *Kleindiek*, in: Lutter/Hommelhoff GmbHG, § 43 Rn. 61; *Tebben*, in: MHLS GmbHG, § 9b Rn. 6; *Wigand*, Haftungsbeschränkungen, S. 86 f.; s. auch *Verse*, in: FS Bergmann, 781 (783ff.): maßgeblich ist Zeitpunkt der letzten mündlichen Verhandlung.

[309] Zur actio pro socio vgl. *Altmeppen*, GmbHG, § 43 Rn. 144 mwN, str. Relevanz ohnehin nur in der mehrgliedrigen Gesellschaft.

[310] *Haas/Wigand*, in: Krieger/Schneider, Hdb Managerhaftung, § 20 Rn. 12; *Musielak*, in: MüKoZPO, § 306 Rn. 4.

[311] §§ 138, 202, 276 III BGB, § 80 InsO, § 43 III 2 GmbHG.

[312] Nach der hier vertretenen Ansicht in analoger Anwendung auch bei einem Verstoß gegen § 43a GmbHG. Dies wird im Folgenden nicht mehr gesondert erwähnt.

verfügt, um alle Gläubiger zu befriedigen, sofern der Geschäftsführer nur keine Kardinalpflichten verletzt hat.

Das überrascht, wenn man bedenkt, dass diese weitreichende Verzichtsmöglichkeit – außerhalb der Grenzen des § 43 III 2 GmbHG – vollständig zulasten der Gesellschaftsgläubiger erfolgen würde. Denn durch einer Freizeichnung der Geschäftsführung steht den Gläubigern im Stadium der Unterbilanz, Überschuldung oder Zahlungsunfähigkeit noch weniger haftendes Vermögen zur Verfügung, um ihre ausstehenden Forderungen (wenigstens teilweise) durchzusetzen, als wenn der Anspruch im Vermögen der Gesellschaft verbleibt oder verblieben wäre.

Im Folgenden wird sich daher bestätigen, dass die Beschränkung der Verzichtsmöglichkeit jenseits dieser ausdrücklich geregelten Fälle auf weitere nicht unmittelbar vom Wortlaut des § 43 III 1 GmbHG erfasste Fallgruppen erweitert werden muss, sofern es erforderlich ist, um die bestehende Lücke im Gläubigerschutzsystem zu schließen und damit den Interessen der Gesellschaftsgläubiger gerecht zu werden.

(2) Meinungsstand

Sowohl in der Rechtsprechung als auch insbesondere in der Literatur haben sich eine Fülle an Kasuistik und Lösungsvorschlägen herausgebildet, deren konkrete Reichweite sehr umstritten ist.

a. Literatur

Vereinzelt findet sich die Ansicht, eine Einschränkung der Dispositionsmöglichkeit über den Wortlaut hinaus sei wegen der ausdrücklichen gesetzlichen Anordnung und dem damit verbundenen abschließenden Charakter des § 43 III 2 GmbHG abzulehnen.[313]

Im Kontrast dazu wurde zunächst vertreten, die Dispositionsschranken aus § 43 III 2 (und 3) GmbHG als einen fünften Absatz des § 43 GmbHG zu lesen und so insgesamt auf alle Schadensersatzansprüche – sofern sie denn zur Gläubigerbefriedigung notwendig sind – anzuwenden.[314]

---

[313] *Oetker*, in: Henssler/Strohn GesR, § 43 Rn. 58.
[314] *Lutter/Hommelhoff*, GmbHG, 15. Aufl. 2000, § 43 Rn. 28; *Cahn*, Vergleichsverbote im Gesellschaftsrecht, 1996, 103 ff.; *Lutter*, GmbHR 2000, 301 (311); *Joussen*, GmbHR 2005, 441 (446).

Nach der heute hM soll die Beschränkung der Haftungsfreistellung aus § 43 III 2 GmbHG zwar nicht pauschal auf den allgemeinen Organhaftungsanspruch aus § 43 II GmbHG Anwendung finden.[315] Für bestimmte Pflichtverletzungen wird jedoch eine Erweiterung der Dispositionsschranke durch eine analoge Anwendung von § 43 III 2 GmbHG erwogen, um den Bestand des Gesellschaftsvermögens im Interesse der Gesellschaftsgläubiger zu schützen: Mitwirkung des Geschäftsführers an einem existenzvernichtenden Eingriff,[316] Ansprüche wegen einer unzulässigen Kreditgewährung i.s.v. § 43a GmbHG,[317] über die Verletzung der Kapitalerhaltungsvorschriften hinausgehende Schäden,[318] Haftung wegen Insolvenzverschleppung (vgl. § 15a InsO)[319] sowie bei Verstößen gegen bestimmte gläubigerschützende Vorschriften (z.B. bei Verstoß gegen die Buchführungspflicht nach § 41 GmbHG, die Pflicht zur Aufstellung des Jahresabschlusses nach § 42a GmbHG oder die Pflicht zur Einberufung der Gesellschafterversammlung nach § 49 III GmbHG)[320]. Begründet wird

---

[315] Vgl. nur *Beurskens*, in: Noack/Servatius/Haas GmbHG, § 43 Rn. 66; *Haas/Wigand*, in: Krieger/Schneider, Hdb Managerhaftung, § 20 Rn. 30; *Schnorbus*, in: Rowedder/Pentz GmbHG, § 43 Rn. 96; *Verse*, in: Scholz GmbHG, § 43 Rn. 350; *Wicke*, GmbHG, § 43 Rn. 16.

[316] *Beurskens*, in: Noack/Servatius/Haas GmbHG, § 43 Rn. 99; *Fleischer*, in: MüKoGmbHG, § 43 Rn. 378; *Haas/Wigand*, in: Krieger/Schneider, Hdb Managerhaftung, § 20 Rn. 9; *Paefgen*, in: HCL GmbHG, § 43 Rn. 264; *Verse*, in: Scholz GmbHG, § 43 Rn. 377; *Ziemons*, in: MHLS GmbHG, § 43 Rn. 519; *Wigand*, Haftungsbeschränkungen, S. 69; *Lutter/Banerjea*, ZIP 2003, 2177 (2179); *Paefgen*, DB 2007, 1907 (1910 f.).

[317] *Beurskens*, in: Noack/Servatius/Haas GmbHG, § 43a Rn. 17, § 43 Rn. 98; *Fleischer*, in: MüKoGmbHG, § 43 Rn. 378; *Kleindiek*, in: Lutter/Hommelhoff GmbHG, § 43 Rn. 64, § 43a Rn. 3; *Klöhn*, in: Bork/Schäfer GmbHG, § 43 Rn. 76; *Paefgen*, in: HCL GmbHG, § 43 Rn. 264; *Schnorbus*, in: Rowedder/Pentz GmbHG, § 43 Rn. 102, § 43a Rn. 12; *Ziemons*, in: MHLS GmbHG, § 43 Rn. 519; *U. H. Schneider*, in: FS Werner, 795 (809 f.); *Strohn*, ZInsO 2009, 1417 (1421).

[318] *Koppensteiner/Gruber*, in: Rowedder/Schmidt-Leithoff GmbHG, 5. Aufl. 2013, § 43 Rn. 32; *Mertens*, in: Hachenburg GmbHG, § 43 Rn. 92; erwägend *Haas/Wigand*, in: Krieger/Schneider, Hdb Managerhaftung, § 20 Rn. 7; ablehnend *Zöllner/Noack*, in: Baumbach/Hueck GmbHG, 21. Aufl. 2017, § 43 Rn. 47; *Habersack/Schürnbrand*, WM 2005, 957 (961).

[319] *Haas/Wigand*, in: Krieger/Schneider, Hdb Managerhaftung, § 20 Rn. 11; *Kleindiek*, in: Lutter/Hommelhoff GmbHG, § 43 Rn. 64; *Klöhn*, in: Bork/Schäfer GmbHG, § 43 Rn. 76; *Wigand*, Haftungsbeschränkungen, S. 72; abl. *Zöllner/Noack*, in: Baumbach/Hueck GmbHG, 21. Aufl. 2017, § 43 Rn. 47.

[320] *Kleindiek*, in: Lutter/Hommelhoff GmbHG, § 43 Rn. 64 f.; erwägend *Paefgen*, in: HCL GmbHG, § 43 Rn. 267; weiter *Klöhn*, in: Bork/Schäfer GmbHG, § 43 Rn. 63, 76

die Sonderbehandlung dieser Fallgruppen mit dem Schutzgesetzcharakter[321] bzw. mit dem überwiegenden Gläubigerschutzinteresse dieser Normen.[322]

Daneben wird insbesondere von *Altmeppen* die Ansicht vertreten, dass ein Verzicht – unabhängig von den eben genannten Einzelfällen – immer dann unwirksam sein soll, wenn der Verstoß des Geschäftsführers in einer *gröblichen* Pflichtverletzung liegt und der Anspruch zur Gläubigerbefriedigung notwendig ist. Begründet wird diese Einschränkung der Dispositionsmöglichkeit mit einer analogen Anwendung der aktienrechtlichen Vorschriften zum Verzicht (§ 93 V 2 und 3 AktG).[323]

b. Rechtsprechung

Auch die Auffassung des Bundesgerichtshofs zur Disponibilität der Geschäftsführerhaftung wandelte sich im Laufe der Zeit: Im Jahre 1999 entschied der II. Zivilsenat zunächst, dass eine Verkürzung der in § 43 IV GmbHG geregelten Verjährungsfrist – was einem nachträglichen Verzicht gleichkomme[324] – zwar grundsätzlich vereinbart werden dürfe, aber immer schon dann unzulässig sei, wenn der Haftungsbetrag zur Befriedigung der Gesellschaftsgläubiger notwendig ist.[325] Sobald sich die Gesellschaft in der Krise befand, sollte demnach entgegen der heutigen hM[326] die Disponibilität auch jenseits der von § 43 III 1 GmbHG erfassten Konstellationen eingeschränkt sein.

Diese Rechtsauffassung relativierte der BGH kurz darauf mit der Feststellung, eine unverzichtbare Erstattungspflicht liege nur vor, wenn

---

(auch § 19 GmbHG); kritisch *Fleischer*, in: MüKoGmbHG, § 43 Rn. 379; ablehnend *Beurskens*, in: Noack/Servatius/Haas GmbHG, § 43 Rn. 100; *Haas/Wigand*, in: Krieger/Schneider, Hdb Managerhaftung, § 20 Rn. 29 ff.; *Verse*, in: Scholz GmbHG, § 43 Rn. 378; *Zöllner/Noack*, in: Baumbach/Hueck GmbHG, 21. Aufl. 2017, § 43 Rn. 47, 53; *Wigand*, Haftungsbeschränkungen, S. 121.

[321] Kritisch *Paefgen*, in: HCL GmbHG, § 43 Rn. 267 a.E.

[322] Dazu eing. *Kleindiek*, in: Lutter/Hommelhoff GmbHG, § 43 Rn. 64 f.

[323] *Altmeppen*, GmbHG, § 43 Rn. 139 ff., § 13 Rn. 123 ff.; *ders.*, DB 2000, 261; *ders.*, DB 2000, 657 (658 f.); *ders.*, ZIP 2001, 1837 (1843 ff.); *ders.*, NJW 2002, 321 (323 f.); *ders.*, DStR 2002, 2048; *ders.*, NJW 2022, 2785 Rn. 12; *Burgard*, ZIP 2002, 827 (839).

[324] Vgl. BGH NZG 2000, 204 (205); BGH NJW 2002, 3777 (3778): „nur andere Form der Verzichtsmöglichkeit"; so auch *Haas/Wigand*, in: Krieger/Schneider, Hdb Managerhaftung, § 20 Rn. 4; *Mertens*, in: Hachenburg GmbHG, § 43 Rn. 95; *Ulmer/Habersack*, in: HCL GmbHG, § 9b Rn. 11.

[325] BGH NZG 2000, 204 mit Kritik bei *Altmeppen*, DB 2000, 261.

[326] Fn. 315.

die Pflichtverletzung einen Verstoß gegen die Kapitalschutzvorschriften (§§ 30, 33 GmbHG) begründet habe und der Betrag zur Gläubigerbefriedigung erforderlich sei.[327]

Ausdrücklich rückte der BGH von seiner ursprünglichen Position dann drei Jahre später ab:

> Die Frist für die Verjährung des Anspruchs nach § 43 II GmbHG kann abgekürzt werden, solange nicht die Pflichtverletzung des Geschäftsführers darin besteht, dass er entgegen § 43 III GmbHG an der Auszahlung gebundenen Kapitals der GmbH an Gesellschafter mitgewirkt hat (Aufgabe vom Senat, NZG 2000, 204).[328]

Damit stellte der Senat fest, dass es grundsätzlich die Angelegenheit der Gesellschafter sei, nach § 46 Nr. 8 GmbHG darüber zu befinden, ob und ggf. in welchem Umfang sie ihren Anspruch gegen einen pflichtwidrig handelnden Geschäftsführer verfolgen wollen, solange nicht der Anwendungsbereich des § 43 III GmbHG betroffen sei.[329]

Für den nachträglichen Anspruchsverzicht (nicht nur in Form der Verjährungsverkürzung) bestätigte dies der BGH in einer Nachfolgeentscheidung aus dem Jahr 2003.[330] Eine Schmälerung des Vermögens der Gesellschaft und damit des Haftungsfonds im Verhältnis zu den Gläubigern nehme das Gesetz hin, soweit der Verzicht nicht auf eine gem. § 30 GmbHG verbotene Auszahlung an einen Gesellschafter-Geschäftsführer hinausläuft[331] oder einen gem. § 43 III GmbHG unverzichtbaren Ersatzanspruch zum Gegenstand hat. Bei Wahrung dieser Grenzen sei ein Verzicht auch dann wirksam, wenn der Schadensbetrag später zur Gläubigerbefriedigung benötigt werden würde, weil die Gesellschaft in die Krise gerät.[332]

Der in der Literatur weitverbreiteten Ansicht, die Anwendung von § 43 III 2 GmbHG auf gläubigerschützende Vorschriften zu erweitern, steht die Rechtsprechung eher ablehnend gegenüber, wobei eine ausdrückliche

---

[327] BGH NJW 2000, 1571. Damit ist wortlautgetreue Anwendung gemeint.

[328] Ls. BGH NJW 2002, 3777; dazu *Altmeppen*, DStR 2002, 2048; *Graef*, BB 2002, 2517; *Sturm*, GmbHR 2003, 573; bestätigt zuletzt in BGH NZ 2008, 314: „§ 43 III 2 i.V.m. § 9b I GmbHG betrifft nur Schadensersatzansprüche gegen den Geschäftsführer aus § 43 III 1 GmbHG".

[329] BGH NJW 2002, 3777.

[330] BGH NZG 2003, 528.

[331] Zu diesem Spezialfall noch S. 103 ff.

[332] BGH NZG 2003, 528 mit Bezug auf BGH NJW 2002, 3777.

Stellungnahme fehlt.[333] Auch zur analogen Anwendung von § 93 V 2 und 3 AktG gibt es keine höchstrichterliche Rechtsprechung.[334]

(3) Stellungnahme
Die Haftung aus § 43 II GmbHG muss im Gläubigerinteresse als eine unverzichtbare Haftung gelten, soweit eine *gröbliche* Pflichtverletzung durch den Geschäftsführer begangen wurde und der Ersatz zur Gläubigerbefriedigung benötigt wird. Unterhalb dieser Schwelle ist ein Haftungsverzicht dagegen hinzunehmen. Zu diesem Ergebnis gelangt man, indem man die aktienrechtlichen Vorschriften zur Disponibilität der Organhaftung (§ 93 V 2 und 3 AktG) auf die Geschäftsführerhaftung in der GmbH entsprechend anwendet. Alle anderen Lösungsvorschläge überzeugen nicht, was sich wie folgt begründen lässt:

a. Wortlautgetreue Anwendung
Fest steht, dass eine streng am Wortlaut orientierte Anwendung von § 43 III 2 GmbHG und die damit verbundene sehr weitreichende Dispositionsmöglichkeit der Gesellschaft aus Gläubigerschutzgründen nicht hinnehmbar ist. Der grundsätzlich geltenden Dispositionsfreiheit der Gesellschaft[335] muss zumindest dort Grenzen gesetzt werden, wo anderenfalls nicht hinzunehmende Schutzlücken entstehen würden. Erkennt man diese Schwachstelle des Gesetzes, kann man im Wege der juristischen Methodenlehre durch weitergehende Auslegung Abhilfe schaffen.[336]
Diese erweiterte, insbesondere am Normzweck und der Systematik orientierte Auslegung des Gesetzes überrascht nicht, wenn man bedenkt, dass

---

[333] Vgl. BGH NJW 2002, 3777 (3778): „Die Erweiterung der Haftung des Geschäftsführers im Interesse der Gesellschaftsgläubiger mag zwar rechtspolitisch wünschenswert sein, sie findet aber weder im Wortlaut noch in der Systematik des Gesetzes eine hinreichende Grundlage"; Drescher, Die Haftung des GmbH-Geschäftsführers, 8. Aufl. 2019, 436 ff.

[334] Dafür jedoch LG Stade BeckRS 2017, 129474 Rn. 16; abl. OLG Hamm BeckRS 2016, 121343 Rn. 109.

[335] Vgl. dazu insb. *Grigoleit*, Gesellschafterhaftung für interne Einflussnahme im Recht der GmbH, 2006, 184 ff. Man muss sich immer vor Augen führen, dass die Privatautonomie der Gesellschaft grundrechtlich geschützt ist (vgl. Art. 2 I GG i.V.m. Art. 19 III GG) und eine Einschränkung der Rechtfertigung bedarf.

[336] Zur juristischen Methodenlehre z.B. *Larenz*, Methodenlehre der Rechtswissenschaft; *Möllers*, Juristische Methodenlehre, *Morlok*, in: Gabriel/Gröschner Subsumtion, S. 179 ff.

bspw. eine unzulässige Kreditvergabe i.s.v. § 43a GmbHG in entsprechender Anwendung als eine qualifizierte Pflichtverletzung i.s.d. § 43 III GmbHG einzuordnen und ein Verzicht auf diesen Anspruch unwirksam ist. Denn Sinn und Zweck des § 43a GmbHG ist es, den Bestand des Stammkapitals und den damit unmittelbar verbundenen Schutz der Gläubiger zu sichern. Diese Interessenlage ist mit der bei einem Verstoß gegen §§ 30, 33 vergleichbar und rechtfertigt daher die verschärfte Haftung und insbesondere die Dispositionsfestigkeit dieses Anspruchs.[337]

b. Ausdehnung der Verzichtsschranke auf alle Arten von Pflichtverletzungen

Die pauschale Anwendung von § 43 III 2 GmbHG auf alle Arten von Pflichtverletzungen der Geschäftsführung schießt dagegen über das Ziel hinaus.

Zwar mag eine solch weitgehende Auslegung im Interesse der Gesellschaftsgläubiger liegen und daher rechtspolitisch erwünscht sein.[338] Wenn jedoch § 43 III 2 GmbHG auf alle Organhaftungsansprüche (§ 43 II GmbHG) anwendbar wäre und die Ansprüche damit immer schon dann unverzichtbar sind, wenn sie zur Gläubigerbefriedigung benötigt werden, wird nicht nur der Wortlaut, sondern auch die Systematik des Gesetzes nicht mehr beachtet, denn die Verzichtsschranke wurde gerade nicht als eigenständiger (fünfter) Absatz in das Gesetz eingefügt.[339] Die gebotene Gesetzesauslegung entgegen dem Wortlaut sollte aber mindestens von der Gesetzessystematik bzw. dem Sinn und Zweck getragen werden können und bestimmt nicht damit unvereinbar sein.

Unbegründet bliebe bei diesem Verständnis auch, warum der Geschäftsführer einer GmbH strenger haften soll als der Vorstand einer AG.[340] Denn der Gesetzgeber hat die Entscheidung getroffen, den Kapitalschutz in der AG viel weitreichender auszugestalten als in der GmbH (vgl. bspw. §§ 30, 33 GmbHG

---

[337] Dazu schon S. 16 ff.

[338] So ausdrücklich BGH NJW 2002, 3777 (3778). Der Abkehr von seiner ursprünglichen Rechtsprechung (BGH NZG 2000, 204) ist daher zuzustimmen.

[339] Vgl. *Fleischer*, in: MüKoGmbHG, § 43 Rn. 366, 375; *Haas/Wigand*, in: Krieger/Schneider, Hdb Managerhaftung, § 20 Rn. 30; *Zöllner/Noack*, in: Baumbach/Hueck GmbHG, 21. Aufl. 2017, § 43 Rn. 53.

[340] So auch *Altmeppen*, GmbHG, § 43 Rn. 129, § 13 Rn. 127; im Ergebnis auch *Fleischer*, BB 2011, 2435 (2437).

und §§ 57, 62 AktG sowie § 93 IV, V AktG für die Vorstandshaftung[341]). Bei der Gesetzesauslegung kann diese gesetzgeberische Wertung einer strengeren aktienrechtlichen Kapitalbindung nicht einfach übergangen werden. Es gibt keine Grundlage im Gesetz, die es rechtfertigen würde, dem Schutz der Gläubiger einer GmbH stets Vorrang vor dem Interesse der Gesellschaft zu gewähren. Eine solche Gesetzesanwendung lässt sich in dieser Pauschalität daher keinesfalls rechtfertigen.[342] Vielmehr hat sich der Gesetzgeber bewusst dafür entschieden, die Interessen der Gläubiger nur dann stärker zu gewichten, wenn es um eine besonders schwerwiegende Verletzung von Pflichten geht. In allen anderen Fällen sollen die Gläubiger die Schmälerung des Gesellschaftsvermögens hinnehmen. Die Geschäftsführerhaftung kann daher nicht schon deswegen unverzichtbar sein, weil sie zur Gläubigerbefriedigung benötigt wird. Denn das gilt nicht einmal in der AG.

c. Erweiterung auf bestimmte Pflichtverletzungen des Geschäftsführers

Eine Bewertung, ob eine Verzichtsschranke über den Wortlaut hinaus für bestimmte Pflichtverletzungen gelten soll, ist dagegen deutlich schwieriger vorzunehmen. Dass es eine zu schließende Schutzlücke gibt, hat sich bereits bestätigt. Im Folgenden wird sich mit den damit verbundenen Problemen auseinandergesetzt und dargestellt, welche Rechtsinstitute tatsächlich zur Verbesserung des Gläubigerschutzes beitragen können und wie durch richtige Gesetzesauslegung und -anwendung ein überzeugender Lösungsweg zur Schließung der Lücke im Gläubigerschutzsystem geschaffen werden kann.

a) Verstoß gegen § 43a GmbHG als qualifizierte Pflichtverletzung

Hinsichtlich der analogen Anwendung von § 43 III 2 GmbHG auf die unzulässige Kreditgewährung nach § 43a GmbHG unterliegt die wohl hM einem Fehlverständnis: Bei einem Verstoß gegen § 43a GmbHG handelt es sich um eine qualifizierte Pflichtverletzung, die insgesamt der verschärften

---

[341] Sofern ein Betrag zur Gläubigerbefriedigung notwendig ist, wird Verzicht nur bei leicht fahrlässiger Pflichtverletzung gestattet, § 93 V AktG. Zudem gelten besondere formale Voraussetzungen für den Verzicht, vgl. § 93 IV 3 AktG.

[342] Vgl. dazu *Lohr*, NZG 2000, 1204 (1209); *Bayer*, GmbHR 2014, 897 (903 ff.); kritisch insb. zur Rspr. des BGH *Goette*, KTS 2006, 217 (233): „m.E. unangebrachte Schonung des Geschäftsführers".

Haftung nach § 43 III GmbHG (besondere Schadensermittlung, abweichende Beweislastverteilung, eingeschränkte Disponibilität) unterliegt und daher ohnehin nicht verzichtbar ist.[343] Einer analogen Anwendung der Verzichtsschranke auf eine unzulässige Kreditgewährung bedarf es daher ohnehin nicht mehr.

b) Planwidrige Regelungslücke

Unabhängig von der Frage, für welche konkreten Arten der Pflichtverletzung eine entsprechende Anwendung geboten erscheint, muss für eine Analogie eine *planwidrige Regelungslücke* vorliegen.[344] Man muss sich daher jedenfalls vorweg die Frage stellen, ob man den gebotenen Schutz der Gläubiger schon durch andere, bereits bestehende gesellschaftsrechtliche Mittel garantieren kann.

(a) Insolvenzrechtliche Anfechtung

Zunächst kommt die insolvenzrechtliche Anfechtung gem. §§ 129 ff. InsO als Lösungsmöglichkeit in Betracht:[345] Ausgangspunkt in diesem Kontext ist, dass mit der für § 43 III 2 GmbHG nötigen Erforderlichkeit eines Anspruchs zur Gläubigerbefriedigung zumindest die materielle Insolvenz der Gesellschaft einhergeht. Ab Eröffnung des Insolvenzverfahrens besteht für den Insolvenzverwalter[346] dann grundsätzlich nach §§ 129 ff. InsO die Möglichkeit der Anfechtung von Rechtshandlungen, die vor Eröffnung des Insolvenzverfahrens vorgenommen worden sind und die Insolvenzgläubiger benachteiligen. So ist gem. § 134 I InsO eine unentgeltliche Leistung (hier: der Verzicht) des Schuldners (hier: die Gesellschaft) anfechtbar, es sei denn, sie ist früher als vier Jahre vor dem Antrag auf Eröffnung des

---

[343] S. dazu schon S. 16 ff.
[344] Dies ablehnend *Beurskens*, in: Noack/Servatius/Haas GmbHG, § 43 Rn. 67; 100; *Haas/Wigand*, in: Krieger/Schneider, Hdb Managerhaftung, § 20 Rn. 33 a.E.; *Oetker*, in: Henssler/Strohn GesR, § 43 Rn. 58; *Paefgen*, in: HCL GmbHG, § 43 Rn. 231; *Zöllner/Noack*, in: Baumbach/Hueck GmbHG, 21. Aufl. 2017, § 43 Rn. 53, 34; *Hasselbach*, DB 2010, 2037 (2039); kritisch auch *Fleischer*, in: MüKoGmbHG, § 43 Rn. 376, 380; *Verse*, in: Scholz GmbHG, § 43 Rn. 378.
[345] Vgl. *Haas/Wigand*, in: Krieger/Schneider, Hdb Managerhaftung, § 20 Rn. 32.
[346] Wird das Insolvenzverfahren mangels Masse abgelehnt, besteht auch ein Gläubigeranfechtungsrecht, das sich nach dem AnfG richtet, *Weinland*, in: MüKoAnfG, § 1 Rn. 63.

Insolvenzverfahrens vorgenommen worden. Hat die Gesellschaft demnach im relevanten Zeitpunkt auf einen Organhaftungsanspruch verzichtet,[347] wird dies in der Regel eine anfechtbare, für die Insolvenzgläubiger benachteiligende Rechtshandlung darstellen. Eine Insolvenzanfechtung kann daher grundsätzlich auch die Unwirksamkeit des Verzichts herbeiführen und damit zum Vorteil der Gläubiger wirken, ohne dass ein Fall von § 43 III 2 GmbHG vorliegen muss. Der Geschäftsführer kann weiterhin in Anspruch genommen werden. Daraus könnte man den Schluss ziehen, dass es überhaupt keine zu schließende Schutzlücke gibt und eine analoge Anwendung den Gläubigerschutz ohnehin nicht verbessern kann.

Beachtenswert ist zudem, dass man den Gläubigerschutz in § 43 III 2 GmbHG auf den ersten Blick als geringer einstufen könnte, denn das in § 43 III 2 GmbHG i.V.m. § 9b I 2 GmbHG geregelte Sanierungsprivileg[348] kennt die Insolvenzanfechtung bspw. nicht. Andererseits müssen die Voraussetzungen für eine wirksame Anfechtung schon bei Vornahme der anfechtbaren Rechtshandlung – des Verzichts – vorliegen (§ 140 I InsO), was in der Realität aber oftmals schon lange vor der wirtschaftlichen Krise der Fall sein wird und dann keine Anfechtbarkeit mehr auslösen kann.[349] Die Wirkung des § 43 III 2 GmbHG kann dagegen auch noch zu einem späteren Zeitpunkt – wenn der Anspruch zur Gläubigerbefriedigung notwendig wird – eintreten.[350] Letztlich ist mit der Anfechtung auch immer das Risiko der prozessualen Durchsetzung verbunden, wohingegen die Unwirksamkeit des Verzichts nach § 43 III 2 GmbHG automatisch eintritt.[351]

Der durch die Anfechtungsmöglichkeit vermittelte Schutz kann daher zur Lösung des Problems beitragen, ist aber keine gleichwertige Alternative zu einer Erweiterung der Verzichtsschranke. Trotz der insolvenzrechtlichen

[347] Zu den Besonderheiten bei einem Vergleich s. *Wigand*, Haftungsbeschränkungen, S. 112 ff.
[348] „Dies gilt nicht (die Unwirksamkeit des Verzichts), wenn der Ersatzpflichtige zahlungsunfähig ist und sich zur Abwendung des Insolvenzverfahrens mit seinen Gläubigern vergleicht oder wenn die Ersatzpflicht in einem Insolvenzplan geregelt wird", dazu Herrler, in: MüKoGmbHG, § 9b Rn. 29.
[349] *Haas/Wigand*, in: Krieger/Schneider, Hdb Managerhaftung, § 20 Rn. 32, 39.
[350] Die Wirksamkeit des Verzichts steht nach hM unter einer auflösenden Bedingung, dazu S. 81 f.
[351] Zu den Unterschieden der Insolvenzanfechtung und § 43 III 2 GmbHG eing. bei *Wigand*, Haftungsbeschränkungen, S. 112 ff.

Anfechtungsmöglichkeit des Verzichts besteht weiterhin das Bedürfnis nach einer Regelung zum Schutze der Gesellschaftsgläubiger.

(b) Deliktische Außenhaftung

Nicht überzeugend ist es, das Bestehen einer Schutzlücke wegen einer möglichen Außenhaftung des Geschäftsführers gegenüber den Gläubigern abzulehnen.[352] Zwar könnten die Gläubiger unabhängig von dem Verzicht der Gesellschaft ihren eigenen Anspruch gegenüber dem Geschäftsführer geltend machen und so doch noch Befriedigung erlangen. Eine Direkthaftung wegen einer organschaftlichen Pflichtverletzung kommt jedoch nur für Einzelfälle in Betracht, nämlich bei der Verletzung von solchen Pflichten, die durch ein Schutzgesetz festgeschrieben sind. Grund dafür ist der GmbH-rechtliche Grundsatz der Haftungskonzentration, wonach bei einer Verletzung von organschaftlichen Pflichten prinzipiell nur eine Innenhaftung gegenüber der Gesellschaft eine Rolle spielen soll.[353] Ohnehin ist der Schutzgesetzcharakter solch gläubigerschützender Pflichten in Literatur und Rechtsprechung oftmals höchst umstritten.[354] Solange die Schutzgesetzdogmatik aber so uneinheitlich bewertet wird, bleibt eine mögliche deliktische Außenhaftung ein sehr unsicherer Befriedigungsweg für den Gläubiger und kann daher keinen gleichwertigen Lösungsansatz für den nötigen Schutz der Gesellschaftsgläubiger bieten.[355]

Letztlich mag es für den Gläubiger im Falle der Insolvenz der Gesellschaft zwar wünschenswert sein, einen neuen bzw. zusätzlichen Schuldner (Gesellschaft und/oder Geschäftsführer) zu bekommen, doch darf man nicht vergessen, dass die Beweiserbringung über die anspruchsbegründenden Tatsachen dem Gläubiger obliegt. Der Gesellschaft kommt bei ihrem Anspruch gegenüber dem Geschäftsführer wegen derselben Pflichtverletzung (§ 43 II GmbHG) dagegen die Beweislastumkehr aus § 93 II 2 AktG zugute.[356]

[352] *Verse*, in: Scholz GmbHG, § 43 Rn. 378; *Zöllner/Noack*, in: Baumbach/Hueck GmbHG, 21. Aufl. 2017, § 43 Rn. 53, 34.
[353] BGHZ 125, 366 (375) = NJW 1994, 1801; BGHZ 194, 26 Rn. 23 = NJW 2012, 3439.
[354] Vgl. bspw. für den Schutzgesetzcharakter der Buchführungspflicht *Kersting*, in: Noack/Servatius/Haas GmbHG, § 41 Rn. 19 ff.; unstrittig dagegen für § 15a InsO, vgl. *Klöhn*, in: MüKoInsO, § 15a Rn. 140; insgesamt dazu *Fleischer*, in: MüKoGmbHG, § 43 Rn. 444 f.
[355] Die Außenhaftung sollte ohnehin eine Ausnahme bleiben, s. dazu *Bachmann*, Gutachten E für den 70. DJT 2014, E 114 ff.; zustimmend *Bayer*, GmbHR 2014, 897 mit Fn. 13.
[356] Unstr., s. nur BGHZ 152, 280 (283) = NJW 2003, 358; BGHZ 179, 71 Rn. 20 = NJW 2009, 850; *Altmeppen*, GmbHG, § 43 Rn. 112; *Paefgen*, in: HCL GmbHG, § 43 Rn. 205 ff.

Diesen Anspruch kann sich der Gläubiger ohnehin auch pfänden und nach erfolgter Überweisung an sich gegen den Geschäftsführer vollstrecken lassen. Zu einer ernstzunehmenden Verbesserung des Gläubigerschutzsystems kann diese Konstruktion daher nicht beitragen.

(c) Fazit

Erkennt man, dass etwaige Ersatzansprüche gegen die Geschäftsführung in der wirtschaftlichen Krise zur Gläubigerbefriedigung benötigt werden und eine so weitreichende Enthaftungsmöglichkeit wie der Wortlaut des Gesetzes ihn vorsieht nahezu vollständig zulasten der Gläubiger gehen würde, dann wäre es widersprüchlich, eine Erweiterung der Verzichtsschranke mangels Regelungslücke abzulehnen. Das gilt schon deshalb, weil bezüglich der Mitwirkung an einem existenzvernichtenden Eingriff und einer Verletzung von § 43a GmbHG eine analoge Anwendung von § 43 III 2 GmbHG nahezu unstrittig bejaht wird.[357] Selbst der Gesetzgeber hat durch seine zahlreichen Verweise (Beispiele: § 57 IV GmbHG, § 64 S. 4 GmbHG a.F. und § 73 III 3 GmbHG) anerkannt, dass der sich unmittelbar aus § 43 III GmbHG ergebende Schutz nicht ausreichend ist.

Wenn aber der ausschließliche Schutzzweck der in § 43 III 2 geregelten Haftungsverschärfung der Gläubigerschutz ist,[358] dann muss eine Erweiterung dieser Schranke immer dann geboten sein, wenn der Gläubigerschutz es erfordert bzw. die Gläubigerinteressen überwiegen. Die bestehenden gesellschaftlichen Rechtsinstitute vermögen diesen Schutz nicht zu gewähren, sodass hinsichtlich der Verzichtbarkeit der Geschäftsleiterhaftung eine ausfüllungsbedürftige Regelungslücke besteht.

c) Vergleichbare Interessenlage

Die gesetzliche Regelung zur Haftung der Geschäftsführer einer GmbH muss im Wege der Auslegung im Falle einer *gröblichen* Pflichtverletzung zu einer

---

[357] Diese These wird zwar in der vorliegenden Arbeit so nicht vertreten, sondern eine Übertragung des Rechtsgedankens von § 93 V 2 und 3 AktG vorgezogen. Jedoch stimmt diese Sichtweise mit der hier vertretenen These dahingehend überein, dass es eine auszufüllende Schutzlücke gibt.

[358] Entwurfsbegründung GmbHG, Amtliche Ausgabe, 1891, S. 94; *Zöllner/Noack*, in: Baumbach/Hueck GmbHG, 21. Aufl. 2017, § 43 Rn. 48.

indisponiblen erweitert werden.[359] Dies erfolgt durch eine entsprechende Anwendung der § 93 V 2 und 3 AktG auf die Organhaftungsansprüche der Gesellschaft. Neben einer Regelungslücke[360] muss für eine Anwendbarkeit dieser aktienrechtlichen Normen die *Interessenlage vergleichbar* sein.

Anders als der Gesetzgeber des GmbHG (1892) hat der Gesetzgeber des AktG 1937 durch die Schaffung von § 84 V AktG (jetzt § 93 V 2 und 3 AktG)[361] die Entstehung einer nicht hinnehmbaren Lücke im Gläubigerschutzsystem für die AG ausgeschlossen. Die Vorschrift erklärt den Verzicht auf einen Anspruch gegen den Geschäftsführer in besonderen Fällen der Pflichtverletzung und nur unter Einhaltung hoher formeller Hürden[362] für unwirksam, wenn dadurch der Erhalt der Masse im Interesse der Gläubigerbefriedigung betroffen ist. Diese Regelung geht damit weit über die Parallelvorschrift im GmbHG (§ 43 III GmbHG) hinaus. Im Folgenden wird die Vergleichbarkeit der Interessenlagen dargestellt und inwieweit dieser aktienrechtliche Gedanke daher auf die Haftung des GmbH-Geschäftsführers übertragbar ist.

(a) Allgemein übertragbarer Rechtsgedanke aus § 93 V AktG

Aus der aktienrechtlichen Norm des § 93 V AktG kann der allgemeine Gedanke entnommen werden, dass ein Geschäftsleiter bei *gröblicher* Verletzung seiner Pflichten nicht durch die Großzügigkeit seiner Anstellungskörperschaft belohnt werden darf, wenn dies ausschließlich zulasten der Gläubiger gehen würde.[363] Dieser in § 93 V AktG reflektierte Rechtsgedanke ist allgemein

---

[359] So auch schon *Altmeppen*, GmbHG, § 43 Rn. 139 ff., § 13 Rn. 123 ff.; *ders.*, DB 2000, 261; *ders.*, DB 2000, 657 (658 f.); *ders.*, ZIP 2001, 1837 (1843 ff.); *ders.*, NJW 2002, 321 (323 f.); *ders.*, DStR 2002, 2048; *ders.*, NJW 2022, 2785 Rn. 12; zustimmend LG Stade BeckRS 2017, 129474 Rn. 16; *Burgard*, ZIP 2002, 827 (839).

[360] Dazu der vorherige Abschnitt.

[361] Das Dispositionsverbot fand sich schon in der reformierten Fassung des § 241 III ADHGB von 1884 und wurde vom Gesetzgeber des Aktienrechts 1937 übernommen und auf Fälle *gröblicher* Pflichtverletzungen erweitert, vgl. dazu *Klausing*, Aktiengesetz 1937, S. 71 f.

[362] Diese dienen insbesondere dem Schutz der Minderheitsgesellschafter; s. dazu *Fleischer*, in: BeckOGK AktG, § 93 Rn. 340 ff.; *Grigoleit/Tomasic*, in: Grigoleit AktG, § 93 Rn. 134 ff.; *Hölters/Hölters*, in: Hölters/Weber, § 93 Rn. 297 ff.; *Koch*, AktG, § 93 Rn. 158 ff.; *Spindler*, in: MüKoAktG, § 93 Rn. 282 ff.

[363] Vgl. *Klausing*, Aktiengesetz 1937, S. 71 f.; *Goette*, DStR 2001, 1853 (1857): „allgemeiner Gedanke".

gültig und muss daher auf jede Form der Haftung eines Unternehmensleiters übertragbar sein.[364]

Die Diskussion um die Bestimmung von Reichweite und Grenzen der Disponibilität von Organhaftungsansprüchen findet ihren Höhenpunkt in dem in einen Ausgleich zu bringenden Spannungsfeld zwischen den Gläubigerinteressen und der Dispositionsfreiheit der Gesellschaft. Die Gesellschaft wird grundsätzlich daran interessiert sein, ihren Geschäftsleiter von der Haftung freizustellen, sofern es nur um geringe Pflichtenverstöße geht. Auch aus Sicht der Unternehmensleitung könnte die Angst vor einer schonungslosen Haftung zur Folge haben, dass deren Verantwortungsfreudigkeit erheblich herabgemindert wird und damit jeder Mut zur Tat genommen wird.[365] Durch die entgegengebrachte Loyalität und die damit verbundene Bestätigung der bisherigen Geschäftsführung kann die Gesellschaft das Verhältnis zur Führungsebene stärken.[366] Andererseits müssen die Gesellschaftsgläubiger – zumindest in Höhe des gebundenen Kapitals – darauf vertrauen können, dass ihre Forderungen befriedigt werden. Indem man die Grenze der Verzichtbarkeit bei Ansprüchen wegen *gröblicher* Pflichtverletzung festsetzt, wird ein angemessener und schonender Interessensausgleich hergestellt.

Die Organe sollen spätestens dann nicht mehr auf Kosten der Gläubiger von der Rücksichtnahme ihrer Gesellschaft profitieren, wenn sie gegen den Mindeststandard ordnungsgemäßen unternehmerischen Verhaltens verstoßen.[367] Und genau das ist bei einer *gröblichen* Verletzung von Pflichten der Fall. Der Geschäftsleiter soll und darf nur dann auf die Verzichtswirkung vertrauen, wenn er seine Pflichten nicht grob fahrlässig verletzt hat. Denn spätestens mit Eintritt der wirtschaftlichen Krise der Gesellschaft und der Notwendigkeit der Haftung zur Gläubigerbefriedigung müssen die Interessen der Gläubiger an dem Bestehen und der Durchsetzbarkeit des Anspruchs

---

[364] *Altmeppen*, GmbHG, § 13 Rn. 127, § 43 Rn. 94 ff.; *ders.*, DB 2000, 261; *ders.*, DB 2000, 657 (658 f.); *ders.*, ZIP 2001, 1837 (1843 ff.); *ders.*, NJW 2002, 321 (323 f.); *ders.*, DStR 2002, 2048; *ders.*, NJW 2022, 2785 Rn. 12.

[365] Diese Gedanken finden sich auch bei *Klausing*, Aktiengesetz 1937, S. 71.

[366] Vgl. etwa Altmeppen, NJW 2002, 321 (323); Haas, ZInsO 2007, 464 zu weiterer Motivation der Gesellschaft für einen Verzicht: „Vielfach besteht etwa im Zusammenhang mit der Abberufung eines Geschäftsführers verbunden mit der Beendigung des Anstellungsverhältnisses ein Interesse der Gesellschaft, auf diese Ansprüche zu verzichten". Zu den Dispositionsanreizen der Gesellschaft s. S. 72 ff.

[367] So auch schon *Altmeppen*, DB 2000, 261.

überwiegen. Verzichten die Gesellschafter dennoch auf einen solchen Anspruch, wird die Gesellschaft und damit ihre Gläubiger durch die entsprechende Anwendung von § 93 V 2 und 3 AktG geschützt. Jenseits dieser Grenze haben die Gläubiger einen Verzicht jedoch hinzunehmen.

Erkennt man, dass dieser simple Grundsatz an allgemeine Wertungen zur Haftung von Gesellschaftsorganen anknüpft, wird deutlich, dass dieser Maßstab unabhängig von der Rechtsform gelten muss. Eine Übertragung dieses Gedankens auf die GmbH ist daher unabhängig von der Normierung im GmbHG vorzunehmen.[368]

Die Struktur der GmbH steht dieser Gesetzesauslegung jedenfalls nicht entgegen. Aus der Sicht der Gläubiger darf es keinen Unterschied machen, ob ihre Schuldner die Rechtsform einer GmbH oder einer AG innehaben, sofern sie nur Befriedigung erlangen wollen. Denn geht es um die Solvenz der Gesellschaft, dürfen die Gläubiger grundsätzlich auf den Bestand des gebundenen Vermögens vertrauen, unabhängig von der Rechtsform der Gesellschaft. Man kann sich ohnehin fragen, weshalb ein Geschäftsführer bezogen auf das gebundene Vermögen weniger scharf haften soll als ein Vorstand, denn es liegt auf der Hand, dass der Kapitalschutz in der GmbH gesetzlich schwächer ausgestaltet ist als in der AG (vgl. §§ 30 ff. GmbHG und §§ 57, 62 AktG).[369] Genau darin verbirgt sich aber gerade die nicht hinnehmbare und über eine Übertragung der Wertungen aus § 93 V 2 und 3 AktG zu schließende Schutzlücke.

Dies gilt nicht zuletzt schon deswegen, weil es bei Schaffung des § 43 GmbHG im Jahr 1892 den später eingeführten § 84 AktG (jetzt § 93 AktG) noch nicht gab.[370] Deshalb kann das Argument, der Gesetzgeber habe sich in Kenntnis der aktienrechtlichen Regelung bewusst für deren GmbH-rechtliche Modifizierung in Gestalt des § 43 III GmbHG ausgesprochen, nicht überzeugen.[371] Die Erweiterung des Dispositionsverbots auf Ansprüche wegen *gröblicher* Pflichtverletzung erfolgte erst mit Einführung des AktG 1937 und damit nach Inkrafttreten von § 43 III GmbHG. Zum Einführungszeitpunkt von § 43 III GmbHG sahen die aktienrechtlichen Vorschriften, in deren

---

[368] So auch *Altmeppen*, DB 2000, 261 (263); *ders.*, ZIP 2001, 1837 (1845); *ders.*, NJW 2002, 321 (323); *ders.*, NJW 2022, 2785 Rn. 12.

[369] Dagegen jedoch *Beurskens*, in: Noack/Servatius/Haas GmbHG, § 43 Rn. 100: keine weitergehende analoge Anwendung, da Kapitalschutz in der GmbH schwächer ausgestaltet ist und dies für Gläubiger durch Rechtsformzusatz erkennbar ist.

[370] 1937 AktG, *Klausing*, Aktiengesetz 1937, S. 69 ff.

[371] So aber *Fleischer*, in: MüKoGmbHG, § 43 Rn. 376; *ders.*, BB 2011, 2435 (2438).

Anlehnung § 43 GmbHG entstand,[372] lediglich die Unverzichtbarkeit bei Kardinalpflichtverletzungen (heute § 93 III AktG) vor.[373] Diese wurden aber auch entsprechend in das GmbHG übernommen (vgl. § 43 III GmbHG, § 57 IV GmbHG und § 64 S. 4 a.F.).

(b) Systematischer Vergleich zur Reduzierung des Sorgfaltsmaßstabes

Bestätigen kann dieses Ergebnis schließlich auch ein systematischer Vergleich zu den entsprechenden Wertungen bei einer Reduzierung des Sorgfaltsmaßstabes: Grundsätzlich hat der Geschäftsführer im Verhältnis zur Gesellschaft den Sorgfalts- und Pflichtenmaßstab eines ordentlichen Geschäftsmannes anzuwenden (§ 43 I GmbHG). Nach überwiegender Auffassung steht es der Gesellschaft und ihrem Anstellungsorgan jedoch zu, einen abweichenden Sorgfaltsmaßstab zu vereinbaren, sofern die Vereinbarung nicht gegen die gesetzlichen Grenzen verstößt.[374]

Nun findet sich im Hinblick auf die Reduzierung des Sorgfaltsmaßstabs die schlüssige Ansicht, dass ein Haftungsausschluss für grob fahrlässiges Handeln unzulässig sein muss.[375] Denn feststeht, dass es sich bei der Haftung für grob fahrlässiges Handeln um den „absoluten Mindeststandard"[376] ordnungsgemäßer Unternehmensführung handelt. Dem ist beizupflichten, denn es stimmt mit der allgemein geltenden zivilrechtlichen Gesetzeswertung überein, wonach die Haftung für grob fahrlässiges Handeln als Untergrenze eines sanktionswürdigen Verhaltens eingestuft wird (vgl. z.B. § 277 BGB „[...] ist von der Haftung wegen grober Fahrlässigkeit nicht befreit" und § 309 Nr. 7 lit. b

---

[372] Entwurfsbegründung GmbHG, Amtliche Ausgabe, 1891, S. 95.

[373] Vgl. Art. 241 III ADHGB von 1884 und ausdrücklich zur Erweiterung *Klausing*, Aktiengesetz 1937, S. 71 f.

[374] *Mertens*, in: Hachenburg GmbHG, § 43 Rn. 92; *Paefgen*, in: HCL GmbHG, § 43 Rn. 12 f.; *Schnorbus*, in: Rowedder/Pentz GmbHG, § 43 Rn. 10; *Fleck*, GmbHR 1974, 224 (229); *Jula*, GmbHR 2001, 806 (808); dagegen *Pöschke*, in: BeckOK GmbHG, § 43 Rn. 299 ff.; *Ziemons*, in: Oppenländer/Trölitzsch, § 29 Rn. 3; *Lutter*, GmbHR 2000, 301 (311); vgl. zum breit gefächerten Meinungsstand *Haas/Wigand*, in: Krieger/Schneider, Hdb Managerhaftung, § 20 Rn. 56 ff. mwN.

[375] *Beurskens*, in: Noack/Servatius/Haas GmbHG, § 43 Rn. 41; *Diekmann*, in: MHdB GmbH, § 46 Rn. 4; *Konzen*, NJW 1989, 2977 (2984); *Reese*, DStR 1995, 532 (536); *Lohr*, NZG 2000, 1204 (1209); abl. *Wicke*, § 43 Rn. 17; *Jula*, Die Haftung von GmbH-Geschäftsführern und Aufsichtsräten, 1998, S. 50; *Pelz*, RNotZ 2003, 415 (423).

[376] So *Zöllner/Noack*, in: Baumbach/Hueck GmbHG, 21. Aufl. 2017, § 43 Rn. 46.

BGB: Kein Haftungsausschluss für grobes Verschulden).[377] Es überrascht daher auch nicht, die Grenze der Zulässigkeit von Haftungsausschlüssen bei grober Fahrlässigkeit anzusetzen, wenn man bedenkt, dass es im Verhältnis zu Dritten die treffende Wertung mit sich zieht, dass jede Art der Enthaftung bei grob fahrlässigem Handeln nicht zulasten Dritter erfolgen darf.[378] Und genau diese Wertung kommt für die Verzichtbarkeit des Anspruch aus § 43 II GmbHG über eine entsprechende Anwendung von § 93 V 2 und 3 AktG zum Ausdruck.

Die Vereinbarung eines abweichenden Sorgfaltsmaßstabs muss jedenfalls den identischen Grenzen unterliegen wie der Verzicht auf den einmal entstandenen Schadensersatzanspruch.[379] Systematisch und aus Sicht der zu schützenden Gläubiger wäre es nicht nachvollziehbar, die (ex ante) Modifizierung des Sorgfaltsmaßstabes anders zu behandeln als die (ex post) Enthaftung, denn die in einen Ausgleich zu bringenden Interessen und zu berücksichtigenden Wertungen sind dieselben.[380]

(c) Analoge Anwendung von § 43 III 2 GmbHG auf andere gläubigerschützende Vorschriften

Mit dem gewählten Lösungsweg werden zudem auch die „Abgrenzungsschwierigkeiten"[381] bei der erweiterten Anwendung der Verzichtsschranke auf etwaige gläubigerschützende Vorschriften[382] umgangen.

---

[377] Vgl. dazu *Grundmann*, in: MüKoBGB, § 276 Rn. 85 ff.

[378] So schon *Beurskens*, in: Noack/Servatius/Haas GmbHG, § 43 Rn. 41; vgl. auch *Grundmann*, in: MüKoBGB, § 276 Rn. 87.

[379] So auch BGH NJW 2002, 3777 (3778); für eine vorsätzlich begangene Pflichtverletzung ergibt sich diese parallele Wertung aus der allgemein geltenden Vorschrift § 276 III BGB, die einen Vorausverzicht auf den Anspruch verbietet.

[380] Für die Grenze bei der Reduzierung des Sorgfaltsmaßstabes im Ergebnis auch *Altmeppen*, GmbHG, § 43 Rn. 119: „Grenze unabweisbare Forderungen des Gläubigerschutzes [...] Gedanke des § 93 V 2 und 3 AktG"; *ders.*, DB 2000, 261 (263); abl. bzgl. einer Übertragung von § 93 V 2 und 3 AktG, da Hürde „zur Gläubigerbefriedigung notwendig" nicht nötig sei *Beurskens*, in: Noack/Servatius/Haas GmbHG, § 43 Rn. 41, 100 mwN; *Bayer*, GmbHR 2014, 897 (907).

[381] Diese Kritik findet sich bei *Fleischer*, in: MüKoGmbHG, § 43 Rn. 379; *Haas/Wigand*, in: Krieger/Schneider, Hdb Managerhaftung, § 20 Rn. 31; *Wigand*, Haftungsbeschränkungen, S. 117 f.; s. aber dagegen *Kleindiek*, in: Lutter/Hommelhoff GmbHG, § 43 Rn. 65: „für die Kompetenzordnung des GmbH-Rechts ist diese Abgrenzung geradezu elementar".

[382] Vorreiter dieser Formel war der Festschriftbeitrag von *U. H. Schneider*, in: FS Werner, 795 (809 f.).

Der oftmals schwierigen Einzelfallentscheidung, ob es sich bei dem Pflichtenverstoß um eine Verletzung von gläubigerschützenden Vorschriften handelt, bedarf es bei Anwendung von § 93 V 2 und 3 AktG gerade nicht. Denn für die Entscheidung, ob ein Verzicht zulässig ist, ist demnach allein maßgeblich, ob der Geschäftsführer gegen die Mindeststandards unternehmerischen Verhaltens verstoßen hat. Verletzt er eine besondere (gläubigerschützende) Pflicht, ist seine Haftung in der Zone der Unterdeckung nur dann nicht disponibel, wenn er grob fahrlässig gehandelt hat. Die Haftung für fahrlässiges Handeln bleibt dagegen disponibel, solange der Verstoß nicht in einer Verletzung der §§ 30, 33, 43a GmbHG liegt (unmittelbare Anwendung von § 43 III GmbHG).

Neben den Schwierigkeiten bei der Einordnung der jeweiligen Pflicht als gläubigerschützend fehlt es der nach dem Schutzzweck der Pflicht zu differenzierenden Methode jedenfalls an einer gesetzlichen Grundlage, aus der sich diese Gesetzesauslegung ableiten lässt.[383] Das gilt umso mehr, als dass der GmbH-Gesetzgeber nur für bestimmte Pflichten auf die Verzichtsschranke Bezug genommen hat.[384] Für eine Verzichtsgrenze bei grob fahrlässigem Handeln zugunsten der Gläubigerbefriedigung findet sich eine gesetzliche Grundlage dagegen im Rechtsgedanken von § 93 V 2 und 3 AktG.[385]

(d) Fazit

Aus § 93 V 2 und 3 AktG kann der allgemeine Gedanke entnommen werden, dass ein Unternehmensleiter bei *gröblicher* Verletzung seiner Pflichten nicht durch den Verzicht der Gesellschaft auf die Geltendmachung des Anspruchs belohnt werden darf, wenn dies ausschließlich zulasten der

---

[383] Für eine analoge Anwendung von § 43 III 1 GmbHG fehlt es nämlich an der ausreichenden Nähe zu den dem Kapitalschutz dienenden §§ 30 ff. GmbHG und der erforderlichen Planwidrigkeit der Regelungslücke. § 43 II GmbHG schützt die Gläubiger dagegen nur reflexartig. Aus § 43 III 2 GmbHG kann sich die Grundlage auch nicht ergeben, denn es wäre ein *petitio principii* diese Norm als Begründung für ihre analoge Anwendung heranzuziehen.
[384] Vgl. § 57 I GmbHG, § 64 S. 4 GmbHG a.F. und § 73 III 3 GmbHG.
[385] Die Ansichten führen ohnehin meist zu ähnlichen Ergebnissen, bspw. ist die oftmals erwähnte Haftung für die Mitwirkung an einem existenzvernichtenden Eingriff schon deswegen unverzichtbar, weil sie auf subjektiver Seite zumindest grob fahrlässig gewesen sein wird und daher ein späterer Verzicht durch eine Anwendung von § 93 V 2 und 3 AktG zugunsten der Gläubiger unwirksam wäre. Im Ergebnis herrscht eben Einigkeit darüber, dass die Lücke im Gläubigerschutzsystem geschlossen werden muss.

Gläubiger gehen würde. Die Organe sollen spätestens dann nicht mehr auf Kosten der Gläubiger von der Rücksichtnahme ihrer Gesellschaft profitieren, wenn sie gegen den Mindeststandard ordnungsgemäßen unternehmerischen Verhaltens verstoßen. Dieser allgemeine Grundsatz ist auf die Organhaftung in der GmbH übertragbar.

d) Entsprechende Anwendung von § 93 V 2 und 3 AktG auf die GmbH

In § 93 V 3 AktG heißt es „den Gläubigern gegenüber wird die Ersatzpflicht weder durch einen Verzicht oder Vergleich der Gesellschaft noch dadurch aufgehoben, dass die Handlung auf einen Beschluss der Hauptversammlung beruht". Bei direkter Anwendung muss man zunächst erkennen, dass die Vorschrift die Disposition über den Organhaftungsanspruch der Gesellschaft nicht generell ausschließt, sondern nur dann, wenn es um die in § 93 V 2 AktG genannten Fälle zulasten der Gläubigerbefriedigung geht:[386] bei einem Verstoß gegen die Kardinalpflichten aus § 93 III AktG oder einem *gröblichen* Pflichtenverstoß durch die Unternehmensleitung. Zudem suggeriert der Wortlaut der Norm, dass Verzicht und Vergleich lediglich gegenüber den Gläubigern unwirksam sind.[387]

Die strukturellen Unterschiede von GmbH und AG gebieten jedoch eine *entsprechende* Anwendung von § 93 V 2 und 3 AktG. Überträgt man den in § 93 V 2 und 3 AktG zum Ausdruck kommenden allgemeinen Gedanken auf die GmbH, ergibt sich daher Folgendes:

Die Unwirksamkeit eines Verzichts auf einen wegen *gröblicher* Pflichtverletzung entstandenen Anspruchs gegen den Geschäftsführer ist ohne Einschränkungen auf die GmbH übertragbar, sofern sich diese in der Krise befindet und die Gläubiger daher keine Befriedigung erlangen können. Dieser Gedanke entspricht dem Grunde nach dem Wortlaut von § 93 V 2 und 3 AktG. Anders liegt es bei der Verzichtbarkeit auf einen Anspruch wegen *leicht fahrlässiger* Verletzung der in § 93 III AktG beschriebenen sog. Kardinalpflichten, denn eine solche kommt in der GmbH strukturell entweder gar nicht in Betracht (z.B.: § 93 III Nr. 9 AktG) oder die wegen einer

---

[386] Dies ergibt sich aus der Gesamtsystematik des Absatz 5, *Grigoleit/Tomasic*, in: Grigoleit AktG, § 93 Rn. 158 mit Fn. 318, Rn. 153 f.

[387] So *Grigoleit/Tomasic*, in: Grigoleit AktG, § 93 Rn. 158; *Spindler*, in: MüKoAktG, § 93 Rn. 315; *Dietz-Vellmer*, NZG 2011, 248 (250).

solchen besonderen Pflichtverletzung entstandenen Ansprüche gelten durch entsprechende Regelungen in der GmbH ohnehin als unverzichtbar (z.B.: § 43 III GmbHG, § 15b IV 3 und 4 InsO).

Dass der Verzicht in direkter Anwendung lediglich den Gläubigern gegenüber unwirksam ist, folgt aus dem Umstand, dass den Gläubigern einer AG im Falle des § 93 V 1 AktG ein Gläubigerverfolgungsrecht gewährt wird. Dieses gibt es in der GmbH aber grundsätzlich nicht,[388] denn dieses Recht wird in der AG durch die Leitungsmacht des Vorstands und der damit verbundenen erhöhten Verantwortlichkeit gerechtfertigt,[389] die der weisungsgebundene Geschäftsführer gerade nicht hat und eine direkte Inanspruchnahme daher nicht zu rechtfertigen ist. Bei entsprechender Anwendung von § 93 V 2 und 3 AktG muss somit dieselbe Rechtfolge wie bei § 43 III 2 GmbHG eintreten, sodass die Unwirksamkeit des Verzichts auf den Anspruch aus § 43 II GmbHG auch gegenüber der Gesellschaft wirkt. Jedenfalls kann das in § 93 V 1 AktG geregelte Gläubigerverfolgungsrecht einer Übertragung des in § 93 V 2 und 3 AktG zum Ausdruck kommenden Rechtsgedankens nicht entgegenstehen.[390] § 93 V 2 und 3 AktG ist daher *entsprechend* auf die Disponibilität der Organhaftung in der GmbH anzuwenden.

4. Sonderfall: Alleingesellschafter-Geschäftsführer

Ist bei einer Einmann-GmbH der Gesellschafter zugleich auch Geschäftsführer[391] (sog. Gesellschafter-Geschäftsführer), soll sich eine weitere

---

[388] Zur analogen Anwendung bei einer masselosen bzw. gelöschten GmbH, vgl. *Altmeppen*, GmbHG, § 43 Rn. 94; *Bayer*, in: Lutter/Hommelhoff GmbHG, § 13 Rn. 6; *Paefgen*, in: HCL GmbHG, § 43 Rn. 174 jew. mwN.

[389] *Klausing*, Aktiengesetz 1937, S. 71; Entwurfsbegründung GmbHG, Amtliche Ausgabe, 1891, S. 95.

[390] So aber *Paefgen*, in: HCL GmbHG, § 43 Rn. 13, 231 ff. mit dem Argument, dass das eigene Klagerecht nur wegen der eingeschränkten Klagemöglichkeit der Aktionäre (§ 148 AktG) in der AG gerechtfertigt sei; *Wigand*, Haftungsbeschränkungen, S. 123 ff. Eine nur teilweise Übertragung aktienrechtlicher Regelungsteile auf die GmbH ist nichts Unbekanntes, Beispiel: Monatsfrist (§ 246 I AktG) bei der aktienrechtlichen Anfechtungsklage, vgl. *Bayer*, in: Lutter/Hommelhoff GmbHG, Anh. zu § 47 Rn. 62.

[391] Gleiches soll gelten, wenn der Geschäftsführer wirtschaftlicher Alleingesellschafter ist, BGHZ 119, 257 = NJW 1993, 193, oder der Alleingesellschafter faktischer Geschäftsführer ist, KG NZG 2000, 1032.

Wirksamkeitsgrenze für die Disponibilität der Organhaftung ergeben. Verzichtet die Gesellschaft auf einen Anspruch aus § 43 II GmbHG gegen ihren *Fremd*geschäftsführer, der nicht auf einer qualifizierten Pflichtverletzung (§ 43 III 1 GmbHG) beruht, ist ihr das im Grundsatz gestattet.[392] Wird auf einen Anspruch gegen den Alleingesellschafter-Geschäftsführer verzichtet, soll die Ausgangslage wegen seiner Doppelstellung jedoch eine andere sein. Im Folgenden wird erörtert, ob sich aus der Sonderstellung eines Alleingesellschafter-Geschäftsführers weitere Grenzen der Verzichtbarkeit ergeben müssen.

(1) Verstoß gegen § 30 I 1 GmbHG

In Rechtsprechung und Literatur wird der Verzicht auf einen Anspruch gegen den Gesellschafter-Geschäftsführer in der Zone der Unterdeckung stets als Auszahlung i.s.d. § 30 I 1 GmbHG bewertet – die Leistung erfolge *societatis causa* – und soll deshalb unter dem Gesichtspunkt der Einlagenrückgewähr regelmäßig als unzulässig gelten.[393] Diese Sicht ist jedoch in dieser Pauschalität abzulehnen; vielmehr muss wie folgt differenziert werden:

Gem. § 30 I 1 GmbHG darf das zur Erhaltung des Stammkapitals erforderliche Vermögen der Gesellschaft nicht an die Gesellschafter ausgezahlt werden. Mit *Auszahlungen* i.s.v. § 30 I 1 GmbHG ist nicht nur die einfache Entnahme aus dem Gesellschaftsvermögen durch den Gesellschafter gemeint, sondern über den Wortlaut hinaus Leistungen aller Art, denen keine gleichwertige Gegenleistung gegenübersteht und die wirtschaftlich das zur Erhaltung des Stammkapitals erforderliche Gesellschaftsvermögen verringern.[394] Aus diesem Verständnis folgert die hM, dass ein Verzicht der Gesellschaft auf einen Anspruch gegen ihren Gesellschafter-Geschäftsführer als eine verbotene Auszahlung i.S.d § 30 I 1 GmbHG zu werten sei und daher wegen des Verstoßes gegen die Kapitalerhaltungsgrundsätze zu verbieten sei, wenn

[392] Ausführlich zu den Verzichtsgrenzen schon im vorherigen Abschnitt.
[393] Vgl. BGHZ 122, 333 (338) = NJW 1993, 1922; BGH NJW 2000, 1571; BGH NZG 2003, 528 (528); *Beurskens*, in: Noack/Servatius/Haas GmbHG, § 43 Rn. 66; *Haas/Wigand*, in: Krieger/Schneider, Hdb Managerhaftung, § 20 Rn. 26; *Hommelhoff*, in: Lutter/Hommelhoff GmbHG, § 30 Rn. 8; *Verse*, in: Scholz GmbHG, § 43 Rn. 354; *Zöllner/Noack*, in: Baumbach/Hueck GmbHG, 21. Aufl. 2017, § 43 Rn. 47.
[394] BGHZ 214, 258 Rn. 14 = NZG 2017, 658; BGHZ 179, 344 Rn. 42 = NJW 2009, 2127; BGHZ 122, 333 (337 f.) = NJW 1993, 1922; BGHZ 31, 258 (276) = NJW 1960, 285.

sich die Gesellschaft im Zeitpunkt des Verzichts in einer wirtschaftlichen Krise befindet. Denn ein Verzicht auf einen grundsätzlich gegenüber dem Geschäftsführer bestehenden Anspruch sei in diesem Sonderfall stets eine Leistung an einen Gesellschafter; dieser muss nicht mehr für sein Handeln haften.

(2) Keine Anspruchsentstehung gegenüber Alleingesellschafter-Geschäftsführer

Dieser Gedanke überrascht, wenn man bedenkt, dass ein disponibler Organhaftungsanspruch (§ 43 II GmbHG) gegen den Alleingesellschafter-Geschäftsführer grundsätzlich schon gar nicht zur Entstehung gelangen kann.[395] Denn ist bei einer Einmann-GmbH der Gesellschafter gleichzeitig auch Geschäftsführer, kommt für diesen regelmäßig nur eine (nicht disponible) Haftung nach § 43 III 1 GmbHG in Betracht.[396] Grund dafür ist, dass ein GmbH-Geschäftsführer, der eine Weisung befolgt oder im Einverständnis mit der Gesellschaft handelt, außerhalb einer Verletzung von unverzichtbaren Kapitalschutzvorschriften, grundsätzlich nicht für eine durch ihn herbeigeführte Minderung des Gesellschaftsvermögens haften soll.[397] Dem liegt der Gedanke zugrunde, dass der Wille einer GmbH durch ihre Gesellschafter gebildet wird und ein mit diesem Willen übereinstimmendes Verhalten daher nicht als eine zum Schadensersatz verpflichtende Pflichtverletzung gegenüber der Gesellschaft bewertet werden kann.[398] Dem ist schon deshalb zuzustimmen, weil es in der Einmann-GmbH gar kein eigenständiges

---

[395] So ausdrücklich auch OLG Karlsruhe NZG 1999, 889; *Ziemons*, in: MHLS GmbHG, § 43 Rn. 387; für den konkreten Fall bestätigt dies auch BGH NJW 2000, 1571 mit Hinweis auf die (vorherige) wirksame Haftungsfreistellung.
[396] BGHZ 142, 92 (95 f.) = NJW 1999, 2817; BGH NJW 2010, 64 Rn. 10 f.; *Altmeppen*, GmbHG, § 43 Rn. 135; *Goette/Goette*, Die GmbH, § 8 Rn. 227; *Paefgen*, in: HCL GmbHG, § 43 Rn. 220; *Schnorbus*, in: Rowedder/Pentz GmbHG, § 43 Rn. 67; *Zöllner/Noack*, in: Baumbach/Hueck GmbHG, 21. Aufl. 2017, § 43 Rn. 33. Zu den weiteren Grenzen aus § 93 V 2 und 3 AktG sogleich.
[397] BGHZ 31, 258 (278) = NJW 1960, 285; BGHZ 119, 157 (261) = ZIP 1992, 1734; BGHZ 122, 333 (336) = NJW 1993, 1922; BGH NJW 2010, 64 Rn. 10; *Altmeppen*, GmbHG, § 43 Rn. 122; *Beurskens*, in: Noack/Servatius/Haas GmbHG, § 43 Rn. 16; *Paefgen*, in: HCL GmbHG, § 43 Rn. 213 ff.; *Ziemons*, in: MHLS GmbHG, § 43 Rn. 94, 390.
[398] BGHZ 31, 258 (278) = NJW 1960, 285; BGHZ 119, 257 (259) = NJW 1993, 193; BGH NJW 2000, 1571.

und schützenswertes, vom Gesellschafterinteresse zu unterscheidendes Gesellschaftsinteresse geben kann.[399] Diese Wertung muss erst recht für einen Alleingesellschafter-Geschäftsführer gelten, denn dieser wird zwangsläufig immer auf Weisung bzw. mit Einverständnis der Gesellschaft – sich selbst – handeln. Als höchstes Organ (Alleingesellschafter) bestimmt er allein den Willen der Gesellschaft mit der Folge, dass der Wille des Alleingesellschafters immer dem Willen der Gesellschaft entsprechen wird.[400] Anderenfalls käme man zu dem absurden Ergebnis, der Alleingesellschafter-Geschäftsführer habe seinem eigenen Willen zuwidergehandelt.

Folgt man daher der wohl hM, wonach ein solcher Anspruch, der nicht auf einem Verstoß gegen die im Gläubigerinteresse unverzichtbaren Kapitalschutzregeln beruht, grundsätzlich schon gar nicht zur Entstehung gelangt, dann ist nicht nachvollziehbar, wie später auf diesen (schon gar nicht entstandenen) Anspruch verzichtet werden soll. Das Argument, der Anspruch sei unter dem Gesichtspunkt der Einlagenrückgewähr (§ 30 I GmbHG) nicht verzichtbar, ist wertungsmäßig nicht gerechtfertigt, denn von der Vermögensbindung nach § 30 I GmbHG kann nur erfasst werden, was überhaupt einmal in das Vermögen der Gesellschaft gelangt ist.[401] Ein Anspruch, den die Gesellschaft niemals hatte, ist es freilich nicht.

(3) Gleichlauf mit der Haftung eines Fremdgeschäftsführers

Ebenso unverständlich ist, warum ein Gesellschafter-Geschäftsführer strenger haften sollte als ein Fremdgeschäftsführer.[402] Unabhängig von der Stellung als Fremd- oder Gesellschafter-Geschäftsführer liegt der Haftungsgrund von § 43 II, III GmbHG in der Verletzung einer Organpflicht. Nach der hM soll der Fremdgeschäftsführer dabei grundsätzlich durch alle Arten der Haftungsfreistellung – maßgeblich sind hier die Weisung, das Einverständnis und der Verzicht – von der Inanspruchnahme befreit werden können, sofern

---

[399] BGHZ 119, 257 (262) = NJW 1993, 193.

[400] RGZ 138, 106 (113); BGHZ 119, 257 (261) = NJW 1993, 193; BGHZ 122, 333 = NJW 1993, 1922; BGH NJW 2000, 1571; BGH NJW 2010, 64 Rn. 9 ff.; *Altmeppen*, GmbHG, § 43 Rn. 135; *Paefgen*, in: HCL GmbHG, § 43 Rn. 220; *Verse*, in: Scholz GmbHG, § 43 Rn. 266; *Ziemons*, in: MHLS GmbHG, § 43 Rn. 386.

[401] Vgl. *Ziemons*, in: MHLS GmbHG, § 43 Rn. 387; *Haas*, NZG 2000, 544 (545).

[402] *Altmeppen*, GmbHG, § 43 Rn. 138; *ders.*, DB 2000, 657 (659); *ders.*, ZIP 2001, 1837 (1845).

der Verstoß nicht in einer Verletzung der Kapitalerhaltungsvorschriften bzw. Krisenpflichten liegt.[403] Entsprechendes muss dann aber auch für den Gesellschafter-Geschäftsführer gelten. Es gibt keinen legitimen Differenzierungsgrund für einen Rückgriff auf die §§ 30, 31 GmbHG, wenn auf die Haftung gegenüber einem Gesellschafter-Geschäftsführer verzichtet werden soll, denn diese Normen knüpfen an die Gesellschafterstellung als Leistungsempfänger und nicht an die Stellung des Geschäftsführers als Auszahlenden an. Die Haftung aus § 43 II GmbHG ist aber eine Haftung wegen pflichtwidriger Geschäftsführung, die mit der Organstellung des Geschäftsführers zusammenhängt. Lag die Pflichtverletzung aber nicht in einer Einlagenrückgewähr (dann läge ohnehin ein unverzichtbarer Fall von § 43 III 1 GmbHG vor), muss die Haftung nach der gesetzgeberischen Wertung grundsätzlich disponibel bleiben.[404] Die Möglichkeit, den Geschäftsführer von der Haftung wegen geringfügiger Pflichtverletzungen zu befreien, ist selbst in der Zone der Unterdeckung hinzunehmen. An dieser Wertung kann sich nichts ändern, nur weil der Geschäftsführer zufälligerweise auch Gesellschafter ist. Ein systematischer Vergleich zur AG bestätigt dies, denn auch hier kommt es nicht in Betracht, einen möglichen Verzicht unter dem Gesichtspunkt der Einlagenrückgewähr (§§ 57, 62 AktG) auszuschließen, wenn der Vorstand gleichzeitig auch Anteilseigner ist.[405]

(4) Einheitliches Regelungssystem

Systematisch nicht nachvollziehbar ist es außerdem, die Wirksamkeit eines nachträglichen Verzichts auf die Organhaftung nach anderen Regeln zu bewerten, als die einer vorherigen Weisung bzw. eines Einverständnisses der Gesellschafter mit einer Geschäftsführungsmaßnahme.[406] Vielmehr sollte

---

[403] *Beurskens*, in: Noack/Servatius/Haas GmbHG, § 43 Rn. 16, 24, 66; *Fleischer*, in: MüKoGmbHG, § 43 Rn. 344, 248, 350; *Paefgen*, in: HCL GmbHG, § 43 Rn. 214, 218, 244; *Verse*, in: Scholz GmbHG, § 43 Rn. 260, 350 jew. mwN.

[404] Für den Alleingesellschafter-Geschäftsführer kommt ein Anspruch aus § 43 II GmbHG nach dem soeben Gesagten ohnehin nicht in Betracht. Zum Falle der grob fahrlässigen Verletzung von Pflichten sogleich.

[405] Dieses Argument findet sich auch bei *Altmeppen*, ZIP 2001, 1837 (1845).

[406] Dagegen ausdrücklich *Haas/Wigand*, in: Krieger/Schneider, Hdb Managerhaftung, § 20 Rn. 26, 52; *Hommelhoff*, in: Lutter/Hommelhoff GmbHG, § 30 Rn. 8; *Zöllner/Noack*, in: Baumbach/Hueck GmbHG, 21. Aufl. 2017, § 43 Rn. 33, 47; vgl. auch *Wigand*, Haftungsbeschränkungen, S. 107 ff.

TEIL 2

die Diskussion um die Disponibilität der Geschäftsleiterhaftung einheitlich beantwortet werden, denn der von den Kapitalerhaltungsvorschriften bezweckte und für die Disponibilität maßgebliche Gläubigerschutz kann nicht davon abhängig gemacht werden, zu welchem Zeitpunkt über den Anspruch disponiert wurde. Wenn sich der Alleingesellschafter-Geschäftsführer wegen seiner Doppelrolle durch ein Einverständnis mit sich selbst bzw. durch das Berufen auf eine (eigene) Weisung von der Haftung nach hM freizeichnen können soll, dann kann man die Wirksamkeit gewiss nicht davon abhängig machen, wann er die Freistellung erklärt hat.[407] Ob es zur Inanspruchnahme des Geschäftsführers kommt, hängt dann praktisch vom Zufall ab, und das ist nicht hinnehmbar.

Freilich ist nach der hier vertretenen These, dass nämlich die Grenze der Disponibilität mit Hilfe einer entsprechenden Anwendung von § 93 V 2 und 3 AktG bei einer *gröblichen* Pflichtverletzung zulasten der Gläubiger zu ziehen ist, die Diskussion um die Frage, ob ein nachträglicher Verzicht auf einen allgemeinen Organhaftungsanspruch in der Zone der Unterdeckung gegen den Gesellschafter-Geschäftsführer als Einlagenrückgewähr zu werten ist, überlagert.[408] Es ist in der Tat denkbar, dass auch der Einmann-Gesellschafter, der zugleich Geschäftsführer ist, die Gesellschaft im eigenen Interesse schädigt oder sogar ruiniert;[409] befindet sich die Kapitalgesellschaft in der Krise, dann kommt es gerade auf die Haftung des Alleingesellschafter-Geschäftsführers an.[410] Der Grund für ein nachträgliches Verzichtsverbot in diesen Haftungsfällen liegt aber nicht im Verbot der Einlagenrückgewähr gem. 30 I GmbHG, sondern – wie auch die Unwirksamkeit einer Weisung zu oder eines Einverständnisses mit einem solchen Handeln – in der Übertragung des Rechtsgedankens aus § 93 V 2 und 3 AktG, wonach jeder Geschäftsführer

[407] So auch schon *Altmeppen*, GmbHG, § 43 Rn. 137 ff.; *Paefgen*, in: HCL GmbHG, § 43 Rn. 245; *Altmeppen*, DB 2000, 657 (658 ff.); *ders.*, ZIP 2001, 1837 (1845); *ders.*, NJW 2002, 321 (323 f.).

[408] Ein Verstoß gegen § 30 I GmbHG käme nur noch bei einem Verzicht auf einen Anspruch aus § 43 II GmbHG wegen *einfacher* Pflichtverletzungen in Betracht, der wie soeben beschrieben im Falle des Alleingesellschafter-Geschäftsführers ohnehin nicht zur Entstehung gelangt.

[409] Beispiel: Der herrschende Alleingesellschafter schädigt die abhängige GmbH im Konzerninteresse.

[410] Vgl. dazu schon *Altmeppen*, GmbHG, § 43 Rn. 133; *ders.*, Die Haftung des Managers im Konzern, 77.

den Mindeststandard unternehmerischen Verhaltens schuldet. Ruiniert der Geschäftsführer vorsätzlich oder zumindest *gröblich* die GmbH, indem er seine Stellung als Alleingesellschafter ausnutzt, ohne dass ein Verstoß gegen §§ 30 ff. GmbHG vorliegt, dann ist diese Haftung selbstverständlich insgesamt nicht disponibel. Diese dogmatische Einordnung liefert auch ein stimmiges Gesamtkonzept, denn angeknüpft wird hier an die ursprüngliche pflichtwidrige Handlung und nicht an einen zufälligen Umstand, nämlich den späteren Verzicht in der Zone der Unterdeckung. Außerhalb einer *gröblichen* Pflichtverletzung des Geschäftsführers haben die Gläubiger die Disponibilität des Anspruchs hinzunehmen.[411]

B. Weisung/Einverständnis

Zu einer Enthaftung kann es nicht nur durch einen Verzicht oder Vergleich kommen, sondern auch dann, wenn der Geschäftsführer auf Weisung der Gesellschafter handelt. Denn anders als der Vorstand einer AG (§ 76 I AktG) leitet der Geschäftsführer einer GmbH das Unternehmen nicht in eigener Verantwortung. Vielmehr ist er den Weisungen der Gesellschafter unterworfen (§ 37 I GmbHG). Damit korrespondierend ist die Pflicht der Geschäftsführer, den Weisungen Folge zu leisten. Vollzieht ein Geschäftsführer eine solche (rechtlich bindende)[412] Weisung, muss eine Haftung für dieses Handeln grundsätzlich entfallen.[413] Dies ergibt sich nicht zuletzt aus einem Umkehrschluss aus § 43 III 3 GmbHG.[414] Der Weisung zu einer Handlung

---

[411] Vgl. *Altmeppen*, DB 2000, 261 (262 f.); *ders.*, DB 2000, 657 (659). Der Anspruch kommt wegen der haftungsfreistellenden Wirkung der Weisung/des Einverständnisses schon gar nicht zur Entstehung. Vgl. auch *Burgard*, ZIP 2002, 827 (839): „Gerade im Blick auf Alleingesellschafter-Geschäftsführer muss sichergestellt werden, dass sie ein Mindestmaß ordnungsgemäßer Unternehmensleitung wahren, [...] da sie anderenfalls außerhalb von § 43 III GmbHG wegen der Übereinstimmung mit sich selbst nie haften [...]".

[412] Dazu sogleich.

[413] BGHZ 31, 258 (278) = NJW 1960, 285; BGHZ 119, 157 (261) = ZIP 1992, 1734; BGHZ 122, 333 (336) = NJW 1993, 1922; BGH NJW 2010, 64 Rn. 10; *Altmeppen*, GmbHG, § 43 Rn. 122; *Beurskens*, in: Noack/Servatius/Haas GmbHG, § 43 Rn. 16; *Paefgen*, in: HCL GmbHG, § 43 Rn. 213 ff.; *Ziemons*, in: MHLS GmbHG, § 43 Rn. 94, 390. S. dazu schon S. 69 ff.

[414] BGHZ 31, 258, (278) = NJW 1960, 285; *Beurskens*, in: Noack/Servatius/Haas GmbHG, § 43 Rn. 16; *Oetker*, in: Henssler/Strohn GesR, § 43 Rn. 33; *Paefgen*, in: HCL GmbHG, § 43 Rn. 214.

der Geschäftsführung steht das nachträgliche Einverständnis (Billigung) mit der bereits erfolgten Geschäftsführungsmaßnahme gleich.[415] Eine Weisung oder Billigung durch die Gesellschafter kann aber nur dann zur Enthaftung führen, wenn diese rechtlich bindend ist. Einen unwirksamen Beschluss muss der Geschäftsführer nicht ausführen, sodass sich der Geschäftsführer, der gleichwohl einem solchen Beschluss Folge leistet, nicht auf die vermeintlich haftungsfreistellende Wirkung berufen kann.

Im Folgenden werden daher die formellen und materiellen Grenzen einer Weisung zu bzw. der Billigung einer Geschäftsführungsmaßnahme durch die Gesellschafter dargestellt, um festzustellen, wann ein Beschluss für den Geschäftsführer rechtlich bindend und damit haftungsfreistellend ist. Dabei wird die Weisung grundsätzlich nach denselben Grundsätzen wie das nachträgliche Einverständnis behandelt.

I. Formelle Grenzen

Bei der Erteilung von Weisungen oder der Billigung einer Geschäftsführungsmaßnahme sind zunächst die formellen Vorgaben des Gesetzes zur Beschlussfassung der Gesellschaft einzuhalten. Maßgeblich dafür sind die Zuständigkeits- und Verfahrensvorschriften des GmbHG. Soweit sich aus der Satzung nichts anderes ergibt, ist für die Erteilung von Weisungen grundsätzlich die Gesellschafterversammlung zuständig. Entsprechend ist das weisungsbefugte Organ auch für das nachträgliche Einverständnis zuständig, § 37 I GmbHG. Die Erteilung einer Weisung erfolgt durch Beschluss, vgl. § 47 I GmbHG. Nach hM muss die Billigung nicht in Gestalt eines förmlichen Beschlusses erfolgen, sondern kann auch stillschweigend erklärt werden.[416]

---

[415] BGHZ 142, 92 (95) = NZG 1999, 1001; BGH NJW 2000, 1571; BGH NZG 2003, 528; BGHZ 176, 204 Rn. 39 = NJW 2008, 2437; BGH NZG 2008, 547 Rn. 39; BGH NZG 2015, 225 Rn. 15; *Altmeppen*, GmbHG, § 43 Rn. 122; *Beurskens*, in: Noack/Servatius/Haas GmbHG, § 43 Rn. 24; *Kleindiek*, in: Lutter/Hommelhoff GmbHG, § 43 Rn. 41; *Paefgen*, in: HCL GmbHG, § 43 Rn. 218; *Schnorbus*, in: Rowedder/Pentz GmbHG, § 43 Rn. 90.
[416] BGH NZG 2003, 528; *Kleindiek*, in: Lutter/Hommelhoff GmbHG, § 43 Rn. 41; *Wicke*, GmbHG, § 43 Rn. 15; *Ziemons*, in: MHLS GmbHG, § 43 Rn. 398; ein stillschweigendes Einverständnis muss aber die Qualität eines Gesellschafterbeschlusses haben, vgl. *Altmeppen*, GmbHG, § 43 Rn. 122 mwN.

In der Einmann-GmbH ist ein förmlicher Beschluss jedoch entbehrlich.[417] Für eine haftungsausschließende Weisung oder Billigung genügt es vielmehr, wenn das erkennbare Einverständnis des Alleingesellschafters mit dem Verhalten des Geschäftsführers zutage tritt.[418] Handelt ein Alleingesellschafter-Geschäftsführer, scheidet eine förmliche Weisung ohnehin aus, denn der Gesellschafter wird sich nicht selbst anweisen.[419] Als höchstes Organ – Alleingesellschafter – bestimmt er allein den Willen der Gesellschaft mit der Folge, dass der Wille des Gesellschafters immer dem Willen der Gesellschaft entsprechen wird.[420] Gleiches gilt für das nachträgliche Einverständnis mit der Geschäftsführungsmaßnahme. Wie auch bei dem Verzicht auf bzw. dem Vergleich über den Anspruch gegen den Geschäftsführer sind die formellen Grenzen daher erst in der mehrgliedrigen Gesellschaft darzustellen, denn dort kommt ihnen wegen der zu schützenden Minderheitsgesellschafter eine größere Bedeutung zu.[421]

II. Materielle Grenzen
1. Allgemeine Grenzen
(1) Pflichten des Geschäftsführers

Eine allgemein geltende Grenze der wirksamen Enthaftung des Geschäftsführers durch eine Weisung oder Billigung liegt schon in der ordnungsgemäßen Vorbereitung und Ausführung des Beschlusses durch den Geschäftsführer (sog. „Restpflichten des Geschäftsführers").[422] Erfolgt der Vollzug dieser vorbereitenden und ausführenden Maßnahmen fehlerhaft, begründet die pflichtwidrige Vorbereitung bzw. Ausführung des Beschlusses für sich

---

[417] BGH NJW 1993, 193 (194); BGH NZG 1999, 1001 (1002); *Beurskens*, in: Noack/Servatius/Haas GmbHG, § 43 Rn. 17; *Haas/Wigand*, in: Krieger/Schneider, Hdb Managerhaftung, § 20 Rn. 47; *Paefgen*, in: HCL GmbHG, § 43 Rn. 218; dagegen *Ziemons*, in: MHLS GmbHG, § 43 Rn. 97.

[418] *Haas/Wigand*, in: Krieger/Schneider, Hdb Managerhaftung, § 20 Rn. 47.

[419] LG München II NZG 2017, 505; *Altmeppen*, GmbHG, § 43 Rn. 122.

[420] RGZ 138, 106 (113); BGHZ 119, 257 (261) = NJW 1993, 193; BGHZ 122, 333 = NJW 1993, 1922; BGH NJW 2000, 1571; BGH NJW 2010, 64 Rn. 9 ff.; *Altmeppen*, GmbHG, § 43 Rn. 135; *Paefgen*, in: HCL GmbHG, § 43 Rn. 220; *Verse*, in: Scholz GmbHG, § 43 Rn. 266; *Ziemons*, in: MHLS GmbHG, § 43 Rn. 386.

[421] Dazu S. 140 ff.

[422] *Haas/Wigand*, in: Krieger/Schneider, Hdb Managerhaftung, § 20 Rn. 48; *Paefgen*, in: HCL GmbHG, § 43 Rn. 224 f.; *Ziemons*, in: MHLS GmbHG, § 43 Rn. 394.

genommen schon eine Ersatzpflicht nach § 43 II GmbHG.[423] Ein solcher haftungsbegründender Fehler liegt etwa vor, wenn der Geschäftsführer das weisungsberechtige Organ nicht ausreichend über die relevanten Tatsachengrundlagen, etwaige Risiken oder sonstige Bedenken hinsichtlich der Recht- und Zweckmäßigkeit des Beschlusses aufklärt.[424] Gleiches gilt, wenn sich die Sachverhaltsgrundlagen nachträglich verändern und der Geschäftsführer daher verpflichtet ist, die neuen Umstände der Gesellschafterversammlung zu unterbreiten.[425] Erkennt man, dass das anweisende oder zustimmende Organ (Gesellschafterversammlung) eine Entscheidung wegen der mangelnden Vorbereitung oder Aufklärung des Geschäftsführers auf falscher oder unzureichender Tatsachengrundlage trifft, dann wird deutlich, dass der einer Geschäftsführungsmaßnahme zugrunde liegende Beschluss keinesfalls haftungsfreistellende Wirkung für den Geschäftsführer haben kann.

(2) Rechtswidrige Beschlüsse

Eine Enthaftung durch Weisung oder ein nachträgliches Einverständnis kommt zudem nur dann in Betracht, wenn überhaupt ein rechtmäßiger bzw. wirksamer Beschluss der Gesellschafterversammlung besteht.[426] Wirksamkeitshindernis der Enthaftung durch Weisung und Billigung ist die Nichtigkeit des jeweiligen Gesellschafterbeschlusses (§§ 241 AktG ff. analog).[427] Der Geschäftsführer kann selbstverständlich nicht zu einer Handlung verpflichtet werden, die

---

[423] Verse, in: Scholz GmbHG, § 43 Rn. 261; vgl. ausführlich dazu Wigand, Haftungsbeschränkungen, S. 206 ff.

[424] OLG Jena NZG 1999, 121 (122); Fleischer, in: MüKoGmbHG, § 43 Rn. 346; Schnorbus, in: Rowedder/Pentz GmbHG, § 43 Rn. 91; Verse, in: Scholz GmbHG, § 43 Rn. 261; Ziemons, in: MHLS GmbHG, § 43 Rn. 94.

[425] Beurskens, in: Noack/Servatius/Haas GmbHG, § 43 Rn. 16 mit Hinweis auf § 665 S. 2 BGB; Paefgen, in: HCL GmbHG, § 43 Rn. 224; Hefermehl, in: FS Schilling, 159 (172).

[426] Dabei geht es nicht um die Einhaltung von förmlichen Verfahrensvorschriften des GmbHG bei der Beschlussfassung, die ebenso zu Nichtigkeit führen können. Dazu noch später.

[427] BGHZ 11, 231 (235) = NJW 1954, 385; BGHZ 51, 209 (210 f.) = WM 1969, 176; BGHZ 104, 66 = NJW 1988, 1844; BGH NZG 2003, 127 (128); BGH NZG 2008, 317 (318); Altmeppen, GmbHG, § 43 Rn. 122; Bayer, in: Lutter/Hommelhoff GmbHG, Anh. § 47 Rn. 1; Fleischer, in: MüKoGmbHG, § 43 Rn. 347; Oetker, in: Henssler/Strohn GesR, § 43 Rn. 36; Paefgen, in: HCL GmbHG, § 43 Rn. 239; Wertenbruch, in: MüKoGmbHG, Anh. § 47 Rn. 1; Ziemons, in: MHLS GmbHG, § 43 Rn. 392; Lutter/Banerjea, ZIP 2003, 2177.; s. auch Altmeppen, GmbHR 2018, 225.

gesetzlich verboten ist, und wird daher – mangels Folgepflicht – auch nicht von der Haftung befreit.[428] Dies ist insbesondere dann der Fall, wenn der Beschluss mit dem Wesen der Gesellschaft nicht zu vereinbaren ist oder durch seinen Inhalt Vorschriften verletzt, die ausschließlich oder überwiegend zum Schutze der Gesellschaftsgläubiger oder sonst im öffentlichen Interesse gegeben sind oder durch seinen Inhalt gegen die guten Sitten verstößt (vgl. §§ 241 Nr. 3 und 4 AktG). Führt der Geschäftsführer einen solchen nichtigen Gesellschafterbeschluss schuldhaft[429] aus, haftet er nach § 43 II GmbHG.

Neben den nichtigen Gesellschafterbeschlüssen stehen die bloß anfechtbaren Beschlüsse. Bezüglich der enthaftenden Wirkung anfechtbarer Beschlüsse muss jedenfalls differenziert werden: Ist der Beschluss unanfechtbar geworden oder ist eine Anfechtung jedenfalls nicht zu erwarten,[430] bleibt es bei der Verpflichtung des Geschäftsführers, den Beschluss auszuführen. Der Geschäftsführer verletzt durch Ausführung des Beschlusses keine Pflicht – der Fremdgeschäftsführer ist zur Anfechtung nicht berechtigt und der Gesellschafter-Geschäftsführer zumindest nicht verpflichtet –[431], und die haftungsbefreiende Wirkung bleibt konsequenterweise bestehen.[432] Ist der Beschluss dagegen wirksam angefochten worden, entfällt die haftungsbefreiende Wirkung ex tunc.[433]

2. § 43 III 3 GmbHG

Wie auch schon beim Verzicht und Vergleich entfällt die haftungsbefreiende Wirkung einer Weisung oder eines nachträglichen Einverständnisses gem.

---

[428] BGHZ 31, 258 (278) = NJW 1960, 285; BGH NJW 1974, 1088 (1089); BGHZ 125, 366 (372) = NJW 1994, 1801; *Kleindiek*, in: Lutter/Hommelhoff GmbHG, § 43 Rn. 42; *Verse*, in: Scholz GmbHG, § 43 Rn. 262.

[429] Vgl. dazu *Fleischer*, in: MüKoGmbHG, § 43 Rn. 347; *Kleindiek*, in: Lutter/Hommelhoff GmbHG, § 43 Rn. 42; *Verse*, in: Scholz GmbHG, § 43 Rn. 262.

[430] *Beurskens*, in: Noack/Servatius/Haas GmbHG, § 43 Rn. 19; *Verse*, in: Scholz GmbHG, § 43 Rn. 263; kritisch bei zweifelhafter Anfechtbarkeit *Paefgen*, in: HCL GmbHG, § 43 Rn. 241 ff.

[431] *Beurskens*, in: Noack/Servatius/Haas GmbHG, § 43 Rn. 19.

[432] *Haas/Wigand*, in: Krieger/Schneider, Hdb Managerhaftung, § 20 Rn. 49; *Oetker*, in: Henssler/Strohn GesR, § 43 Rn. 36; *Ziemons*, in: Oppenländer/Trölitzsch, § 29 Rn. 3; *Fleck*, GmbHR 1974, 224 (228); *Konzen*, NJW 1989, 2977 (2982).

[433] *Beurskens*, in: Noack/Servatius/Haas GmbHG, § 43 Rn. 19; *Fleischer*, in: MüKoGmbHG, § 43 Rn. 347; *Verse*, in: Scholz GmbHG, § 43 Rn. 264; vgl. aber auch bei Unvorhersehbarkeit des Geschäftsführers *U. H. Schneider/S. H. Schneider*, GmbHR 2005, 1229 (1232).

§ 43 III 3 GmbHG,[434] wenn damit ein Verstoß gegen die Kapitalerhaltungsvorschriften (§§ 30, 33 GmbHG sowie § 43a GmbHG analog[435]) verbunden
ist und der Anspruch – ggf. auch später – zur Gläubigerbefriedigung notwendig ist.[436] An dieser Stelle ist darauf hinzuweisen, dass die praktische
Bedeutung von § 43 III 3 GmbHG eher gering ist, denn eine Weisung zu
oder ein Einverständnis mit einem Verstoß gegen die unabdingbaren Kapitalerhaltungsvorschriften und Krisenpflichten (vgl. § 15b InsO) stellt immer
schon einen Nichtigkeitsgrund nach § 241 Nr. 3 AktG analog dar und die haftungsbefreiende Wirkung tritt mangels Folgepflicht des Geschäftsführers[437]
schon unabhängig von der Erforderlichkeit für die Gläubigerbefriedigung
nicht ein.[438]

3. Weitere Einschränkungen der Enthaftungsmöglichkeit

(1) Problemstellung

Auch im Zusammenhang mit einer Weisung zu bzw. einem nachträglichen
Einverständnis[439] mit einer Geschäftsführungsmaßnahme stellt sich die
Frage, ob weitere Dispositionsgrenzen gezogen werden müssen. Denn wie
bei der Verzichtsschranke aus § 43 III 2 GmbHG i.V.m. § 9b I GmbHG gilt
die eingeschränkte Disponibilität in § 43 III 3 GmbHG nur für den Fall einer
Weisung zu einem Verhalten, das einen Verstoß gegen die §§ 30 ff. GmbHG
(und analog § 43a S. 1 GmbHG)[440] mit sich zieht. Außerhalb dieser Verletzung von Kapitalschutzpflichten würde eine Weisung selbst dann

---

[434] BGH NZG 2003, 528.
[435] Ein Verstoß gegen § 43a GmbHG fällt unter den besonderen Schadensersatzanspruch
gem. § 43 III 1 GmbHG und ist deshalb nicht disponibel.
[436] Bzgl. der erfassten Ersatzansprüche und der Bedeutung der Notwendigkeit zur
Gläubigerbefriedigung ist auf die Ausführungen auf S. 79 ff. zu verweisen.
[437] Dazu soeben.
[438] *Fleischer*, in: MüKoGmbHG, § 43 Rn. 365; *Haas/Wigand*, in: Krieger/Schneider, Hdb
Managerhaftung, § 20 Rn. 54; *Ziemons*, in: MHLS GmbHG, § 43 Rn. 511; *Zöllner/
Noack*, in: Baumbach/Hueck GmbHG, 21. Aufl. 2017, § 43 Rn. 52. Zu nennen ist in
diesem Zusammenhang bspw. die Weisung zu einem existenzvernichtenden Verhalten,
Kleindiek, in: Lutter/Hommelhoff GmbHG, § 43 Rn. 42 mwN.
[439] Im folgenden Abschnitt ergeben sich keine Unterschiede zwischen einer Weisung zu
und einem nachträglichen Einverständnis mit einer Geschäftsführungsmaßnahme,
sodass nicht mehr gesondert darauf eingegangen wird.
[440] Zur analogen Anwendung schon S. 16 ff.

haftungsbefreiende Wirkung entfalten, wenn die Gesellschaft nicht mehr über genügend Gesellschaftsvermögen verfügt, um alle Gläubiger zu befriedigen. Ob dieser unzureichende Gläubigerschutz eine über den Wortlaut von § 43 III 3 GmbHG hinaus gehende Auslegung der Dispositionsgrenzen gebietet, soll im Folgenden dargestellt werden. Der Meinungsstand zur Reichweite der Disponibilität von Weisung, Verzicht/Vergleich und nachträglichem Einverständnis überschneidet sich weitestgehend und wird daher in der Literatur meist einheitlich dargestellt.[441] Auch im Zusammenhang mit der Weisung wird neben einer entsprechenden Anwendung von § 93 V 2 und 3 AktG[442] insbesondere die analoge Anwendung von § 43 III 3 GmbHG auf solche Pflichtverletzungen erwogen, die überwiegend dem Schutz der Gläubigerinteressen dienen.[443]

(2) Lücke im Gläubigerschutzsystem

Bei genauer Betrachtung ergeben sich hinsichtlich der Feststellung einer ausfüllungsbedürftigen Lücke im Gläubigerschutzsystem keine Zweifel. Denn nach dem eindeutigen Wortlaut von § 43 III 3 GmbHG haftet der Geschäftsführer, der auf Weisung der Gesellschafter handelt, der GmbH gegenüber nicht einmal dann, wenn sich die Gesellschaft daraufhin in der Krise befindet. Parallel zur Verzichtsregelung in § 43 III 2 GmbHG bezieht sich § 43 III 3 GmbHG nur auf den Sonderfall der Einlagenrückgewähr und erfasst daher jede weitere Maßnahme, die den Mindeststandard unternehmerischen Verhaltens missachtet, nicht. Eine solche ausschließlich zulasten der Gläubiger gehende Lösung ist in der Krise der Gesellschaft nicht tragbar und vom Gesetzgeber sicherlich nicht gewollt.

---

[441] Vgl. umfassend zum Meinungsstand schon auf S. 84 ff. Die Ausführung zum Verzicht und Vergleich überschneiden sich weitestgehend mit denen zur Disponibilität der Geschäftsleiterhaftung bei einer Weisung/einem Einverständnis.

[442] *Altmeppen*, GmbHG, § 43 Rn. 139 ff., § 13 Rn. 123 ff.; *ders.*, DB 2000, 261; *ders.*, DB 2000, 657 (658 f.); *ders.*, ZIP 2001, 1837 (1843 ff.); *ders.*, NJW 2002, 321 (323 f.); *ders.*, DStR 2002, 2048.

[443] *Kleindiek*, in: Lutter/Hommelhoff GmbHG, § 43 Rn. 64 f.; erwägend *Klöhn*, in: Bork/Schäfer GmbHG, § 43 Rn. 63, 76; *Paefgen*, in: HCL GmbHG, § 43 Rn. 267; kritisch *Fleischer*, in: MüKoGmbHG, § 43 Rn. 380; ablehnend *Beurskens*, in: Noack/Servatius/Haas GmbHG, § 43 Rn. 21, 100; *Haas/Wigand*, in: Krieger/Schneider, Hdb Managerhaftung, § 20 Rn. 51 ff.; *Zöllner/Noack*, in: Baumbach/Hueck GmbHG, 21. Aufl. 2017, § 43 Rn. 53.

Aus Gläubigersicht ist dies schon deshalb nicht hinnehmbar, weil selbst der anweisende oder später zustimmende Gesellschafter mangels gesetzlich vorgesehener Anspruchsgrundlage nicht in die Haftung genommen werden kann, obwohl er gerade für die sorgfaltswidrige Geschäftsführung verantwortlich ist.[444] Im Extremfall käme man zu dem absurden Ergebnis, dass der auf Weisung handelnde Geschäftsführer die GmbH in die Unterdeckung treiben oder sogar ruinieren und so unbefriedigte Gläubiger hinterlassen könnte, ohne in die Haftung zu geraten, sofern nicht schon die Grenze der Existenzvernichtungshaftung (vorsätzliche sittenwidrige Schädigung)[445] durch den anweisenden Gesellschafter durchbrochen wurde. Noch deutlicher wird dies im Falle eines Alleingesellschafter-Geschäftsführers, denn dieser bliebe bei wortlautgetreuer Anwendung – außerhalb der Grenzen der §§ 30, 33 GmbHG – stets haftungsfrei,[446] denn sein Wille entspricht immer dem der Gesellschaft, er handelt somit immer mit (seinem eigenen) Einverständnis.[447] Das Bestehen einer Schutzlücke zulasten der Gläubigerinteressen ist daher offensichtlich.

(3) Entsprechende Anwendung des Rechtsgedankens
  aus § 93 V 2 und 3 AktG

Eine Lückenschließung kann durch Anwendung des allgemein anwendbaren Rechtsgedankens aus § 93 V 2 und 3 AktG erfolgen.[448] „Den Gläubigern gegenüber wird die Ersatzpflicht nicht dadurch aufgehoben, dass die Handlung auf einem Beschluss der Hauptversammlung beruht". Bei direkter Anwendung von § 93 V 2 und 3 AktG kann eine Handlung des Vorstands, die auf einen

---

[444] So auch *Altmeppen*, GmbHG, § 43 Rn. 127.

[445] BGHZ 173, 246 = NJW 2007, 2689 – *Trihotel*. Dann ist die Weisung ohnehin nichtig, dazu soeben und im Folgenden.

[446] BGHZ 31, 258 (278) = NJW 1960, 285; BGHZ 119, 157 (261) = ZIP 1992, 1734; BGHZ 122, 333 (336) = NJW 1993, 1922; BGH NJW 2010, 64 Rn. 10; *Altmeppen*, GmbHG, § 43 Rn. 122; *Beurskens*, in: Noack/Servatius/Haas GmbHG, § 43 Rn. 16; *Paefgen*, in: HCL GmbHG, § 43 Rn. 213 ff.; *Ziemons*, in: MHLS GmbHG, § 43 Rn. 94, 390.

[447] RGZ 138, 106 (113); BGHZ 119, 257 (261) = NJW 1993, 193; BGHZ 122, 333 = NJW 1993, 1922; BGH NJW 2000, 1571; BGH NJW 2010, 64 Rn. 9 ff.; *Altmeppen*, GmbHG, § 43 Rn. 135; *Paefgen*, in: HCL GmbHG, § 43 Rn. 220; *Verse*, in: Scholz GmbHG, § 43 Rn. 266; *Ziemons*, in: MHLS GmbHG, § 43 Rn. 386.

[448] *Altmeppen*, GmbHG, § 43 Rn. 139 ff., § 13 Rn. 123 ff.; *ders.*, DB 2000, 261; *ders.*, DB 2000, 657 (658 f.); *ders.*, ZIP 2001, 1837 (1843 ff.); *ders.*, NJW 2002, 321 (323 f.); *ders.*, DStR 2002, 2048.

gesetzmäßigen Beschluss der Hauptversammlung hin erfolgte, nicht haftungsbefreiend wirken, wenn damit eine schwerwiegende, insbesondere *gröbliche* Pflichtverletzung einhergeht und sich die Gesellschaft in der Zone der Unterdeckung befindet. Dieser Regelung liegt der Gedanke zugrunde, dass die Geschäftsführungsorgane einer Gesellschaft spätestens dann nicht mehr auf Kosten der Gläubiger von einem Verweis auf einen rechtmäßigen Gesellschafterbeschluss profitieren sollen, wenn sie bei der Ausführung dieses Beschlusses gegen den Mindeststandard ordnungsgemäßen unternehmerischen Verhaltens verstoßen.[449] Dieser Gedanke ist – wie auch beim Verzicht – selbstverständlich auch auf die GmbH übertragbar. Hinsichtlich der Argumente für eine entsprechende Anwendung von § 93 V 2 und 3 AktG auf die Haftung des GmbH-Geschäftsführers – notwendig ist eine planwidrige Regelungslücke und vergleichbare Interessenlage – kann insgesamt auf die Ausführungen zum Verzicht verwiesen werden.[450]

Dieses Ergebnis stimmt auch mit der Gesamtsystematik des § 43 III GmbHG überein: Im Falle eines Verstoßes gegen die §§ 30, 33 GmbHG sind sowohl der Verzicht/Vergleich als auch die Weisung bzw. das nachträgliche Einverständnis unwirksam (vgl. § 43 III 2 und 3 GmbHG). Diese Wertung ist treffend, denn es kann aus Sicht der Gläubiger keinen Unterschied machen, ob die Gesellschafter zu der pflichtwidrigen Maßnahme angewiesen bzw. ihr zugestimmt haben oder später auf die Geltendmachung des Anspruchs verzichtet haben.

(4) Analoge Anwendung von § 43 III 3 GmbHG auf gläubigerschützende Vorschriften

Dagegen kann die in der Literatur befürwortete analoge Anwendung von § 43 III 3 GmbHG auf gläubigerschützende Vorschriften (z.B. §§ 41, 49 III GmbHG) nicht zu einer nennenswerten Verbesserung des Gläubigerschutzes beitragen. Es fehlt schon an einer zu schließenden Regelungslücke, die eine Übertragung von § 43 III 3 GmbHG auf gläubigerschützende Vorschriften rechtfertigen würde.[451] Denn ein Gesellschafterbeschluss ist

---

[449] Vgl. *Klausing*, Aktiengesetz 1937, S. 71 f.; *Altmeppen*, DB 2000, 261; *Goette*, DStR 2001, 1853 (1857): „allgemeiner Gedanke".

[450] S. 91 ff.

[451] Vgl. *Beurskens*, in: Noack/Servatius/Haas GmbHG, § 43 Rn. 21; *Haas/Wigand*, in: Krieger/Schneider, Hdb Managerhaftung, § 20 Rn. 54.

in entsprechender Anwendung von § 241 Nr. 3 AktG schon dann nichtig und daher nicht haftungsfreistellend, wenn der Verstoß bereits zum Zeitpunkt der Beschlussfassung vorliegt und Vorschriften verletzt werden, die überwiegend dem Schutz der Gläubiger der Gesellschaft dienen.[452] Das gilt bspw. auch für eine Weisung zu einem existenzvernichtenden Verhalten.[453] Die den Gläubigerinteressen dienenden und in diesem Zusammenhang relevanten Pflichten sind daher ohnehin der Disposition durch die Gesellschafter entzogen, sodass der Geschäftsführer bei Ausführung einer solchen Weisung gem. § 43 II GmbHG haften muss.[454] Die analoge Anwendung von § 43 III 3 GmbHG wäre für diese Fälle überflüssig. Geboten ist es daher vielmehr, den Gläubigerschutz durch die entsprechende Anwendung eines allgemein geltenden Rechtsgrundsatzes (§ 93 V 2 und 3 AktG) zu erweitern, und so auch Fälle einer Weisung zu erfassen, die nicht schon zur Nichtigkeit des jeweiligen Beschlusses führen, aber aus Gläubigerschutzgesichtspunkten eine indisponible Haftung rechtfertigen.

(5) Parallele zur Haftung des herrschenden bzw. Alleingesellschafters
Als zusätzliches Argument für eine entsprechende Anwendung von § 93 V 2 und 3 AktG lässt sich jedenfalls ein Vergleich zur Diskussion um die Haftung des herrschenden bzw. Alleingesellschafters anbringen: Denn der beherrschende Gesellschafter bzw. Alleingesellschafter hat aufgrund seiner übergeordneten Geschäftsführungskompetenz ein Weisungsrecht, das ihm die Möglichkeit einräumt, die Geschicke der Gesellschaft zulasten des gebundenen Haftungsvermögens zu vernichten, solange er dabei keinen Verstoß gegen §§ 30, 33 GmbHG begeht. Wegen dieser umfangreichen und grundsätzlich folgenlosen Einwirkungsmöglichkeit spricht man insoweit von einem Schutzbedürfnis der GmbH vor ihrem eigenen Gesellschafter.[455] Aus dieser

---

[452] Vgl. S. 112 f., 147.
[453] BGHZ 149, 10 (20) = NZG 2002, 38 – Bremer Vulkan; BGHZ 173, 246 = NJW 2007, 2689 – Trihotel; BGH NJW 1974, 1088 (1089); Kleindiek, in: Lutter/Hommelhoff GmbHG, § 43 Rn. 42; Ziemons, in: MHLS GmbHG, § 43 Rn. 515; Haas, in: Heintzen/ Kruschwitz, 89 f.; Vetter, ZIP 2003, 601 (610); Burgard, Gesellschaftsrecht in der Diskussion 2002, 45 (60 f.); Paefgen, DB 2007, 1907 (1910 f.).
[454] So auch Haas/Wigand, in: Krieger/Schneider, Hdb Managerhaftung, § 20 Rn. 53 f.
[455] Flume, Juristische Person, 61 f., 85 ff., 88 f.; Wilhelm, Rechtsform und Haftung, 285 ff., 330, 344 f.; K. Schmidt, ZIP 1988, 1497 (1505 f.); Altmeppen, DB 2000, 657 (660); Wilhelm, NJW 2003, 175.

Stellung – der herrschende bzw. Alleingesellschafter ist Quasi-Geschäftsführer – hat sich die Lehre von der unverzichtbaren Gesellschafterhaftung für gröblich sorgfaltswidriges Verhalten entwickelt, wonach der Gesellschafter dann haften muss, wenn er den Mindeststandard unternehmerischen Verhaltens missachtet hat und dieses Aktivum zur Gläubigerbefriedigung notwendig wird (§ 93 V 2 und 3 AktG).[456]

Wegen der Parallele zwischen herrschendem Gesellschafter und Geschäftsführer liegt es nahe, diese Haftungsregime einheitlich zu bewerten. Denn wenn die Lehre von der unverzichtbaren Haftung des Gesellschafters gerade auf der missbräuchlichen Fremd*geschäftsführung* (Missbrauch der Leitungsmacht) beruht, dann wäre es wertungswidersprüchlich, einen Gesellschafter-Geschäftsführer strenger haften zu lassen als den Fremdgeschäftsführer.[457] Die Haftung des Fremdgeschäftsführers wäre nämlich bei wortlautgetreuer Anwendung nur im Falle der Einlagenrückgewähr indisponibel (§ 43 III GmbHG), die des Gesellschafter-Geschäftsführers dagegen lediglich in den Grenzen des § 93 V 2 und 3 AktG. Anknüpfungspunkt der Haftung sollte daher in beiden Varianten der zu einer Schädigung der GmbH führende *gröbliche* Missbrauch der Leitungsmacht sein. Daraus folgt, dass eine Weisung zu einem Handeln, das gegen den Mindeststandard ordnungsgemäßen unternehmerischen Verhaltens verstößt, zu einer gesamtschuldnerischen Haftung des Geschäftsführers und des anweisenden Gesellschafters führt, wenn und soweit der Betrag zur Gläubigerbefriedigung erforderlich ist.[458] Im Verhältnis zur Gesellschaft kann dem Geschäftsführer dann zwar möglicherweise ein Freistellungsanspruch zustehen,[459] dies ändert aber nichts an der indisponiblen Haftung gegenüber der GmbH durch entsprechende Anwendung von § 93 V 2 und 3 AktG. Nur so kann der nötige Schutz der Gläubiger gewährleistet werden.

(6) Fazit

Aus Gläubigerschutzgründen ist auch im Falle der Weisung zu und des nachträglichen Einverständnisses mit einer Geschäftsführungsmaßnahme

---

[456] Dazu ausführlich *Altmeppen*, DB 2000, 657 (658 ff.); *ders.*, ZIP 2001, 1837 (1844 ff.); *ders.*, NJW 2002, 321 (323 f.); *ders.*, ZIP 2002, 961 (966 f.), *ders.*, ZIP 2002, 1553 (1560 ff.); zustimmend *Fastrich*, in: FS K. Schmidt I, 291 (305).
[457] *Altmeppen*, GmbHG, § 43 Rn. 133.
[458] So auch schon *Altmeppen*, GmbHG, § 43 Rn. 142.
[459] *Lutter/Banerjea*, ZIP 2003, 2177 (2179).

die Disponibilitätsgrenze des § 93 V 2 und 3 AktG zu ziehen. Dieses Ergebnis liefert ein stimmiges Gesamtkonzept für die Disponibilität der Geschäftsleiterhaftung in der GmbH.

§ 3 Enthaftung des Konzerngeschäftsleiters

Nach der in dieser Arbeit vertretenen These haftet der Konzerngeschäftsleiter in entsprechender Anwendung von § 317 III AktG gegenüber der abhängigen GmbH für eine nachteilige Einflussnahme.[460] Ist ein solcher Anspruch gegenüber der abhängigen Gesellschaft entstanden, stellt sich jedenfalls auch hier die Frage, inwieweit die Gesellschaft über den ihr zustehenden Anspruch disponieren kann. Denn haftet der Konzerngeschäftsleiter gem. § 317 III AktG analog gegenüber einer abhängigen GmbH, muss dieser Anspruch im Grunde disponibel sein. Die Freiheit einer Gesellschaft, über die gerichtliche oder außergerichtliche Geltendmachung der ihr zustehenden Ansprüche zu entscheiden (Art. 2 I GG i.V.m. Art. 19 III GG!),[461] muss selbstverständlich auch in dieser Haftungskonstellation Geltung finden. Freilich müssen dort Grenzen gesetzt werden, wo es der Gläubigerschutz erfordert. Im Folgenden wird dargestellt, welche Dispositionsgrenzen es für den Anspruch aus § 317 III AktG gibt bzw. geben sollte.

A. Überblick

Im Recht des faktischen Konzerns (§§ 311 ff. AktG) ist die Möglichkeit, auf den Anspruch gegen den Konzerngeschäftsleiter (§ 317 III AktG) zu verzichten, in § 317 IV AktG i.V.m. § 309 III, IV AktG geregelt. Diese Normen gelten in direkter Anwendung jedoch nur für eine AG als abhängige Gesellschaft und lassen den Verzicht lediglich unter erschwerten Voraussetzungen zu. Inwieweit diese Regelungen auch im faktischen GmbH-Konzern Anwendung finden sollten, gilt es daher zu erörtern.

---

[460] Zur Herleitung dieses Anspruchs schon eing. ab S. 29 ff.

[461] Unstr., BVerfGE 8, 274 (328); BVerfGE 9, 3 (11); BVerfGE 12, 341 (347 f.); *Di Fabio*, in: Dürig/Herzog/Scholz GG, Art. 2 Abs. 1 Rn. 77; *Dreier*, in: Dreier GG, Art. 2 Abs. 1 Rn. 35 f.; *Murswiek/Rixen*, in: Sachs GG, Art. 2 Rn. 54, 55a; *Flume*, Das Rechtsgeschäft, S. 1.

I. Anreize

Auf den ersten Blick mag die Enthaftung des Konzerngeschäftsleiters einen in der Praxis kaum denkbaren Fall darstellen, denn die GmbH verliert damit einen Anspruch als Teil ihres Vermögens. Zudem erlangen die Hauptanreize, die für eine Enthaftung des eigenen Geschäftsführers[462] sprechen, zunächst einmal keine Geltung, denn der Konzerngeschäftsleiter und die abhängige GmbH stehen, anders als das herrschende Unternehmen, in keiner direkten organschaftlichen oder vertraglichen Verbindung, die ein besonderes Bedürfnis an effektiver und loyaler Zusammenarbeit fordert.

Bedenkt man jedoch, dass das herrschende Unternehmen alleinige bzw. Mehrheitsgesellschafterin der abhängigen GmbH ist, wird klar, dass in einem Verzicht der abhängigen GmbH auf ihren Anspruch faktisch ein Verzicht der herrschenden Gesellschaft liegt.[463] Tatsächlich verzichtet also die herrschende Gesellschaft auf einen Anspruch gegen ihren eigenen Geschäftsleiter. Insbesondere im Einmann-Konzern wird das herrschende Unternehmen, das gleichzeitig Anstellungskörperschaft des haftenden Geschäftsleiters ist, ein großes Interesse daran haben, sein eigenes Geschäftsleitungsorgan von der Haftung freizustellen. Denn durch die (gerichtliche) Geltendmachung der Ansprüche besteht die Gefahr, dass Unternehmensinterna an die Öffentlichkeit geraten, was sich nicht nur nachteilig auf die Marktstellung und Kreditwürdigkeit der abhängigen GmbH, sondern auch auf die Außenwirkung der Muttergesellschaft auswirken kann, wenn so Umstände an Konkurrenzunternehmen oder potenzielle Gläubiger gelangen.[464] Wegen der persönlichen Verbundenheit von Konzerngeschäftsleiter und herrschender Gesellschaft – sie ist Anstellungskörperschaft – wird die faktisch verzichtende Gesellschaft zudem regelmäßig auf ein kollegiales Zusammenwirken angewiesen sein. Die Disposition über den Anspruch gegen den Konzerngeschäftsleiter durch die abhängige GmbH ist daher durchaus denkbar.

---

[462] S. dazu S. 72.
[463] Dazu sogleich noch (interne Zuständigkeiten).
[464] BGHZ 28, 355 (357) = NJW 1959, 194; BGH NJW 1975, 977 (978); BGH DStR 1997, 1735 (1736); BGH NZG 2004, 962 (964).

II. Dispositionsformen

Zu berücksichtigen ist, dass die Disposition in Form einer Weisung für die Gesellschaft nicht in Betracht kommt, denn anders als in der GmbH gegenüber ihrem eigenen Geschäftsführer (§ 37 I GmbHG) und für das herrschende Unternehmen gegenüber dem Geschäftsleiter der abhängigen Gesellschaft bei Bestehen eines Beherrschungsvertrages (§ 308 I AktG) steht einer faktisch abhängigen Gesellschaft kein Weisungsrecht gegenüber dem Geschäftsleiter der herrschenden Gesellschaft zu. Eine aus der Folgepflicht des Geschäftsleiters resultierende Haftungsfreistellung ist daher nicht denkbar. Die Gesellschaft wird deshalb auf den bereits entstandenen Anspruch verzichten bzw. sich über diesen vergleichen[465], wenn es zu einer Enthaftung kommen soll. Denkbar ist außerdem, dass der Konzerngeschäftsleiter geltend macht, der Einmann-Gesellschafter der GmbH – seine Anstellungskörperschaft – sei mit der nachteiligen Einflussnahme einverstanden gewesen.[466]

B. Formelle Grenzen

Die Disposition durch die abhängige Gesellschaft muss innerhalb der formellen gesetzlichen Grenzen erfolgen. Mangels zu schützender Minderheitsgesellschafter in der Einmann-GmbH werden einzuhaltende Verfahrensvorschriften bei der Beschlussfassung nur in der Mehrpersonengesellschaft relevant.[467]

I. Zuständigkeitsordnung

Eine formelle Besonderheit beim Verzicht auf den Anspruch gegen den Konzerngeschäftsleiter liegt in der Unternehmerstellung der herrschenden Gesellschaft: Der verzichtende (Einmann-) GmbH-Gesellschafter ist ein Unternehmen, sodass die Regelungen zur Zuständigkeit der Gesellschafterversammlung (§ 46 Nr. 8 GmbHG) in der einfachen GmbH nicht ohne nähere Betrachtung Anwendung finden können.[468] Wegen der fehlenden gesetz-

---

[465] Der Vergleich über Ansprüche gegen den Geschäftsführer wird nach denselben Grundsätzen wie der Verzicht behandelt und deshalb bei der Darstellung nicht mehr besonders hervorgehoben.
[466] Das ist praktisch ein Verzicht; hinsichtlich der Grenzen der Disponibilität ergeben sich daher keine Unterschiede.
[467] Siehe dazu Teil 3.
[468] Dazu sogleich.

lichen Regelungen zum faktischen GmbH-Konzern und der verschiedenen Gestaltungsmöglichkeiten bei der zu wählenden Rechtsform des Mutterunternehmens[469] stellt sich daher die Frage, welches Organ der abhängigen GmbH für einen Anspruchsverzicht überhaupt zuständig ist. Dies richtet sich grundsätzlich danach, wer zur Geltendmachung des entstandenen Anspruchs berechtigt ist.[470]

1. Regelungen im GmbHG

Aus der Geschäftsführungsbefugnis des Geschäftsleiters der GmbH (§ 35 I GmbHG) ergibt sich u.a. die Pflicht zur Führung der Geschäfte.[471] Es ist daher nicht grundsätzlich auszuschließen, dass der Geschäftsführer der GmbH die Ansprüche der Gesellschaft (hier: Haftungsanspruch gegen den Konzerngeschäftsleiter) geltend machen kann. Berücksichtigt werden muss bei der Einordnung, dass die Gesellschafterversammlung gem. § 46 Nr. 8 GmbHG ausdrücklich für die Geltendmachung von Ansprüchen gegenüber der Geschäftsführung zuständig ist, sofern sich aus der Satzung nichts anderes ergibt. Von dieser Regelung ist der Anspruch aus § 317 III AktG jedoch nicht ohne Zweifel betroffen, denn der Anspruch ist keiner gegenüber „der Geschäftsführung": Im faktischen Konzernverhältnis steht der Konzerngeschäftsleiter weder in einem organschaftlichen noch in einem sonstigen vertraglichen Verhältnis zur abhängigen Gesellschaft und führt daher auch grundsätzlich nicht die Geschäfte der abhängigen GmbH. Zuständig für die Geltendmachung (und damit auch für den Verzicht) wäre demnach der Geschäftsführer der abhängigen GmbH.

Wegen der Möglichkeit der Einflussnahme und etwaiger persönlicher Verstrickungen, wie bspw. bei Bestehen eines Doppelmandates, muss dennoch berücksichtigt werden, dass sich im (faktischen) Konzernverhältnis Besonderheiten hinsichtlich der Zuständigkeiten ergeben. Die in § 46 Nr. 8 GmbHG (wie auch in Nr. 5 und 6) zum Ausdruck kommende Selbstverständlichkeit, dass sich die Geschäftsführer nicht selbst bestellen, überwachen und in

---

[469] Diese Arbeit beschränkt sich auf die Rechtsformen AG und GmbHG.

[470] Vgl. dazu OLG Frankfurt NZG 1999, 767 (768); *Altmeppen*, GmbHG, § 46 Rn. 92: „negative Entscheidung dieser Art"; *Ganzer*, in: Rowedder/Pentz GmbHG, § 46 Rn. 67; *Hüffer*, in: Hachenburg GmbHG, § 46 Rn. 34.

[471] *Stephan/Tieves*, in: MüKoGmbHG, § 35 Rn. 82.

TEIL 2

Anspruch nehmen können,[472] kann jedenfalls nur teilweise auf die Geltendmachung durch den eigenen Geschäftsführer übertragen werden: Er würde
sich bei der Durchsetzung von § 317 III AktG nur selbst in Anspruch nehmen,
wenn er Doppelmandatsträger wäre, denn dann würde er als Geschäftsführer
der Tochtergesellschaft den Geschäftsleiter des Mutterunternehmens – sich
selbst – in Anspruch nehmen. In allen anderen Fällen ergibt sich jedenfalls
nicht derselbe Interessenkonflikt, der beim direkten Anwendungsfall von
§ 43 II GmbHG entstehen würde.

Der insgesamt in § 46 GmbHG zum Ausdruck kommende Rechtsgedanke muss jedoch berücksichtigt werden: Wegen der Stellung als oberstes
Organ der Gesellschaft und der Legitimationswirkung ihrer Beschlüsse muss
die Gesellschafterversammlung stets zuständig sein, wenn ungewöhnliche
Geschäfte der GmbH betroffen sind.[473] Schon wegen des Abhängigkeitsver-
hältnisses wird die Inanspruchnahme des Konzerngeschäftsleiters im faktischen GmbH-Konzern regelmäßig als ein solches ungewöhnliches Geschäft
zu werten sein und geht damit über den genuinen Zuständigkeitsbereich der
Geschäftsführung hinaus. Nicht zuletzt kommt ein mögliches Stimmverbot
des herrschenden Unternehmens aus § 47 IV GmbHG in der Einmann-GmbH
gerade nicht in Betracht, da es an einer zu schützenden Minderheit fehlt.[474]
Nach den GmbH-rechtlichen Regelungen bleibt es daher bei der Zuständigkeit der Gesellschafterversammlung; in der Einmann-GmbH also beim
Alleingesellschafter, dem herrschenden Unternehmen.

2. Regelungen im AktG

Da es sich in dieser Konstellation um ein Konzernverhältnis handelt und
die §§ 311, 317 AktG entsprechende Anwendung finden[475], sind jedenfalls
auch die aktienrechtlichen Normen bei der Einordnung der Zuständigkeit
zu berücksichtigen. Für den Grundfall der faktisch abhängigen AG statuiert

---

[472] BGH NZG 2004, 962 (964); *Liebscher*, in: MüKoGmbHG, § 46 Rn. 4; 241 f.; *Noack*, in:
Noack/Servatius/Haas GmbHG, § 46 Rn. 57.
[473] *Altmeppen*, GmbHG, § 45 Rn. 2; *Hüffer/Schäfer*, in: HCL GmbHG, § 46 Rn. 2; *K. Schmidt*,
in: Scholz GmbHG, § 46 Rn. 1; *Liebscher*, in: MüKoGmbHG, § 46 Rn. 3 f.; *Römermamm*,
in: MHLS GmbHG, § 46 Rn. 7.
[474] *K. Schmidt*, in: Scholz GmbHG, § 47 Rn. 105; *Liebscher*, in: MüKoGmbHG, Anh. zu
§ 13 Rn. 404; *U. H. Schneider*, in: FS Hoffmann-Becking, 1071 (1082).
[475] Dazu eing. ab S. 29 ff.

§ 317 IV AktG i.V.m. § 309 III 1 AktG besondere formelle Voraussetzungen, wonach ein Verzicht auf den Anspruch aus § 317 III AktG erst drei Jahre nach der Entstehung zulässig ist, sofern kein Widerspruch einer Minderheit zur Niederschrift erhoben wurde und die außenstehenden Aktionäre durch Sonderbeschluss zugestimmt haben. Gedanke der Regelung ist es, zu verhindern, dass das herrschende Unternehmen durch die Stimmmehrheit in der Hauptversammlung ihren eigenen Vorstand von der Ersatzpflicht befreit.[476] Wegen der Strukturunterschiede von AG und GmbH – und zumal hier in der Einmann-Gesellschaft – kann diese Regelung jedenfalls nicht pauschal auf die GmbH übertragen werden; es bleibt aber selbst bei entsprechender Anwendung der Norm bei einer grundsätzlichen Zuständigkeit der Gesellschafterversammlung.

3. Zwischenergebnis

Zuständig für die Geltendmachung des Anspruchs aus § 317 III AktG ist somit die Gesellschafterversammlung der Tochter-GmbH, also das herrschende Unternehmen. Bei der Entscheidung über die Anspruchsdurchsetzung ist daher maßgeblich, welche Rechtsform das herrschende Unternehmen gewählt hat.

II. GmbH als herrschendes Unternehmen

Trägt das herrschende Unternehmen (Alleingesellschafter) die Rechtsform einer GmbH, stellt sich innerhalb dieser Gesellschaft erneut die Frage, welches Organ für die Durchsetzung des Anspruchs zuständig ist. Grundsätzlich käme auch hier die Einordnung als eine einfache Geschäftsführungsmaßnahme (§ 37 I GmbHG) in Betracht. Ist jedoch nur ein einziger Geschäftsführer bestellt, kann dieser selbstverständlich nicht zur Entscheidung über die Geltendmachung des Anspruchs gegen sich selbst verpflichtet werden. Dieser Gedanke ist § 46 Nr. 8 GmbHG (wie auch in Nr. 5 und 6) zu entnehmen und widerspräche allgemeinen Grundsätzen, wonach Personen bei einem Interessenkonflikt von der betroffenen Entscheidung auszuschließen sind (vgl. § 34 BGB, § 181 BGB, § 47 IV GmbHG, § 136 AktG), da anderenfalls eine unbefangene Einschätzung der Sachlage nicht möglich

---

[476] *Altmeppen*, in: MüKoAktG, § 309 Rn. 121; *Emmerich*, in: Emmerich/Habersack, § 309 Rn. 63; *Koch*, AktG, § 309 Rn. 20; *Kropff*, Aktiengesetz 1965, 405.

ist.[477] Der Geschäftsführer, der auch Anspruchsgegner der GmbH ist, kann mithin niemals für die Durchsetzung des Anspruchs zuständig sein, da er ansonsten Richter in eigener Sache wäre.[478] Die Zuständigkeit der Gesellschafterversammlung regelt § 46 Nr. 8 GmbHG: „Der Bestimmung der Gesellschafter unterliegen [...] die Geltendmachung von Ersatzansprüchen, welche der Gesellschaft aus der Geschäftsführung [...] zustehen". Nach dem Wortlaut der Vorschrift scheidet eine unmittelbare Anwendung jedoch auch in diesem Fall aus. Zwar handelt es sich beim Schuldner des Anspruchs tatsächlich um den Geschäftsführer der GmbH („aus der Geschäftsführung"), doch ist die herrschende GmbH nicht Gläubigerin des Anspruchs („welche der Gesellschaft zustehen"). Vielmehr macht die Gesellschaft durch Ausübung ihrer Beteiligungsrechte den Anspruch der abhängigen GmbH geltend. Dennoch ist der hinter § 46 Nr. 8 GmbHG stehende Rechtsgedanke auf den Fall übertragbar. Erkennt man, dass der Geschäftsführer nie Richter in eigener Sache werden darf, ist die Zuständigkeit der Gesellschafter gem. § 46 Nr. 8 GmbHG (analog) zwingend.

Nichts anderes muss bei einer mehrköpfigen Geschäftsführung gelten, selbst wenn eine abweichende Regelung zur Gesamtvertretung nach § 35 II 1 GmbHG im Gesellschaftervertrag geregelt wurde.[479] Man könnte zwar erwägen, eine Geltendmachung durch die übrigen Geschäftsführer der Gesellschaft als einfache Geschäftsführungsmaßnahme (§ 37 I GmbHG) zuzulassen, jedoch stehen dieser Lösung die etwaigen kollegialen Verknüpfungen untereinander (persönliche Verbundenheit, Loyalitätsgefühl etc.) entgegen, die eine neutrale Entscheidung über die Durchsetzung des Anspruchs beeinflussen könnten. Der Gesetzgeber hat in § 112 AktG und § 46 Nr. 8 GmbHG deutlich gemacht, dass die Unternehmensleitung zur Geltendmachung von Ersatzansprüchen gegenüber den Geschäftsführern gerade nicht berufen ist. Anderenfalls hätte man in den jeweiligen Vorschriften eine Ausnahmeregelung für den Fall mehrköpfiger Besetzung

---

477 *Altmeppen*, GmbHG, § 47 Rn. 92; *Liebscher*, in: MüKoGmbHG, § 46 Rn. 4; 241 f.; *Noack*, in: Noack/Servatius/Haas GmbHG, § 46 Rn. 57; § 47 Rn. 76; *Flume*, Die juristische Person, 220 ff.; *Mugdan*, Band I, S. 617; *Wilhelm*, Rechtsform und Haftung, 68 f.
478 Dazu *Altmeppen*, in: FS Bergmann, 1 ff.
479 Vgl. dazu *Lenz*, in: MHLS GmbHG, § 35 Rn. 46 ff.; *Stephan/Tieves*, in: MüKoGmbHG, § 35 Rn. 139 ff.; *Wicke*, GmbHG, § 35 Rn. 14 f.; *Wisskirchen/Hesser/Zoglowek*, in: BeckOK GmbHG, § 35 Rn. 52 ff.

implementieren können. Im Ergebnis kann daher auch ein grundsätzlich unbefangenes Geschäftsführungsmitglied nicht zur Entscheidung über die Geltendmachung des Anspruchs berufen sein. Entsprechend dem Gedanken des § 46 GmbHG wird man folglich auch hier davon ausgehen dürfen, dass es sich um ein ungewöhnliches, in die Zuständigkeit der Gesellschafterversammlung fallendes Geschäft handelt.[480] Dies führt zu der stimmigen Lösung, dass die Gesellschafterversammlung der herrschenden GmbH den Anspruch gegen ihren eigenen Geschäftsführer geltend macht. Gleiches gilt folglich auch für den Verzicht.

III. AG als herrschendes Unternehmen

In der einfachen AG ist die Anspruchsgeltendmachung grundsätzlich als eine einfache Geschäftsführungsmaßnahme zu qualifizieren, die gem. § 76 I AktG regelmäßig in den Aufgabenbereich des Vorstands fällt. Infolgedessen gehört auch die Entscheidung gegen die Durchsetzung – den Verzicht – etwaiger Ansprüche im Grunde in den Zuständigkeitsbereich der Unternehmensleitung. Im Konzern und für die Durchsetzung von § 317 III AktG kann dies jedenfalls nicht gelten, wenn der Vorstand über einen Anspruch gegen sich selbst – er ist Schuldner aus § 317 III AktG – entscheiden würde. Die allgemeine Wertung aus § 34 BGB, § 181 BGB, § 47 IV GmbHG, § 136 AktG passt auch auf den Vorstand. Für dessen Organkollegen gilt das zur GmbH Gesagte.[481]

Wegen der Verhinderung des Vorstands kommt daher nur die Zuständigkeit von Hauptversammlung oder Aufsichtsrat in Betracht. Neben der in § 147 I AktG eingeräumten Möglichkeit zur Geltendmachung von Ersatzansprüchen gegen die Geschäftsführung durch die Hauptversammlung regelt § 112 S. 1 AktG die gerichtliche und außergerichtliche Vertretungsbefugnis des Aufsichtsrates gegenüber den Vorstandsmitgliedern, sodass das gesellschaftsinterne Aufsichtsorgan grundsätzlich auch zur Anspruchsgeltendmachung berufen ist. Dieser Regelung ist der Grundsatz zu entnehmen, dass eine unbefangene Vertretung sichergestellt werden soll, damit eine Entscheidung

---

[480] Dazu schon im vorherigen Abschnitt.
[481] Vgl. dazu insb. auch die Wertung aus § 93 IV AktG, wonach durch die hohen Anspruchsvoraussetzungen ein kollusives Zusammenwirken und die damit verbundene Anspruchsbefreiung von Vorständen und Aufsichtsräten verhindert werden soll, vgl. *Spindler*, in: MüKoAktG, § 93 Rn. 283.

nicht von sachfremden Erwägungen beeinflusst wird, sondern nur sachdienliche Gesellschaftsbelange Berücksichtigung finden.[482] Darüber hinaus steht der Hauptversammlung wegen ihrer Personalkompetenz die Gewalt über den Aufsichtsrat zu, sodass sichergestellt wird, dass die Gesellschafterinteressen insofern ausreichend berücksichtigt werden.

Wegen des Interessenkonflikts des Vorstands – er wäre Richter in eigener Sache (§ 317 III AktG!) – kann die unbefangene Vertretung der Gesellschaft gerade nicht sichergestellt werden. Überzeugend ist es daher, im Falle einer herrschenden AG den Aufsichtsrat gem. § 112 S. 1 AktG für zuständig zu erklären. Dies bietet zudem den Vorteil, dass auf bestehende Grundsätze der Inanspruchnahme von Vorstandsmitgliedern durch den Aufsichtsrat zurückgegriffen werden kann. Insbesondere wäre zu erwägen, ob die im Urteil *ARAG/Garmenbeck*[483] entwickelten Grundsätze hier ebenfalls analoge Geltung – es handelt sich um einen fremden Anspruch – erlangen und der Aufsichtsrat sogar verpflichtet ist, den Anspruch gegen den eigenen Vorstand geltend zu machen.[484] Eine Vertretung durch andere – nicht betroffene – Vorstandsmitglieder scheidet im Übrigen auch wegen der Wertung des § 112 AktG aus, die ansonsten unterlaufen werden würde.

IV. Fazit

Zuständig für die Geltendmachung des Anspruchs und damit auch für einen Verzicht in der abhängigen GmbH ist die Gesellschafterversammlung. Hat das herrschende Unternehmen die Rechtsform einer GmbH inne, ist auch gesellschaftsintern die Gesellschafterversammlung zur Durchsetzung berufen. In einer herrschenden AG fällt die Zuständigkeit dagegen in den Kompetenzbereich des Aufsichtsrats. Selbstverständlich müssen – je nach Rechtsform der herrschenden Gesellschaft – auch dort etwaige Verfahrensvorschriften bei der Beschlussfassung des zuständigen Organs berücksichtigt werden.

---

[482] BGHZ 103, 213 (216) = NJW 1988, 1384; BGHZ 130, 108 (111 f.) = NJW 1995, 2559; BGH ZIP 2005, 348 (349); BGH NZG 2005, 560 (561); BGH ZIP 2006, 2213 (2214); BGH AG 2009, 327; BGH NZG 2017, 69 Rn. 52; *Drygala*, in: K. Schmidt/Lutter AktG, § 112 Rn. 1; *Habersack*, in: MüKoAktG, § 112 Rn. 1; *Henssler*, in: Henssler/Strohn GesR, § 112 Rn. 1; *Groß-Bölting/Rabe*, in: Hölters/Weber, § 309 Rn. 25 jew. mwN.

[483] BGHZ 135, 244 = NJW 1997, 1926 – *ARAG/Garmenbeck.*

[484] Zur Verzichtbarkeit und den materiellen Grenzen sogleich.

C. Materielle Grenzen

Soll auf den Anspruch aus § 317 III AktG verzichtet werden bzw. ist die Gesellschaft mit der schädigenden Handlung einverstanden, bleibt weiterhin unklar, ob inhaltliche bzw. materiell-rechtliche Grenzen bei der Disponibilität von § 317 III AktG vorgesehen sind. Soweit ersichtlich, ist nämlich bisher noch nicht näher untersucht worden, ob und ggf. inwieweit der abhängigen Gesellschaft ein dahin gehender Entscheidungsspielraum zusteht.[485] Mangels gesetzlicher Normierung eines GmbH-Konzernrechts sollen aus den folgenden Grundsätzen und Gedanken die materiell-rechtlichen Grenzen der Disponibilität erschlossen werden, um ein allgemein gültiges und dogmatisch nachvollziehbares Grundprinzip zu entwickeln, wobei die Diskussion um die entsprechende Anwendbarkeit von § 93 V 2 und 3 AktG im Mittelpunkt stehen wird.[486] Für die materiell-rechtlichen Grenzen der Disponibilität von § 317 III AktG kann es jedenfalls keinen Unterschied machen, welche Rechtsform die herrschende Gesellschaft gewählt hat,[487] denn abzustellen ist auf die disponierende abhängige GmbH.

I. Ausgangspunkt: Stammkapital als Grenze

Bei der Bestimmung der Disponibilitätsgrenzen des Anspruchs gegen den Konzerngeschäftsleiter sind die Interessen der Gläubiger der abhängigen GmbH entscheidend. Denn der Anspruch aus § 317 III AktG ist Teil des Vermögens der abhängigen Gesellschaft als Anspruchsinhaberin und dient damit mittelbar der Gläubigerbefriedigung. Wird der Anspruch von der Gesellschaft nicht geltend gemacht, geht dies grundsätzlich zulasten der Gesellschaftsgläubiger, denn diese tragen das Risiko eines geschmälerten Haftungsvermögens und damit eines etwaigen Forderungsausfalls.

Entscheidend ist jedoch, dass der Gläubigerschutz in der GmbH nur bis zur Deckung des Stammkapitals reichen kann. Die Gläubiger werden daher nicht in ihrem Vertrauen auf den Bestand jeglichen Vermögens der

---

[485] Das liegt im Ergebnis daran, dass die Haftung des Konzerngeschäftsleiters in der faktisch abhängigen GmbH fast ausschließlich unberücksichtigt geblieben ist. Das liegt wiederum an der falschen Prämisse, die herrschende Gesellschaft hafte nur wegen Treuepflichtverletzung gegenüber ihrer GmbH, denn diese Konstruktion kann jedenfalls nicht auf den Konzerngeschäftsleiter übertragen werden.
[486] Insgesamt zum Rechtsgedanken und der Übertragbarkeit dieser Norm ab S. 94 ff.
[487] Zu den Unterschieden bei der Zuständigkeitsordnung schon im vorherigen Abschnitt.

Gesellschaft geschützt, sondern nur hinsichtlich des Bestandes der statutarisch festgelegten Summe (§ 5 GmbHG). Das ergibt sich schon aus der Tatsache, dass es den Gesellschaftern einer GmbH – anders als den Aktionären einer AG[488] – gestattet ist, frei über das ungebundene Vermögen zu verfügen (vgl. § 30 GmbHG).[489] Diese Tatsache muss bei der Auslegung berücksichtigt werden.

Der Konzerngeschäftsleiter eines faktischen GmbH-Konzerns haftet bei nachteiliger Einflussnahme grundsätzlich in voller Höhe, also in Höhe des der abhängigen Gesellschaft zugeführten Nachteils. Es gibt keinen tragfähigen Grund, der eine Privilegierung des Konzerngeschäftsleiters gegenüber der Gesellschaft und deren Gläubiger durch eine Beschränkung der Haftung auf die Höhe des Stammkapitals rechtfertigen würde.[490] Der Anspruchsumfang von § 317 III AktG kann daher durchaus über das zur Erhaltung des gebundenen Vermögens Notwendige hinaus gehen. Aus einem Zusammenspiel dieser beiden Wertungen ergibt sich damit der Grundsatz, dass – wie auch bei der Haftung des eigenen Geschäftsführers (§ 43 II GmbHG) – eine Disposition der Gesellschaft jedenfalls immer dann zulässig sein muss, wenn die GmbH solvent ist und das gebundene Vermögen unberührt bleibt. Sofern das Vermögen zur freien Disposition der Gesellschafter steht, (vgl. §§ 30, 31 GmbHG) müssen die Ansprüche grundsätzlich auch in einer konzernierten GmbH disponibel bleiben.[491] Befindet sich die Gesellschaft jedoch in der wirtschaftlichen Krise, müssen zum Schutz der Gesellschaftsgläubiger zusätzliche Grenzen gezogen werden.[492]

---

[488] Für die AG gilt dagegen der Grundsatz der strengen Kapitalbindung, wonach insbesondere die Vermögensausschüttung an die Aktionäre vor Auflösung auf den Bilanzgewinn der AG beschränkt wird (§ 57 AktG), vgl. *Ekkenga*, in: MüKoGmbHG, § 30 Rn. 1 mit Fn. 3; *Servatius*, in: Noack/Servatius/Haas GmbHG, § 30 Rn. 6.

[489] BGHZ 95, 330 (340) = NJW 1986, 188; BGH BeckRS 2006, 14699 Rn. 7; Grenze jedenfalls § 826 BGB (Existenzvernichtungshaftung).

[490] Zur Problematik schon S. 58 ff.

[491] Dieser Gedanke findet sich für den GmbH-Vertragskonzern schon bei *Altmeppen*, Die Haftung des Managers im Konzern, 73 f.; *ders.*, GmbHG, Anh. § 13 Rn. 81.

[492] Das muss schon deshalb gelten, weil die Disponibilität in der Einmann-GmbH erst dann eine Rolle spielen kann, wenn es unbefriedigte Gläubiger gibt. Sofern das Stammkapital der GmbH bilanziell erhalten und die GmbH solvent ist, ist die Diskussion bedeutungslos, vgl. *Altmeppen*, ZIP 2009, 49 (55).

II. Entsprechende Anwendung von § 317 IV i.V.m. § 309 III, IV AktG?

Gesetzlich erwähnt ist die Verzichtbarkeit des Anspruchs gegen den Konzerngeschäftsleiter in § 317 IV AktG i.V.m. § 309 III, IV AktG. Neben bestimmten formellen Voraussetzungen an den Verzicht (§ 309 III AktG)[493] schließt § 309 IV 3 und 4 AktG den Verzicht immer dann aus, wenn der Anspruch zur Gläubigerbefriedigung notwendig ist. Eine Beschränkung auf *grobe* Pflichtverletzungen bzw. sog. Kardinalspflichtverletzungen (§ 93 II AktG), wie es § 93 V 2 und 3 statuiert, kennt das AG-Konzernrecht nicht. Ein Verzicht in der Zone der Unterdeckung ist demnach selbst bei leicht fahrlässiger Schädigung unzulässig.[494] In direkter Anwendung kann der Konzerngeschäftsleiter demnach niemals von der Haftung befreit werden, sofern sich die Gesellschaft in der Krise befindet.

Bei einer entsprechenden Anwendung von § 317 III AktG auf eine abhängige GmbH liegt es prinzipiell nahe, die Verzichtsregelungen aus § 317 IV AktG i.V.m. § 309 III, IV AktG ebenso entsprechend anzuwenden. Folge wäre auch hier die generelle Unverzichtbarkeit des Anspruchs in der Zone der Unterdeckung. Vergleicht man diese Einordnung mit den GmbH-rechtlichen Grundsätzen zur Organhaftung (vgl. § 43 GmbHG und § 93 V 2 und 3 AktG)[495], ergeben sich jedoch immense Abweichungen zur Disponibilität von Organhaftungsansprüchen einer GmbH. Was in der faktisch abhängigen AG gilt, muss aber nicht zwangsläufig in der faktisch abhängigen GmbH gelten. Vielmehr sind bei der Übertragung auf die abhängige GmbH und der Auslegung etwaiger Dispositionsgrenzen die Strukturunterschiede und die GmbH-rechtlichen Wertungen zu berücksichtigen. Dafür wird im Folgenden zunächst die Ausgangslage im direkten Anwendungsfall einer abhängigen AG betrachtet.

---

[493] „Die Gesellschaft kann erst drei Jahre nach der Entstehung des Anspruchs und nur dann auf Ersatzansprüche verzichten oder sich über sie vergleichen, wenn die außenstehenden Aktionäre durch Sonderbeschluß zustimmen und nicht eine Minderheit, deren Anteile zusammen den zehnten Teil des bei der Beschlußfassung vertretenen Grundkapitals erreichen, zur Niederschrift Widerspruch erhebt."

[494] *Altmeppen*, in: MüKoAktG, § 309 Rn. 136; *Leuering/Goertz*, in: Hölters/Weber, § 309 Rn. 51; *Veil/Walla*, in: BeckOGK AktG, § 309 Rn. *34.*

[495] Dazu insgesamt S. 87 ff.

1. Keine ausdrückliche Abweichung zu § 93 V AktG in den Gesetzesmaterialien

Bei der Auslegung ist zunächst der Tatsache Beachtung zu schenken, dass die konzernrechtlichen Regelungen zur Haftung von Organen nach Einführung von § 93 AktG in Kraft getreten sind (1965). Es herrscht jedoch Einigkeit darüber, dass § 309 AktG in erster Linie § 93 AktG nachbildet wurde.[496] Daraus könnte der Schluss gezogen werden, dass sich der Konzerngesetzgeber bewusst gegen eine dem § 93 V AktG vergleichbare Verzichtsmöglichkeit entschieden hat. Legt man der Einordnung jedoch die Gesetzesbegründung zur Einführung von § 309 AktG zugrunde, finden sich keine Ausführungen zu der Frage, warum der Anspruch gegen den Konzerngeschäftsleiter – anders als in § 93 V AktG – schon bei leichter Fahrlässigkeit indisponibel sein soll.[497] Bei einer bewussten Abweichung von § 93 AktG hätte man jedoch grundsätzlich eine ausdrückliche Erklärung mit den jeweiligen Differenzierungsgründen erwarten dürfen, zumal in der Gesetzesbegründung auf das geltende Recht hingewiesen wird.[498]

2. Wertungsunterschiede bei der Einordnung der Haftungsgründe

Auffällig ist jedenfalls, dass sich schon beim direkten Anwendungsfall einer abhängigen AG Wertungsunterschiede zwischen der Haftung des Konzerngeschäftsleiters im Vertragskonzern (§ 309 II AktG) und der Konzernleiterhaftung im faktischen Konzern (§§ 311, 317 III AktG) erkennen lassen. Richtig ist zwar, dass es sich bei allen Haftungstatbeständen um eine besondere Ausprägung der allgemeinen Haftung für pflichtwidrige Besorgung fremder Geschäfte (*negotiorum gestio*) handelt,[499] jedoch passt der konkrete Haftungsgrund des § 317 III AktG – nachteilige Einflussnahme entgegen dem Konzerninteresse – zumindest nicht uneingeschränkt auf den im

---

[496] *Emmerich*, in: Emmerich/Habersack, § 309 Rn. 5; *Koch*, AktG, § 309 Rn. 1; *Servatius*, in: Grigoleit AktG, § 311 Rn. 1; *Veil/Walla*, in: BeckOGK AktG, § 309 Rn. 2.

[497] Vgl. *Kropff*, Aktiengesetz 1965, 404 f.

[498] *Kropff*, Aktiengesetz 1965, 405: „[...] ebenso wie in Übereinstimmung mit dem geltenden Recht sonst die Ersatzvorschriften des Entwurfs (§ 93 V, §§ 116, 117 V) [...]"

[499] *Altmeppen*, GmbHG, Anh. § 13 Rn. 169; *ders.*, in: MüKoAktG, § 309 Rn. 2, 71, § 317 Rn. 8 ff.; *ders.*, NJW 2008, 1553 (1554 f.); *ders.*, ZHR 171 (2007), 320 (329 ff.); *ders.*, in: FS Priester, 1 (12 ff.); *Flume*, Juristische Person, 88 ff.; *Wilhelm*, Rechtsform und Haftung, 227 ff, 349 ff.

Vertragskonzern unmittelbar anwendbaren § 309 II AktG, obwohl pauschal auf die Einschränkungen des § 309 IV AktG verwiesen wird: § 309 AktG knüpft nämlich nicht allgemein an die nachteilige Einflussnahme an, da diese dem Geschäftsleiter im Vertragskonzern grundsätzlich nach § 308 I 2 AktG gestattet ist. Vielmehr wird die Haftung des Konzerngeschäftsleiters regelmäßig durch die Überschreitung des Weisungsrechts aus § 308 AktG begründet.[500] Zu dieser Haftung passt aber eine Differenzierung zwischen der Schwere der Pflichtverletzung (grober und leichter Fahrlässigkeit) ohnehin nicht, denn das Bestehen eines Weisungsrechts bemisst sich nicht nach dem Verschuldensmaßstab. Der konkrete Vorwurf ist schlicht spezieller.

Diese Tatsache kann aber die Zweifel rechtfertigen, ob die nach § 309 IV AktG stets indisponible Haftung zugunsten der Gläubigerbefriedung im Falle des § 317 III, IV AktG zu streng ist. Man könnte nämlich behaupten, die Lage im faktischen Konzern weise vielmehr eine Nähe zur Haftungssituation des § 93 AktG auf, als eine solche zu § 309 II AktG: Culpa-Haftung wegen *jeder* vorsätzlichen oder fahrlässigen Schädigung der Gesellschaft. Dann ist es jedenfalls wertungsmäßig vertretbar, für den Geschäftsleiter im faktischen Konzern dieselben Grundsätze gelten zu lassen, wie für den „echten" Geschäftsleiter nach § 93 AktG, zumal § 309 AktG diesem ohnehin nachgebildet sein soll.

3. Zwischenergebnis

Es kommt zumindest in Betracht, bei der Verweisung von § 317 IV AktG auf § 309 IV AktG von einem Redaktionsversehen auszugehen und damit schon im direkten Anwendungsfall einer abhängigen AG die Schranke der *gröblichen* Pflichtverletzung entsprechend § 93 V 2, 3 AktG hineinzulesen. Die Verzichtbarkeit des Anspruchs wäre damit im Vergleich zur Anwendung von § 309 IV AktG aufgelockert. Für die entsprechende Anwendung auf die GmbH muss dies wegen der Struktur- und Wertungsunterschiede ohnehin gelten.

III. Vergleichbare Wertung zu § 93 V AktG?

Lässt man neben den oben genannten Bedenken die strukturellen Besonderheiten der GmbH in die Bewertung mit einfließen, ergibt sich Folgendes:

---

[500] Vgl. dazu *Emmerich*, in: Emmerich/Habersack, § 309 Rn. 41 ff.; *Koppensteiner*, in: KölnKommAktG, § 309 Rn. 11; *Veil/Walla*, in: BeckOGK AktG, § 309 Rn. 3, 20.

Die Geschäftsleiterhaftung ist in der einfachen unverbundenen AG gesetzlich deutlich strenger ausgestaltet als in der GmbH (vgl. § 93 IV, V AktG und dagegen nur § 43 III GmbHG). Diese grundsätzlich strengere Haftung rechtfertigt sich jedenfalls durch die weitaus stärkere Kapitalbindung in der AG.[501] Berücksichtigt man diese gesetzgeberische Grundwertung, ist es jedenfalls begründungsbedürftig, die noch viel schärfere Haftung im Konzern (vgl. § 93 V AktG und § 309 IV AktG)[502] auf eine abhängige GmbH entsprechend anzuwenden. Eine solche Begründung könnte sich allenfalls aus der Besonderheit des Konzernverhältnisses und der damit verbundenen Einwirkungsmöglichkeiten des Konzerngeschäftsleiters auf die abhängige Gesellschaft ergeben, sodass die jeweiligen Vorschriften im Folgenden anhand ihres Normzweckes und ihrer Systematik zu vergleichen sind.

1. Besonderes Näheverhältnis als Schutzzweck

Sowohl die Haftungsregelung des § 43 GmbHG als auch die des § 93 AktG finden ihren Ursprung in der Organbeziehung des jeweiligen Geschäftsleiters zu seiner Gesellschaft. Parallel dazu beruht die in § 93 V 2 und 3 AktG geregelte und im Vergleich zu § 309 AktG festgelegte Privilegierung – Verzichtsmöglichkeit, sofern kein grober Pflichtenverstoß vorliegt und der Betrag zur Gläubigerbefriedigung benötigt wird –[503] auf dem besonderen Näheverhältnis des Geschäftsleiters zu seiner Gesellschaft.

Auf den ersten Blick gibt es dieses aus der Organbeziehung abgeleitete Näheverhältnis zwischen abhängiger Gesellschaft und Konzerngeschäftsleiter jedoch nicht. Sie stehen weder in einer organschaftlichen noch in einer sonstigen vertraglichen Beziehung. Wenn es aber an einer solchen Sonderbindung fehlt, kann der Konzerngeschäftsleiter auch nicht die gleiche Solidarität erwarten, die eine Gesellschaft dem eigenen Geschäftsführer aufgrund ihrer Verbundenheit durch einen Verzicht zukommen lässt. Dieser Gedanke mag in § 309 AktG zum Ausdruck kommen.

Entscheidend ist jedoch, dass das herrschende Unternehmen als Anstellungskörperschaft auch in einem solchen besonderen Näherverhältnis zum

---

[501] vgl. § 76 I AktG, § 23 V AktG, §§ 57, 62 AktG.
[502] Dazu schon im vorherigen Abschnitt.
[503] Nach der hier vertretenen Ansicht gilt dieser aus § 93 V 2 und 3 AktG abgeleitete Gedanke auch für die Haftung aus § 43 II GmbHG. S. 87 ff.

haftenden Geschäftsleiter steht und wegen der Zuständigkeitsregelungen de facto immer selbst über den Anspruch disponieren wird.[504] Dieser Umstand allein begründet zwar keine tatsächliche Organbeziehung zwischen Konzerngeschäftsleiter und abhängiger Gesellschaft, doch liefert er den Grund für ein *faktisches* Näheverhältnis zwischen Schuldner und Gläubiger. Die konzernrechtlichen Haftungsnormen (§§ 309, 317 AktG) haben nämlich den Zweck, die fehlende Organbeziehung zwischen Gesellschaft und Geschäftsleiter herzustellen.[505] Erkennt man, dass § 317 AktG neben dieser Sonderfunktion eine gewöhnlichen Geschäftsleiterhaftung darstellt, dann ist es naheliegend, die Haftungskonstellation entsprechend § 93 AktG zu interpretieren.

Bei genauer Betrachtung lässt sich ein faktisches Näheverhältnis in der faktisch abhängigen GmbH schon deshalb überzeugend begründen, weil das herrschende Unternehmen (Gesellschafter) und damit auch ihre Geschäftsleiter wegen der lockeren Organisationsverfassung der GmbH die Möglichkeit der Einflussnahme haben.[506] So kann das herrschende Unternehmen, geführt durch seinen (haftenden) Geschäftsleiter, wegen seiner Mehrheitsstellung bspw. unmittelbar Weisungen an die Geschäftsführung der abhängigen Gesellschaft erteilen (§ 37 I GmbHG). Diese Besonderheit allein zeigt, dass die Wertung der allgemeinen Organhaftung grundsätzlich übertragbar ist.

2. Konsequenzen bei gesamtschuldnerischer Haftung
Auch ein systematischer Vergleich zur gesamtschuldnerischen Haftung des Konzerngeschäftsleiter bestätigt das Ergebnis.

(1) Haftung von Konzerngeschäftsleiter und Geschäftsführer der GmbH
Zunächst überzeugt die Einordnung in den Fällen der gesamtschuldnerischen Haftung, wenn Konzerngeschäftsleiter und Geschäftsführer der abhängigen Gesellschaft gemeinsam tätig wurden. Denn anderenfalls käme

---

[504] Dazu im vorherigen Abschnitt.
[505] *Altmeppen*, GmbHG, Anh. § 13 Rn. 169; *ders.*, in: MüKoAktG, § 309 Rn. 2, 71, § 311 Rn. 161 ff., § 317 Rn. 8 ff., Rn. 85; *ders.*, GmbHG, *ders.*, ZHR 171 (2007), 320 (329 ff.); *ders.*, NJW 2008, 1553 (1554 f.); *ders.*, in: FS Priester, 1 (2 ff.); *Kropff*, Aktiengesetz 1965, 404 f.
[506] Daran liegt auch ein tragender Grund für die entsprechende Anwendung von §§ 311, 317 I, III AktG.

man zu uneinheitlichen Ergebnissen bei leicht fahrlässigem Handeln: Der Gläubigerschutz würde bei der Haftung des Konzerngeschäftsleiters viel gewichtiger bewertet werden als die privatautonome Entscheidung der Gesellschaft. Die Haftung des Geschäftsführers wäre jedoch disponibel, obwohl die Schädigung auf derselben Handlung beruht. Von diesem Zufall (gesamtschuldnerische Beteiligung des Konzerngeschäftsleiters) kann der Gläubiger nicht zusätzlich profitieren.

(2) Haftung gem. § 317 I AktG und § 317 III AktG

Auch liegt es nahe, die Disponibilität der Konzerngeschäftsleiterhaftung (§ 317 III AktG) und die Haftung des herrschenden Unternehmens (§ 317 I AktG) einheitlich zu bewerten, da beide für nachteilige Einflussnahme gesamtschuldnerisch haften („Neben dem herrschenden Unternehmen haften als Gesamtschuldner [...]"). Wenn aber der herrschende Gesellschafter in der einfachen GmbH aufgrund seiner übergeordneten Geschäftsführungskompetenz in der Zone der Unterdeckung nur insoweit haftet, als dass er seine Pflichten *gröblich* verletzt hat,[507] dann kann es konsequenterweise auch keinen Unterschied machen, ob dieser noch ein weiteres Unternehmen betreibt. Denn dann wird aus dem herrschenden Gesellschafter ein beherrschendes Unternehmen im faktischen GmbH-Konzern, und es haftet für nachteilige Einflussnahme nach § 317 I AktG analog. Infolgedessen müsste die Haftung des Konzerngeschäftsleiters als bloße Annexhaftung dazu (§ 317 III AktG) ebenso zu bewerten sein und damit denselben Dispositionsgrenzen unterliegen wie die Haftung der herrschenden Gesellschaft selbst: Disponibilität bis zur Grenze der *gröblichen* Pflichtverletzung in der Zone der Unterdeckung (§ 93 V 2 und 3 AktG).

3. Förderung der Entschlussfreudigkeit

Neben dieser systematischen Betrachtung bestehen auch allgemeine Zweifel daran, der Gesellschaft ihrer Dispositionsmöglichkeit zu berauben, wenn der Konzerngeschäftsleiter nur leicht fahrlässig gehandelt hat. Denn wie

---

[507] Vgl. dazu *Altmeppen*, GmbHG, § 13 Rn. 123 ff. Diese Haftung ist entwickelt worden, um den Allein- bzw. Mehrheitsgesellschafter über § 826 BGB hinaus haften zu lassen, weil er quasi die Stellung eines Geschäftsführers innehat. Dieses Konstrukt ist freilich nicht einfach auf ein herrschendes Unternehmen im faktischen Konzern übertragbar. Die Wertungen lassen sich aber durchaus auch hier anbringen.

bei jeder gewöhnlichen Verschuldenshaftung gilt auch für die Haftung aus § 317 III AktG die Vermutung, er habe die Sorgfalt eines ordentlichen und gewissenhaften Geschäftsleiters missachtet und somit zumindest fahrlässig gehandelt.[508] Der Konzerngeschäftsleiter ist insoweit beweisbelastet.[509] Diese Obliegenheit in Kombination mit der eingeschränkten Verzichtsmöglichkeit der Gesellschaft führt aus Sicht des Konzerngeschäftsleiters dazu, dass es selbst bei leicht fahrlässigen Pflichtverletzungen nie zu einer Enthaftung kommen wird, was sich auf die Risikoaffinität gänzlich einschränkend auswirken wird.

Andererseits ist das für den eigenen Geschäftsleiter treffende Argument, die Gesellschaft müsse die Möglichkeit haben, die Entschlussfreudigkeit ihres Vorstandes zu stärken,[510] jedenfalls nicht auf den Konzerngeschäftsleiter übertragbar. Das herrschende Unternehmen und seine Geschäftsleiter sollen sicherlich nicht animiert werden, mutige Geschäfte zulasten der Tochter zu führen (s. §§ 311, 317 AktG). Vielmehr gilt es gerade, die in der Einwirkungsmöglichkeit liegende Konzerngefahr zugunsten der Gläubiger zu vermeiden.

IV. Gesamtbetrachtung

Nach einer Gesamtbetrachtung ist daher eine Entscheidung zu treffen, ob der Realisierung von Gläubigerinteressen zulasten der privatautonomen Entscheidung der Gesellschaft im faktischen GmbH-Konzern mehr an Bedeutung geschenkt werden soll als in der einfachen unbeherrschten GmbH. Denn dort liegt die Grenze der Privatautonomie der Gesellschaft (Art. 2 I GG i.V.m. Art. 19 III GG) erst bei grob fahrlässigem Handeln zulasten der Gläubigerbefriedigung (Rechtgedanke § 93 V 2 und 3 AktG). Die in § 317 III, IV AktG i.V.m. § 309 IV AktG geregelte konzernrechtliche Anordnung des Gesetzgebers kann zwar nicht schlichtweg übergangen

---

[508] Vgl. § 93 II 2 AktG; *Altmeppen*, in: MüKoAktG, § 317 Rn. 30; *Spindler*, in: MüKoAktG, § 93 Rn. 203 ff.; a.A. bzgl. Verschuldensvoraussetzung *Grigoleit*, in: Grigoleit AktG, § 317 Rn. 4; *Habersack*, in: Emmerich/Habersack, § 317 Rn. 5, 7 jew. mwN. Dies kann jedenfalls kein Argument für die abweichende Regelung zu § 93 V AktG sein – wenn es kein Verschulden gibt, kann auch nicht nach *gröblicher* Pflichtverletzung differenziert werden –, denn im direkten Anwendungsfall (§ 309 AktG) bedarf es auch nach hM eines Verschuldens des gesetzlichen Vertreters, s. nur *Koch*, AktG, § 309 Rn. 15.
[509] *Leuering/Goertz*, in: Hölters/Weber, § 317 Rn. 24, 42.
[510] *Klausing*, Aktiengesetz 1937, S. 71.

werden, selbst wenn man darin ein Redaktionsversehen sieht, für die faktische GmbH fehlt diese gesetzgeberische Entscheidung aber gerade, sodass
eine abweichende Auslegung durchaus möglich ist.

Führt man sich die eben dargestellten Argumente noch einmal vor
Augen, sprechen die besseren Gründe für eine einheitliche Bewertung der
Geschäftsleiterhaftung gegenüber einer abhängigen GmbH. Daher ist auch bei
der Konzerngeschäftsleiterhaftung die materielle Grenze der Disponibilität
nach dem Rechtsgedanken des § 93 V 2 und 3 AktG zu setzen: Erst wenn der
Konzerngeschäftsleiter grob fahrlässig gehandelt hat und die Haftungsmasse
zur Gläubigerbefriedigung notwendig ist, darf nicht mehr über den Anspruch
disponiert werden. Über diese Fälle hinaus kann die Gesellschaft frei
über den Anspruch disponieren. Dieser Lösungsweg gibt ein stimmiges
Gesamtkonzept[511] bei der Disponibilität von Geschäftsleiteransprüchen in
der (verbundenen) GmbH, denn er bringt die betroffenen Interessen in einen
schonenden Ausgleich.

---

[511] Diese Wertung ist auch dahingehend stimmig, dass den Gläubigern der Gesellschaft
ein Verfolgungsrecht zusteht (vgl. S. 57 f.) und dieses anderenfalls auch bei einfachen
Pflichtverletzungen durchsetzbar wäre. Dieser Schutz geht zu weit.

Mehrgliedrige Gmbh

Der folgende Teil der Arbeit widmet sich den zusätzlich zu setzenden Dispositionsgrenzen in der mehrgliedrigen GmbH.[512]

§ 1 Schutzwürdige Interessen in der mehrgliedrigen Gmbh

Soweit es um den Gläubigerschutz geht, gibt es in der mehrgliedrigen Gesellschaft keine Besonderheiten. Die Gläubigerinteressen sind in der mehrgliedrigen GmbH ebenso zu schützen wie in der Einmann-GmbH. Sieht die Gesellschaft von der Geltendmachung des Organhaftungsanspruchs ab, sind nachteilige Auswirkungen auf das Haftungsvermögen und damit mittelbar auf die Gläubiger nicht auszuschließen. Die für die Einmann-GmbH entwickelten Grundsätze zu den materiellen Grenzen der Disponibilität gelten für die mehrgliedrige GmbH daher in gleichem Umfang.[513]

Ein bedeutender Unterschied zur Einmann-Gesellschaft ist jedoch, dass in einer mehrgliedrigen Gesellschaft Gesichtspunkte des *Minderheitenschutzes* hinzukommen. Minderheitsgesellschafter sind solche Gesellschafter, deren Anteile die unterhalb der einfachen Mehrheit liegende Quote des Stammkapitals nicht erreichen. Bei der Disposition über Haftungsansprüche können jedenfalls die Rechte dieser Minderheiten betroffen sein:

---

[512] Da sich im Grunde keine Unterschiede zu Teil 2 ergeben, sondern nur der zusätzliche Schutz der Minderheiten zu berücksichtigen ist, fällt dieser Teil deutlich kürzer aus.
[513] Dazu Teil 2.

Wesentliches Element der Handlungsfähigkeit einer Gesellschaft ist die Entscheidungsfindung durch ihre Gesellschafter.[514] Das Instrument der Willensbildung und -ausübung der juristischen Person ist die Beschlussfassung durch die Gesellschafterversammlung (§ 47 I GmbHG). Problematisch ist jedoch, dass Beschlüsse[515] in der GmbH gem. § 47 I GmbHG regelmäßig mit einfacher Mehrheit gefasst werden können. Dieser Umstand hat zur Folge, dass einem Mehrheitsgesellschafter bzw. Mehrheitsunternehmen im Grunde ein Alleinentscheidungsrecht über die Geltendmachung der Ansprüche gewährt wird und die Teilhabe- und Mitbestimmungsrechte eines außenstehenden Gesellschafters völlig übergangen werden können. Im Konzern gilt dies umso mehr, denn die Einwirkungsmöglichkeit des herrschenden Unternehmens (und Mehrheitsgesellschafter) auf eine abhängige GmbH sind wegen der lockeren Organisationsverfassung besonders groß.

Die Minderheitsgesellschafter haben aber nicht nur ein Interesse daran, das gebundene Vermögen der Gesellschaft zu erhalten, sondern auch, dass das Gesellschaftsvermögen insgesamt nicht zu ihren Lasten vernichtet wird. Denn die Gesellschafter tragen schon dann einen Schaden (insbesondere Gewinnverlust) davon, wenn freies Vermögen der Gesellschaft rechtswidrig geschmälert wird. Deswegen müssen in der mehrgliedrigen Gesellschaft neben den Belangen der Gesellschaftsgläubiger die Interessen der Minderheitsgesellschafter Berücksichtigung finden, wenn es um die Willensbildung und -ausübung der Gesellschafterversammlung geht. Um die Mitwirkungsrechte zu wahren bzw. damit ein Mehrheitsgesellschafter keine schädlichen Maßnahmen für die Gesellschaft beschließen und sich nicht auf Kosten seiner Mitgesellschafter bereichern kann, bedarf es daher zusätzlicher Schutzmechanismen.[516]

---

[514] Vgl. zur Stellung als Entscheidungsorgan BGHZ 220, 354 Rn. 33 = ZIP 2019, 701; *Altmeppen*, GmbHG, § 45 Rn. 2; *Liebscher*, in: MüKoGmbHG, § 45 Rn. 1 f.; *Noack*, in: Noack/Servatius/Haas GmbHG, § 45 Rn. 4; *Schindler*, in: BeckOK GmbHG, § 45 Rn. 1; *Wicke*, GmbHG, § 45 Rn. 2 ff.

[515] Also auch die Entscheidung über eine Weisung, Billigung und den Verzicht/Vergleich.

[516] Beachte aber Altmeppen, GmbHG, Anh. § 13 Rn. 127 „Kopfzerbrechen um schutzwürdige Interessen der außenstehenden Gesellschafter im Recht des faktischen GmbH-Konzerns tendenziell nicht an der Realität orientiert, sondern Theorie [...]"; ders., in: MüKoAktG, Vor § 311 Rn. 79; vgl. auch Hommelhoff, ZGR 2012, 535 (537 ff.). Dagegen weist Beurskens, in: Noack/Servatius/Haas GmbHG, Anh. GmbH-KonzernR Rn. 46

§ 2 Enthaftung des Geschäftsführers

Gesetzlich gewährleistet wird der Minderheitenschutz nicht schon in § 43 GmbHG selbst, denn die Norm hat in § 43 III GmbHG nur den Schutz der Gläubiger im Auge.[517] Die Rechte der Minderheiten kommen vielmehr in den Zuständigkeits- und Verfahrensordnungen des jeweiligen Gesetzes zum Ausdruck. Es gilt daher im Folgenden darzustellen, inwieweit sich aus diesen Instrumentarien weitere Dispositionsgrenzen bei Organhaftungsansprüchen ergeben.

A. Formelle Grenzen

Die zusätzlichen Grenzen der Enthaftung sind formeller Natur. Sie ergeben sich durch die Zuständigkeitsordnung und die Regeln zur Beschlussfassung, insbesondere bezüglich eines etwaigen Stimmrechtsausschlusses. Über einen grundsätzlich materiell-rechtlich disponiblen Anspruch kann nicht wirksam disponiert werden, wenn bspw. bei der Beschlussfassung über die Enthaftung die Zuständigkeitsordnung nicht beachtet wurde oder der Beschluss treuwidrig gefasst wurde. Ein formeller Fehler kann daher auch die Disponibilität des Anspruchs beschränken. Dies gilt selbstverständlich für den Verzicht/Vergleich, die Weisungen und das Einverständnis gleichermaßen, denn alle relevanten Enthaftungsformen erfolgen durch Beschluss. Die nachfolgenden Ausführungen lassen sich daher auf alle drei Formen übertragen.

I. Zuständigkeitsordnung

Für die wirksame Beschlussfassung muss sich das zuständige Gesellschaftsorgan mit der Entscheidung über die Geltendmachung des Anspruchs befassen.

Die Entscheidung, ob der Ersatzanspruch gegen den Geschäftsführer (§ 43 GmbHG) durchgesetzt werden soll, unterliegt gem. § 46 Nr. 8 GmbHG *dem Aufgabenkreis der Gesellschafter*. Das gilt gem. § 46 Nr. 5 GmbHG auch für die Entlastung als besondere Form des Anspruchsverzichts.[518] Die Entscheidungskompetenz der Gesellschafter für die von der Entlastung

---

gerade auf die zusätzliche Schutzbedürftigkeit der Minderheiten im Konzern hin; auch Hasselbach, DB 2010, 2037 (2039).

[517] Vgl. Wortlaut der Norm „Soweit der Ersatz zur Befriedigung der Gläubiger erforderlich ist [...]".

[518] Bzw. ergibt sie sich schon aus der Allzuständigkeit der Gesellschafter, *Altmeppen*, GmbHG, § 46 Rn. 54 mwN.

zu unterscheidende Generalbereinigung liefert ein Zusammenspiel aus § 46 Nr. 5, 6 und 8 GmbHG.[519] Anders als die Entlastung bezieht sich die Generalbereinigung nicht nur auf einen konkret in Frage stehenden Ersatzanspruch, sondern hat den Zweck, eine endgültige Regelung zu schaffen, und erfasst daher einen Verzicht auf alle denkbaren, mit der Geschäftsführung zusammenhängenden (künftigen) Ersatzansprüche.[520] Sie ist deshalb weitreichender als die Entlastung. Als Ausführungshandlung ist neben dem Beschluss ein Vertrag zwischen Gesellschaft und Geschäftsführer notwendig.[521] Für die Erteilung von Weisungen ist, soweit sich aus der Satzung nichts anderes ergibt, grundsätzlich ebenfalls die Gesellschafterversammlung zuständig. Entsprechend ist das weisungsbefugte Organ auch für das nachträgliche Einverständnis zuständig (§ 37 I GmbHG).

Der gesetzlich geregelte Zuständigkeitskatalog (§ 46 GmbHG) ist nicht zwingend, sodass die Entscheidungskompetenz im Gesellschaftsvertrag auf ein anderes Organ übertragen werden kann (§ 45 II GmbHG).[522] Aus der Natur der Sache ergibt sich jedoch, dass der Geschäftsführer nicht selbst auf die Geltendmachung seiner Ansprüche verzichten darf.[523] In § 46 Nr. 8 GmbHG (wie auch in Nr. 5 und 6) kommt die Selbstverständlichkeit zum Ausdruck, dass sich die Unternehmensleitung nicht selbst bestellen, überwachen und in Anspruch nehmen kann.[524] Nicht die Geschäftsführung, sondern das oberste Organ der Gesellschaft soll darüber entscheiden, ob der Betroffene wegen einer Pflichtverletzung in Anspruch genommen wird und die damit verbundenen

---

[519] BGH NJW 1998, 1315; BGH NZG 2001, 77; BGH NZG 2003, 528 (529); OLG Frankfurt NZG 1999, 767 (768); OLG Brandenburg NZG 1999, 210 (211); *Bayer*, in: Lutter/Hommelhoff GmbHG, § 46 Rn. 29.

[520] BGHZ 97, 382 (389) = NJW 1986, 2250; BGH NJW 1975, 1273; BGH NJW 1998, 1315; *Altmeppen*, GmbHG, § 43 Rn. 123; *Bayer*, in: Lutter/Hommelhoff GmbHG, § 46 Rn. 29; *Ganzer*, in: Rowedder/Pentz GmbHG, § 46 Rn. 45; *K. Schmidt*, in: Scholz GmbHG, § 46 Rn. 105; *Liebscher*, in: MüKoGmbHG, § 46 Rn. 181; *Noack*, in: Noack/Servatius/ Haas GmbHG, § 46 Rn. 49; *Römermann*, in: MHLS GmbHG, § 46 Rn. 314.

[521] *Bayer*, in: Lutter/Hommelhoff GmbHG, § 46 Rn. 29; *Liebscher*, in: MüKoGmbHG, § 46 Rn. 187; *Lieder*, NZG 2015, 569 (575).

[522] Unstr. *Bayer*, in: Lutter/Hommelhoff GmbHG, § 46 Rn. 1; *Liebscher*, in: MüKoGmbHG, § 46 Rn. 8; *Noack*, in: Noack/Servatius/Haas GmbHG, § 46 Rn. 5 jew. mwN; *Hasselbach*, DB 2010, 2037 (2037 f.) zur Übertragung auf den Aufsichtsrat.

[523] *Noack*, in: Noack/Servatius/Haas GmbHG, § 46 Rn. 93a; *Römermann*, in: MHLS GmbHG, § 46 Rn. 10; *Schindler*, in: BeckOK GmbHG, § 46 Rn. 5.

[524] BGH NZG 2004, 962 (964); *Liebscher*, in: MüKoGmbHG, § 46 Rn. 4; 241 f.; *Noack*, in: Noack/Servatius/Haas GmbHG, § 46 Rn. 57.

möglichen negativen Auswirkungen für die Gesellschaft in Kauf zu nehmen sind.[525] Aus dem Schutzzweck des § 43 III 2 GmbHG soll sich zudem ergeben, dass § 46 Nr. 8 GmbHG in der Insolvenz (bzw. bei Masselosigkeit) der Gesellschaft keine Anwendung findet.[526] Der Insolvenzverwalter kann daher ohne vorangegangenen Gesellschafterbeschluss über Ansprüche disponieren.

II. Beschlussfassung

Die Gesellschafterversammlung entscheidet über die Durchsetzung eines Ersatzanspruchs gegen die Geschäftsführung durch Beschluss (§ 47 GmbHG). Gleiches gilt für die Weisung zu einer Geschäftsführungsmaßnahme. Die ordentliche Beschlussfassung durch die Gesellschafterversammlung dient neben der Gewährleistung des Schutzes der Gesellschafterminderheit auch der Wahrung einer effektiven Zusammenarbeit aller Gesellschaftsorgane, denn die Durchsetzung solcher Ansprüche kann das Verhältnis untereinander erheblich belasten.[527]

Gem. §§ 47 ff. GmbHG erfolgt die Beschlussfassung nach der Mehrheit der abgegebenen Stimmen (einfache Stimmmehrheit) in der Gesellschafterversammlung. Neben der Beschlussfähigkeit (§§ 48 ff. GmbHG)[528] bedarf es eines bestimmten, auf die Enthaftung gerichteten Beschlussantrags durch mindestens einen Gesellschafter, denn dieser bildet die Grundlage der Abstimmung.[529] Ob und inwieweit von den Gesellschaftern tatsächlich eine Enthaftung des Geschäftsführers gewollt ist, muss im Wege der Auslegung ermittelt werden.[530] Der Verzichtswille der Gesellschafter muss eindeutig nach außen erkennbar sein, kann sich jedoch nach allgemeinen Regeln aus

---

[525] BGHZ 28, 355 (357) = NJW 1959, 194; BGH NZG 2004, 962 (964); *Zöllner/Noack*, in: Baumbach/Hueck GmbHG, 21. Aufl. 2017, § 46 Rn. 57.
[526] BGH NZG 2004, 962; BGHZ 197, 304 = ZIP 2013, 1712; *Altmeppen*, GmbHG, § 46 Rn. 89; *Bayer*, in: Lutter/Hommelhoff GmbHG, § 46 Rn. 38; *K. Schmidt*, in: Scholz GmbHG, § 46 Rn. 152; *Gehrlein* BB 2004, 2585 (2588 f.).
[527] *Haas/Wigand*, in: Krieger/Schneider, Hdb Managerhaftung, § 20 Rn. 20.
[528] Vgl. dazu *Seibt*, in: Scholz GmbHG, § 48 Rn. 44.
[529] OLG Düsseldorf GmbHR 1995, 232; OLG Frankfurt NZG 1999, 767 (768); *Bayer*, in: Lutter/Hommelhoff GmbHG, § 46 Rn. 1; *Drescher*, in: MüKoGmbHG, § 47 Rn. 14 ff.; *Römermann*, in: MHLS GmbHG, § 47 Rn. 22; *Zöllner*, FS Lutter, 2000, 821 (822); *Altmeppen*, GmbHR 2018, 225 (228 ff.) zur Erforderlichkeit einer Beschlussfeststellung.
[530] BGH BeckRS 2018, 9330 Rn. 20; *Drescher*, in: MüKoGmbHG, § 47 Rn. 11; *Haas/Wigand*, in: Krieger/Schneider, Hdb Managerhaftung, § 20 Rn. 24; *K. Schmidt*, in: Scholz GmbHG, § 46 Rn. 24.

schlüssigem Verhalten ergeben.[531] Ein bloßes Schweigen bzw. Nichthandeln der Gesellschafter trotz des bestehenden Anspruchs der Gesellschaft kann den Beschluss dagegen nicht ersetzen und damit nicht zur Enthaftung des Geschäftsführers führen.[532]

Ob ein informelles Einverständnis aller Gesellschafter ausreichend ist, wird nicht einheitlich bewertet. Erwogen wird, dass es bei einem Einverständnis aller Gesellschafter ausreichend ist, wenn diese formlos ihre Zustimmung zum Ausdruck bringen.[533] Dafür sprechen jedenfalls Praktikabilitätserwägungen, zumal bei einem Einigsein aller Gesellschafter ohnehin keine besonderen formellen Anforderungen für den Gesellschafterbeschluss bestehen.[534] Zu beachten ist jedoch, dass der Gesetzgeber die Ausnahmen zu einem förmlichen Beschluss schon ausdrücklich im Gesetz geregelt hat (vgl. § 48 II, III, 51 GmbHG) und mit einer Abweichung daher die gesetzgeberische Wertung des § 47 I GmbHG umgangen wird.[535] Daher genügt allein das informelle Einverständnis der Gesellschafter nicht der Beschlusserfordernis.

Auch ein bloßes „Durchentscheiden" der Mehrheitsgesellschafter ohne Beteiligung der Minderheit ist keinesfalls gestattet.[536] Es muss den Minderheitsgesellschaftern möglich sein, sich im Beschlussverfahren Gehör zu verschaffen, um so ihre Mitgliedschaftsrechte wahrnehmen zu können.

III. Stimmrechtsausschluss

Gem. § 47 IV GmbHG sind diejenigen Gesellschafter von der Beschlussfassung ausgeschlossen, deren vermögensrelevante persönliche Interessen in unmittelbaren Gegensatz zur Zweckförderung der Gesellschaft und damit auch zu den vermögensrelevanten Interessen der Gesamtheit der Gesellschafter geraten

---

[531] *Bayer*, in: Lutter/Hommelhoff GmbHG, § 46 Rn. 2; *Wigand*, Haftungsbeschränkungen, S. 36.

[532] *Altmeppen*, GmbHG, § 43 Rn. 122; *Paefgen*, in: HCL GmbHG, § 43 Rn. 134; *Haas*, ZInsO 2007, 464 (465).

[533] Bayer, in: Lutter/Hommelhoff GmbHG, § 46 Rn. 2; K. Schmidt, in: Scholz GmbHG, § 46 Rn. 153.

[534] BGH NZG 1999, 1001; OLG Koblenz NZG 1998, 953; OLG Stuttgart GmbHR 2000, 1048 (1049); OLG Nürnberg NZG 2001, 943 (944); Haas, ZInsO 2007, 464 (465).

[535] *Beurskens*, in: Noack/Servatius/Haas GmbHG, § 43 Rn. 17; *Römermann*, in: MHLS GmbHG, § 46 Rn. 440; *Wigand*, Haftungsbeschränkungen, S. 37.

[536] Altmeppen, GmbHG, § 43 Rn. 122; Paefgen, in: HCL GmbHG, § 43 Rn. 215; Schnorbus, in: Rowedder/Pentz GmbHG, § 43 Rn. 90; Verse, in: Scholz GmbHG, § 43 Rn. 266; Ziemons, in: MHLS GmbHG, § 43 Rn. 97 ff.

können. Darin kommt ein allgemein gültiger Rechtsgedanke zum Ausdruck, der sich aus einer Vielzahl von Normen ableiten lässt (vgl. § 34 BGB, § 43 V I GenG, § 136 I AktG).[537] Im gesellschaftsrechtlichen Kontext besagt dieser Grundsatz, dass ein Gesellschafter, der ein dem Verbandsinteresse zuwiderlaufendes Sonderinteresse verfolgt, einem Stimmrechtsausschluss unterliegen muss, da er anderenfalls zulasten der Gesellschaft und Mitgesellschafter[538] Richter in eigener Sache werden würde.[539]

Strebt ein Mehrheitsgesellschafter einen Sondervorteil an, kann sich dies nachteilig auf die restlichen Gesellschafter auswirken. Im Zusammenhang mit dem Dispositionsbeschluss wird es regelmäßig um die Frage gehen, ob der Mehrheitsgesellschafter einen Sondervorteil anstrebt, der zwar grundsätzlich einen Fall von § 30 I GmbHG darstellen könnte („Auszahlung an den Gesellschafter")[540], aber mangels Unterdeckung der Gesellschaft nicht schon vom Dispositionsverbot in § 43 III GmbHG i.V.m. § 30 I GmbHG erfasst wird. Bspw. soll ein faktisch herrschendes Unternehmen bei Beschlüssen, die eine Geschäftsführung der abhängigen GmbH im Konzerninteresse zum Gegenstand haben, nicht mitstimmen dürfen.[541] Stimmt der betroffene Gesellschafter dennoch ab, können Weisung bzw. Verzicht insoweit treuwidrig[542] und damit anfechtbar oder sogar nichtig sein.[543]

---

[537] Vgl. BMJV, Mauracher Entwurf für ein Gesetz zur Modernisierung des Personengesellschaftsrechts, 2020, S. 89; *Wilhelm*, Rechtsform und Haftung, 66 ff.; *ders.*, JZ 1976, 674.

[538] *Bayer*, in: Lutter/Hommelhoff GmbHG, § 47 Rn. 33; *Drescher*, in: MüKoGmbHG, § 47 Rn. 132; *K. Schmidt*, in: Scholz GmbHG, § 47 Rn. 100; *U. H. Schneider*, ZHR 150 (1986), 609 (612).

[539] BGHZ 9, 157 (178) = NJW 1953, 780; BGH NJW 1976, 713 (714); BGHZ 97, 28 = NJW 1986, 2051; *Altmeppen*, GmbHG, § 47 Rn. 91; *Bayer*, in: Lutter/Hommelhoff GmbHG, § 47 Rn. 33; *K. Schmidt*, in: Scholz GmbHG, § 47 Rn. 102; *Noack*, in: Noack/Servatius/Haas GmbHG, § 47 Rn. 76; *Altmeppen*, in: FS Bergmann, 1 (7): abgewandeltes Verbot des Insichgeschäfts.

[540] Zum Begriff der Auszahlung BGHZ 214, 258 Rn. 14 = NZG 2017, 658; BGHZ 179, 344 Rn. 42 = NJW 2009, 2127; BGHZ 122, 333 (337 f.) = NJW 1993, 1922; BGHZ 31, 258 (276) = NJW 1960, 285.

[541] *Altmeppen*, Die Haftung des Managers im Konzern, 88. Anders dagegen in der Einmann-GmbH *K. Schmidt*, in: Scholz GmbHG, § 47 Rn. 105; *Liebscher*, in: MüKoGmbHG, Anh. zu § 13 Rn. 404; *U. H. Schneider*, in: FS Hoffmann-Becking, 1071 (1082).

[542] *Beurskens*, in: Noack/Servatius/Haas GmbHG, § 43 Rn. 68; *Kleindiek*, in: Lutter/Hommelhoff GmbHG, § 43 Rn. 66.

[543] Zu den Rechtsfolgen sogleich.

TEIL 3

IV. Rechtsfolgen

Kommt es zu einem Mangel bei der Beschlussfassung der Gesellschafter-versammlung, führt dies in analoger Anwendung der aktienrechtlichen Vorschriften (§§ 241 ff. AktG) entweder zur bloßen Anfechtbarkeit oder zur Nichtigkeit des jeweiligen Beschlusses. Ein nichtiger Beschluss gilt als von Anfang an unwirksam, sodass der Anspruch gegen den Geschäftsführer bestehen bleibt. Die Nichtigkeit kann mittels Feststellungsklage (§ 256 ZPO) der Minderheitsgesellschafter klageweise festgestellt werden. Ist der Gesell-schafterbeschluss anfechtbar, bleibt der Beschluss grundsätzlich bis zur Anfechtung wirksam.[544] Eine Pflicht des Geschäftsführers zur Klageerhebung besteht jedenfalls nicht.[545]

Macht die Gesellschafterversammlung den Schadensersatzanspruch nicht geltend, kann die Minderheit einen Beschluss über die Geltendmachung mit-tels Beschlussfeststellungsklage anstreben und darüber die Durchsetzung des Anspruchs erwirken.[546] Zudem kann es zur Haftung der Gesellschaftermehrheit nach den Grundsätzen des *ITT*-Urteils kommen.[547]

B. Fazit

In der mehrgliedrigen Gesellschaft ergeben sich zusätzliche Grenzen der Dis-ponibilität aus der Zuständigkeits- und Verfahrensordnung für die Beschluss-fassung. Insbesondere im Interesse der Minderheiten müssen diese bei der Entscheidung über die Durchsetzung des Organhaftungsanspruchs berück-sichtigt werden.

§ 3 Enthaftung des Konzerngeschäftsleiters

In der mehrgliedrigen Gesellschaft haftet der Konzerngeschäftsleiter in ent-sprechender Anwendung des § 317 III AktG gegenüber der abhängigen GmbH für nachteilige Einflussnahme. Die Haftung des Konzerngeschäftsleiters

---

[544] Zu den Folgen bei Nichtigkeit und Anfechtbarkeit s. schon S. 112 f.
[545] Vgl. zum Streitstand *Fleischer*, in: MüKoGmbHG, § 43 Rn. 307.
[546] Vgl. dazu *Altmeppen*, GmbHG, § 43 Rn. 98, 144; *Beurskens*, in: Noack/Servatius/Haas GmbHG, § 43 Rn. 74.
[547] BGHZ 65, 15 = NJW 1976, 191 – *ITT*; *Beurskens*, in: Noack/Servatius/Haas GmbHG, § 43 Rn. 68; *Paefgen*, in: HCL GmbHG, § 43 Rn. 251.

unterliegt denselben materiellen Dispositionsgrenzen wie in der Einmann-Gesellschaft.[548] Aus formaler Sicht ergibt sich zudem Folgendes:[549]

Mangels Weisungsrechts der abhängigen Gesellschaft gegenüber dem Konzerngeschäftsleiter kommt eine Enthaftung im Wege der Weisung nicht in Betracht. Für die Geltendmachung des Anspruchs und damit auch für einen Verzicht durch die abhängige GmbH ist die Gesellschafterversammlung zuständig. Hat das herrschende Unternehmen die Rechtsform einer GmbH inne, ist auch gesellschaftsintern die Gesellschafterversammlung zur Durchsetzung berufen. In einer herrschenden AG fällt die Zuständigkeit dagegen in den Kompetenzbereich des Aufsichtsrats. Selbstverständlich müssen – je nach Rechtsform der herrschenden Gesellschaft – dann auch etwaige Verfahrensvorschriften bei der Entscheidung des zuständigen Organs berücksichtigt werden.

In direkter Anwendung regelt § 317 IV AktG i.V.m. § 309 III AktG als besondere formale Verzichtsvoraussetzungen:

> Die Gesellschaft kann erst drei Jahre nach der Entstehung des Anspruchs und nur dann auf Ersatzansprüche verzichten oder sich über sie vergleichen, wenn die außenstehenden Aktionäre durch Sonderbeschluß zustimmen und nicht eine Minderheit, deren Anteile zusammen den zehnten Teil des bei der Beschlußfassung vertretenen Grundkapitals erreichen, zur Niederschrift Widerspruch erhebt.

Gedanke der Regelung ist es, zu verhindern, dass das herrschende Unternehmen durch die Stimmmehrheit in der Hauptversammlung sich selbst und seinen eigenen Vorstand von der Ersatzpflicht befreit.[550] Wegen der Strukturunterschiede zwischen abhängiger AG und abhängiger GmbH ist diese Vorschrift grundsätzlich nicht anwendbar. Man muss jedoch stets bedenken, dass sich die GmbH in einem Abhängigkeitsverhältnis befindet und diese Situation wegen der lockeren Organisationsverfassung einer GmbH mit besonderen Risiken für die Gesellschaft verbunden ist: Durch die Stellung als Mehrheits- bzw. Alleingesellschafterin hat das herrschende Unternehmen besondere Einwirkungsmöglichkeiten (vgl. § 37 I GmbHG). Insbesondere mit

---

[548] Rechtsgedanke § 93 V 2 und 3 AktG.
[549] Zur Zuständigkeit schon in Teil 2.
[550] *Altmeppen*, in: MüKoAktG, § 309 Rn. 121; *Emmerich*, in: Emmerich/Habersack, § 309 Rn. 63; *Koch*, AktG, § 309 Rn. 20; *Kropff*, Aktiengesetz 1965, 405.

der Ausübung des in § 37 I GmbHG geregelten Weisungsrechts ist die Gefahr verbunden, dass Interessen außerhalb der abhängigen Gesellschaft verfolgt werden und damit das Eigeninteresse der GmbH durch das unternehmerische Interesse der herrschenden Gesellschaft zulasten der Minderheit und Gläubiger übergangen wird.[551] Daher muss im mehrgliedrigen GmbH-Konzern auch bei der Disponibilität der Ansprüche gegen den Konzerngeschäftsleiter nicht nur der Gläubigerschutz, sondern darüber hinaus auch der Minderheitenschutz Beachtung finden.

Von großer Bedeutung ist das Stimmverbot nach § 47 IV GmbHG.[552] Anders als in der Einmann-GmbH[553] kann ein *Sonder*interesse des herrschenden Unternehmens an der Enthaftung des Konzerngeschäftsleiters bestehen, denn es ist Anstellungskörperschaft des haftenden Organs. Mangels Konzernprivilegs ist das herrschende Unternehmen nicht schon grundsätzlich vom Stimmverbot ausgenommen; diese Besonderheit gilt nur für den Vertragskonzern.[554]

Das Stimmverbot muss bei solchen Rechtsgeschäften greifen, die der Konzernspitze zugutekommen, und genau das ist die Lage bei einem Verzicht auf den Anspruch gegen den Konzerngeschäftsleiter: Denn tatsächlich liegt in einem Verzicht der GmbH faktisch ein Verzicht des Mehrheitsunternehmens, und dieses ist Anstellungskörperschaft des haftenden Geschäftsleiters. Das herrschende Unternehmen wird daher oftmals ein großes Interesse daran haben, sein eigenes Organ von der Haftung freizustellen. Denn insbesondere durch die gerichtliche Geltendmachung der Ansprüche besteht die Gefahr, dass Unternehmensinterna an die Öffentlichkeit geraten, was sich nicht nur nachteilig auf die Marktstellung und Kreditwürdigkeit der abhängigen GmbH, sondern auch auf die Außenwirkung der Muttergesellschaft auswirken kann, wenn so Umstände an

---

[551] Vgl. *Altmeppen*, in: MüKoAktG, Vor § 311 Rn. 1 f.; *Casper*, in: UHL GmbHG, Anh. § 77 Rn. 71 f.; *Kropff*, Aktiengesetz 1965, 39 ff., 373 ff., 407 ff.; *ders.*, in: MüKoAktG, 2. Aufl. 2000/2003, § 311 Rn. 3; *Ulmer*, in: Hachenburg GmbHG, Anh. § 77 Rn. 71 f.
[552] *Beurskens*, in: Noack/Servatius/Haas GmbHG, Anh. GmbH-KonzernR Rn. 49; *Habersack*, in: Emmerich/Habersack, Anh. § 318 Rn. 26; *Liebscher*, in: MüKoGmbHG, Anh. zu § 13 Rn. 404; *Ekkenga* ZGR 2019, 191 ff. Zu den formellen Grenzen bei der Beschlussfassung schon unter § 2 Enthaftung des Geschäftsführers.
[553] Dort gibt es keine zu schützenden Minderheiten.
[554] *Liebscher*, in: MüKoGmbHG, Anh. zu § 13 Rn. 404; *K. Schmidt*, in: Scholz GmbHG, § 47 Rn. 109; *Ekkenga*, ZGR 2019, 191 (201); *U. H. Schneider*, ZHR 150 (1986), 609 (622 ff.).

Konkurrenzunternehmen oder potenzielle Gläubiger gelangen.[555] Wegen der persönlichen Verbundenheit von Konzerngeschäftsleiter und herrschender Gesellschaft aus dem Anstellungsverhältnis wird das Mehrheitsunternehmen zudem regelmäßig auf ein kollegiales Zusammenwirken angewiesen sein. Motiviert durch dieses Sonderinteresse, könnte das Unternehmen kraft Mehrheitsstellung die Enthaftung des Konzerngeschäftsleiters zulasten der GmbH durchsetzen, obwohl dadurch das Vermögen der abhängigen Gesellschaft geschmälert wird. Dies steht in unmittelbarem Gegensatz zur Zweckförderung der Gesellschaft und zu den vermögensrelevanten Interessen der Gesamtheit der Gesellschafter. Zur Vermeidung etwaiger Konflikte ist es daher nur sachgerecht, bei der Beschlussfassung über die Durchsetzung des Anspruchs das Mehrheitsunternehmen grundsätzlich einem Stimmverbot nach § 47 IV GmbHG (analog) zu unterwerfen.[556] Dieses Ergebnis passt auch zur gesetzgeberischen Wertung aus § 309 III AktG, der besondere formale Voraussetzungen an den Verzicht stellt, um ein kollusives Zusammenwirkung im AG-Konzern auszuschließen. Stimmberechtigt sind die Minderheitsgesellschafter.[557]

[555] BGHZ 28, 355 (357) = NJW 1959, 194; BGH NJW 1975, 977 (978); BGH DStR 1997, 1735 (1736); BGH NZG 2004, 962 (964).

[556] *Altmeppen*, GmbHG, Anh. § 13 Rn. 149; *Liebscher*, in: MüKoGmbHG, Anh. zu § 13 Rn. 405; kritisch *Hommelhoff*, ZGR 2012, 535 (563); *ders.*, in: FS E. Vetter, 259 (262 ff.).

[557] Die Geltendmachung soll im Wege der *actio pro socio* erfolgen, vgl. *Casper*, in: UHL GmbHG, Anh. § 77 Rn. 88; *Emmerich*, in: Scholz GmbHG, Anh. § 13 Rn. 86a; *Habersack*, in: Emmerich/Habersack, Anh. § 318 Rn. 26, 31; *Liebscher*, in: MüKoGmbHG, Anh. zu § 13 Rn. 497.

Zusammenfassung

1. Die Haftung des Geschäftsführers gem. § 43 III 1 GmbHG ist über den Wortlaut hinaus auch auf eine Verletzung der in § 43a GmbHG genannten Vorgaben anwendbar. Eine Haftung des Geschäftsführers über § 43 II GmbHG bei einem Verstoß gegen § 43a GmbHG geht fehl. Normzweck des § 43a GmbHG ist die Sicherung und der Bestand der Kapitalgrundlage der Gesellschaft und eine Verletzung dieser Pflichten ist daher als eine nach § 43 III 1 GmbHG gleichstehende *qualifizierte* Pflichtverletzung einzuordnen. Bei analoger Anwendung von § 43 III 1 GmbHG als Anspruchsgrundlage haftet der Geschäftsführer insgesamt verschärft: Es gelten nicht nur die Dispositionsschranken aus Satz 2 und 3 entsprechend, sondern konsequenterweise auch der besondere Schadensbegriff und die insoweit erleichterte Beweislastregelung.

2. Entsteht bei einem Verstoß gegen die Kapitalerhaltungsvorschriften ein betragsmäßig höherer Schaden als der Umfang der verbotenen Leistung, ist dieser weitergehende Schaden über die allgemeine Schadensersatznorm des § 43 II GmbHG geltend zu machen. Eine übergreifende Anwendung von § 43 III 1 GmbHG als Anspruchsgrundlage widerspricht der Auslegung des Gesetzes und ist daher abzulehnen.

3. Die Mitwirkung des Geschäftsführers an einem existenzvernichtenden Eingriff ist über § 43 II GmbH geltend zu machen. Die Interessenlage zwischen der Haftung für Pflichtverletzungen nach § 43 III 1 GmbHG i.V.m. §§ 30, 33 GmbHG und der Haftung bei Mitwirkung an einem existenzvernichtenden Eingriff ist systematisch nicht vergleichbar.

4. Die Haftung des Geschäftsführers gem. § 43 II GmbHG ist grundsätzlich disponibel. Gesetzlich vorgesehene Grenzen findet sich bspw.

in §§ 138, 202, 276 III BGB und § 80 InsO. Die Verzichtsschranke aus § 43 III 2 GmbHG i.V.m. § 9b I GmbHG gilt nur für den Schadensersatzanspruch aus § 43 III 1 GmbHG.

5. Allgemeine Grenzen der Weisung zu und dem nachträglichen Einverständnis mit einer Geschäftsführungsmaßnahme können sich aus den Verfahrensvorschriften zur Beschlussfassung ergeben. Zudem kann ein nichtiger Beschluss der Gesellschafter nicht zur Haftungsfreistellung des Geschäftsführers führen.

6. Bei wortlautgetreuer Anwendung von § 43 III 2 GmbHG i.V.m. § 9b I GmbHG und § 43 III 3 GmbHG wäre die Haftung des Geschäftsführers regelmäßig disponibel, sofern dessen Pflichtverletzung nicht in einem Verstoß gegen die Kapitalerhaltungsvorschriften (§§ 30, 33 GmbHG) läge. Dies ist eine nicht hinnehmbare Lücke im Gläubigerschutzsystem. Die bestehenden gesellschaftlichen Rechtsinstitute vermögen diesen Schutz nicht zu gewähren, sodass hinsichtlich der Disponibilität der Geschäftsleiterhaftung eine ausfüllungsbedürftige Regelungslücke besteht.

7. Aus der aktienrechtlichen Norm des § 93 V AktG kann der allgemeine Gedanke entnommen werden, dass ein Geschäftsleiter bei *gröblicher* Verletzung seiner Pflichten nicht durch die Großzügigkeit seiner Anstellungskörperschaft belohnt werden darf, wenn dies ausschließlich zulasten der Gläubiger gehen würde. Dieser in § 93 V AktG reflektierte Rechtsgedanke ist allgemein gültig und kann daher auf jede Form der Haftung der Unternehmensleitung übertragen werden.

8. Die Haftung aus § 43 II GmbHG muss im Gläubigerinteresse als eine indisponible Haftung gelten, soweit eine *gröbliche* Pflichtverletzung durch den Geschäftsführer begangen wurde und der Ersatz zur Gläubigerbefriedigung benötigt wird. Unterhalb dieser Schwelle ist die Disponibilität dagegen hinzunehmen. Zu diesem Ergebnis gelangt man, indem man die aktienrechtlichen Vorschriften zur Disponibilität der Organhaftung (§ 93 V 2 und 3 AktG) auf die Geschäftsführerhaftung in der GmbH *entsprechend* anwendet.

9. Der Verzicht auf einen Haftungsanspruch gegenüber dem Alleingesellschafter-Geschäftsführer in der Zone der Unterdeckung ist kein Sonderfall der Verzichtbarkeit und bedarf daher keiner Anwendung von § 30 I GmbHG. Auch hier gelten die Dispositionsgrenzen des § 93 V 2 und 3 AktG: Hat der Alleingesellschafter-Geschäftsführer den

Mindeststandard unternehmerischen Verhaltens eingehalten, kann ein Anspruch aus § 43 II GmbHG nicht zur Entstehung gelangen, denn der Geschäftsführer wird immer mit (seinem) Einverständnis handeln. Basiert der Anspruch dagegen auf einer *gröblichen* Pflichtverletzung und wird er zur Gläubigerbefriedigung notwendig, ist der Anspruch nach dem allgemein geltenden Gedanken ohnehin nicht disponibel.

10. In der mehrgliedrigen Gesellschaft sind neben den Gläubigerinteressen auch die Interessen der Minderheitsgesellschafter bei der Reichweite der Disponibilität zu beachten. Sie ergeben sich durch die Zuständigkeitsordnung und die Regeln zur Beschlussfassung, insbesondere bezüglich eines etwaigen Stimmrechtsausschlusses.

11. Der Konzerngeschäftsleiter kann aufgrund seiner besonderen Stellung im Unternehmen seine Leitungsmacht über die Angelegenheiten seiner eigenen Gesellschaft hinaus ausüben. Wegen ihrer lockeren Finanz- und Organisationsverfassung muss die GmbH vor nachteiliger Einflussnahme besonders geschützt werden. Dieser Umstand und die Sonderstellung des Konzerngeschäftsleiters rechtfertigen eine mögliche, direkte und nicht nur deliktische Inanspruchnahme durch die abhängige GmbH bei nachteiliger Einflussnahme.

12. Die Haftung des Geschäftsleiters des Mutterunternehmens ergibt sich aus einer entsprechenden Anwendung von § 317 III AktG. Die bestehende Regelungslücke zur Haftung des Konzerngeschäftsleiters kann durch andere Haftungsinstitute des Gesellschaftsrechts nicht ausreichend geschlossen werden. Die bestehenden Rechtsinstitute der Existenzvernichtungshaftung, der allgemeinen Organhaftung, der Haftung aus Treuepflichtverletzung und § 117 AktG vermögen nur Teile der bestehenden Schutzlücke zu schließen.

13. Die §§ 311, 317 AktG sind insgesamt entsprechend auf die faktisch abhängige GmbH anwendbar. Die Übertragung der GmbH-rechtlichen Treuepflichtkonstruktion auf die Haftung des Mutterunternehmens gegenüber der abhängigen GmbH ist wegen der daraus entstehenden Schutzlücken abzulehnen.

14. Bei der entsprechenden Anwendung von § 317 III AktG sind die folgenden Modifikationen zu beachten: Die Möglichkeit eines gestreckten Nachteilsausgleichs i.S.v. § 311 II AktG ist wegen der strukturellen Unterschiede der GmbH und AG nicht anwendbar. Dagegen besteht das Gläubigerverfolgungsrecht aus § 317 IV AktG i.V.m. § 309 IV 3 AktG

auch bei einer Haftung in entsprechender Anwendung. Die mögliche Begrenzung der Haftung auf die Höhe des Stammkapitals bei Inanspruchnahme des herrschenden Unternehmens kann dagegen nicht für den Konzerngeschäftsleiter gelten, denn es fehlt an einem tragfähigen Grund für eine solche Privilegierung.

15. Mangels Weisungsrechts der abhängigen Gesellschaft gegenüber dem Konzerngeschäftsleiter kommt eine Enthaftung nur in Form des Verzichts/Vergleichs oder nachträglichen Einverständnisses in Betracht. Für die Geltendmachung des Anspruchs aus § 317 III AktG und damit auch für einen Verzicht in der abhängigen GmbH ist die Gesellschafterversammlung zuständig. Hat das herrschende Unternehmen die Rechtsform einer GmbH inne, ist auch gesellschaftsintern die Gesellschafterversammlung zur Durchsetzung berufen. In einer herrschenden AG fällt die Zuständigkeit dagegen in den Kompetenzbereich des Aufsichtsrats.

16. § 317 IV AktG i.V.m. § 309 III, IV AktG ist wegen der Struktur- und Wertungsunterschiede nicht auf die abhängige GmbH anwendbar. Die materielle Grenze der Disponibilität ist entsprechend dem Rechtsgedanken des § 93 V 2 und 3 AktG zu setzen: Erst wenn der Konzerngeschäftsleiter grob fahrlässig gehandelt hat und die Haftungsmasse zur Gläubigerbefriedigung notwendig ist, darf nicht mehr über den Anspruch disponiert werden. Über diese Fälle hinaus kann die Gesellschaft frei über den Anspruch disponieren. Dieser Lösungsweg ergibt ein stimmiges Gesamtkonzept bei der Disponibilität von Geschäftsleiteransprüchen in der (verbundenen) GmbH, denn er bringt die betroffenen Interessen in einen schonenden Ausgleich.

17. Anders als in der Einmann-GmbH kann ein Sonderinteresse des herrschenden Unternehmens an der Enthaftung des Konzerngeschäftsleiters bestehen, denn es ist Anstellungskörperschaft des haftenden Organs. Zur Vermeidung etwaiger Konflikte ist bei der Beschlussfassung über die Durchsetzung des Anspruchs aus § 317 III AktG das Mehrheitsunternehmen grundsätzlich einem Stimmverbot nach § 47 IV GmbHG (analog) zu unterwerfen.

Literaturverzeichnis

Altmeppen, Holger: Anmerkung zu BGH, Urteil vom 16.9.2002 – II ZR 107/01, DStR 2002, S. 2048–2050.

Altmeppen, Holger: Aufsteigende Sicherheiten im Konzern, ZIP 2017, S. 1977–1982.

Altmeppen, Holger: Ausfall und Verhaltenshaftung des Mitgesellschafters in der GmbH, ZIP 2002, S. 961–968.

Altmeppen, Holger: Beschlussfeststellung, Stimmrecht und Klageobliegenheit in der GmbH, GmbHR 2018, S. 225–231.

Altmeppen, Holger: Compliance und konzernspezifisches Trennungsprinzip, NZG 2022, S. 1227–1235.

Altmeppen, Holger: Der GmbH-Geschäftsführer als unabhängiger Treuhänder der Allgemeinheit, NJW 2022, S. 2785–2791.

Altmeppen, Holger: Die Haftung des Managers im Konzern, München 1998.

Altmeppen, Holger: Gesellschafterhaftung und „Konzernhaftung" bei der GmbH, NJW 2002, S. 321–324.

Altmeppen, Holger: Gesetz betreffend die Gesellschaften mit beschränkter Haftung Kommentar, 10. Aufl., München 2021 [zitiert: *Altmeppen,* GmbHG].

Altmeppen, Holger: Grundlegend Neues zum „qualifiziert faktischen" Konzern und zum Gläubigerschutz in der Einmann-GmbH, ZIP 2001, S. 1837–1847.

Altmeppen, Holger: Insichgeschäft und Stimmverbot am Beispiel der GmbH, in: *Dreher, Meinrad/Mülbert, Peter/Verse, Dirk/Drescher, Ingo,* Festschrift für Alfred Bergmann zum 65. Geburtstag, Berlin/Boston 2018, S. 1–15 [zitiert: *Altmeppen,* in: FS Bergmann].

Altmeppen, Holger: Interessenkonflikte im Konzern, ZHR 171 (2007), S. 320–341.

Altmeppen, Holger: Ungültige Vereinbarungen zur Haftung von GmbH-Geschäftsführern – zugleich Besprechung von BGH-Urteil vom 15.11.1999 – II ZR 122/98, DB 2000, S. 261–263.

Altmeppen, Holger: „Upstream-loans", Cash Pooling und Kapitalerhaltung nach neuem Recht, ZIP 2009, S. 49–56.

Altmeppen, Holger: Wirklich keine Haftung der Bundesrepublik Deutschland im Fall Telekom?, NJW 2008, S. 1553–1556.

Altmeppen, Holger: Zur Disponibilität der Geschäftsführerhaftung in der GmbH, DB 2000, S. 657–661.

Altmeppen, Holger: Zur Entwicklung eines neuen Gläubigerschutzkonzeptes in der GmbH, ZIP 2002, S. 1553–1563.

Altmeppen, Holger: Zur immer noch geheimnisvollen Regelung der faktisch abhängigen AG, in: *Hommelhoff, Peter/Rawert, Peter/Schmidt, Karsten,* Festschrift für Hans-Joachim Priester zum 70. Geburtstag, Köln 2007, S. 1–21 [zitiert: *Altmeppen,* in: FS Priester].

Altmeppen, Holger: Zur Vermögensbindung in der faktisch abhängigen AG, ZIP 1996, S. 693–698.

Assmann, Heinz-Dieter: Gläubigerschutz im faktischen GmbH-Konzern durch richterliche Rechtsfortbildung – Teil 2, JZ 1986, S. 928–938.

Bachmann, Gregor: Verhandlungen der 70. Deutschen Juristentag, Band I: Gutachten E, Hannover 2014.

Bastuck, Burkhard: Enthaftung des Managements, Köln u.a. 1986 (zugl. Diss Bonn 1985).

Baumbach, Adolf/Hueck, Alfred: Gesetz betreffend die Gesellschaften mit beschränkter Haftung, 21. Aufl., München 2017 [zitiert: *Bearbeiter,* in: Baumbach/Hueck GmbHG, 21. Aufl. 2017].

Bayer, Walter: Die Innenhaftung des GmbH-Geschäftsführers de lege lata und de lege ferenda, GmbHR 2014, S. 897–907.

Bayer, Walter/Hoffmann, Thomas: Gesellschafterstrukturen des deutschen GmbHG, GmbHR 2014, S. 12–17.

BeckOGK AktG ® siehe unter *Henssler.*

BeckOK GG ® siehe unter *Epping/Hillgruber.*

BeckOK GmbHG ® siehe unter *Ziemons/Jaeger/Pöschke.*

Bitter, Georg/Baschnagel, Markus, Haftung von Geschäftsführern und Gesellschaftern in der Insolvenz ihrer GmbH – Teil 1 ZInsO 2018, S. 557–597.

Bork, Reinhard/Schäfer, Carsten: Kommentar zum GmbH-Gesetz, 5. *Aufl.,* Köln 2022 [zitiert: *Bearbeiter,* in: Bork/Schäfer GmbHG].

Burgard, Ulrich: Cash Pooling und Existenzgefährdung, Band 6: Gesellschaftsrecht in der Diskussion 2002, erschienen 2003, S. 45–67.

Burgard, Ulrich: Die Förder- und Treupflicht des Alleingesellschafters einer GmbH, ZIP 2002, S. 827–839.

Bürgers, Tobias/Körber, Torsten: Aktiengesetz Kommentar, 4. Aufl., Heidelberg 2017 [zitiert: *Bearbeiter*, in: Bürgers/Körber AktG].

Cahn, Andreas: Vergleichsverbote im Gesellschaftsrecht, Köln 1996 (zugl. Diss. Frankfurt a.M. 1994).

Canaris, Claus-Wilhelm: Hauptversammlungsbeschlüsse und Haftung der Verwaltungsmitglieder im Vertragskonzern, ZGR 1978, S. 207–218.

Diez-Vellmer, Fabian: Organhaftungsansprüche in der Aktiengesellschaft: Anforderungen an Verzicht oder Vergleich durch die Gesellschaft, NZG 2011, S. 248–254.

Dreier, Horst: Grundgesetz Kommentar, 3. Aufl., Tübingen 2018 [zitiert: *Bearbeiter*, in: Dreier GG].

Drescher, Ingo: Die Haftung des GmbH-Geschäftsführers, 8. *Aufl.*, Köln 2019.

Drygala, Tim/Kremer, Thomas: Alles neu macht der Mai – Zur Neuregelung der Kapitalerhaltungsvorschriften im Regierungsentwurf zum MoMiG, ZIP 2007, S. 1289–1296.

Dürig, Günter/Herzog, Roman/Scholz, Rupert: Grundgesetz-Kommentar, 98. EL August 2022; [zitiert: *Bearbeiter*, in: Dürig/Herzog/Scholz GG].

Ek, Ralf/Kock, Martin: Die Haftung des GmbH-Geschäftsführers, 2. *Aufl.*, München 2020.

Ekkenga, Jens: Stimmverbote gegen den herrschenden Gesellschafter im GmbH-Konzern, ZGR 2019, S. 191–237.

Emmerich, Volker/Habersack, Mathias: Aktien und GmbH-Konzernrecht Kommentar, 10. Aufl., München 2022 [zitiert: *Bearbeiter*, in: Emmerich/Habersack].

Epping, Volker/Hillgruber, Christian: Beck'scher Online Kommentar zum GG, 53. Edition, Stand: 15.11.2022, München 2023 [zitiert: *Bearbeiter*, in: BeckOK GG].

Eschenbruch, Klaus: Konzernhaftung: Haftung der Unternehmen und der Manager, Düsseldorf 1996.

Fastrich, Lorenz: Bemerkungen zur Existenzvernichtungshaftung, in: *Boele-Woelki, Katharina/Faust, Florian/Jacobs, Matthias/Kuntz, Thilo/ Röthel, Anne/Thorn, Karsten/Weitemeyer Birgit,* Festschrift für Karsten Schmidt zum 80. Geburtstag, Band I, Hamburg 2019, S. 291–308. [zitiert: *Fastrich,* in: FS K. Schmidt I].

Fleck, Hans-Joachim: Der Grundsatz der Kapitalerhaltung – seine Ausweitung und seine Grenzen, in: *Lutter, Marcus/Ulmer, Peter/Zöllner, Wolfgang,* Festschrift 100 Jahre GmbH-Gesetz, Köln 1992, S. 391–419 [zitiert: *Fleck,* in: FS 100 Jahre GmbHG].

Fleck, Hans-Joachim: Die Drittanstellung des GmbH-Geschäftsführers, ZHR 149, (1985), S. 387–418.

Fleck, Hans-Joachim: Zur Haftung des GmbH-Geschäftsführers, GmbHR 1974, S. 224–130.

Fleischer, Holger: Zur Einschränkbarkeit der Geschäftsführerhaftung in der GmbH, BB 2011, S. 2435–2440.

Fleischer, Holger: Konzernleitung und Leitungssorgfalt der Vorstandsmitglieder im Unternehmensverbund, GmbHR 2005, S.759–766.

Fleischer, Holger/Goette, Wulf: Münchener Kommentar zum GmbHG, Band I (§§ 1–34 GmbHG) und Band II (§§ 35–52 GmbHG), 4. Aufl., München 2022 [zitiert: *Bearbeiter,* in: MüKoGmbHG].

Fleischer, Holger/Goette, Wulf: Münchener Kommentar zum GmbHG, Band II (§§ 35–52 GmbHG), 3. Aufl., München 2019 [zitiert: *Bearbeiter,* in: MüKoGmbHG, 3. Aufl. 2019].

Flume, Werner: Allgemeiner Teil des Bürgerlichen Rechts, Erster Band – Zweiter Teil: Die juristische Person, Berlin u.a. 1983 [zitiert: *Flume,* Juristische Person].

Flume, Werner: Allgemeiner Teil des Bürgerlichen Rechts, Zweiter Band: Das Rechtsgeschäft, Berlin u.a. 1979 [zitiert: *Flume,* Das Rechtsgeschäft].

Flume, Werner, Die Rechtsprechung des II. Zivilsenats des BGH zur Treupflicht des GmbH-Gesellschafters und des Aktionärs, ZIP 1996, S. 161–167.

Flume, Werner: Grundfragen der Aktienrechtsreform, Düsseldorf 1960 [zitiert: *Flume,* Aktienrechtsreform].

Gadow, Wilhelm/Barz, Carl Hans: Aktiengesetz Großkommentar, Band I (§§ 1–144 AktG), 2. *Aufl.,* Berlin u.a. 1961 *ff.* [zitiert: *Bearbeiter,* in: Großkomm AktG, 2. Aufl.].

Gätsch, Andreas: Gläubigerschutz im qualifizierten faktischen GmbH-Konzern, Berlin 1997.

Gehrlein, Markus: Die Existenzvernichtungshaftung im Wandel der Rechtsprechung, WM 2008, S. 761–769.

Gehrlein, Markus: Rechtsprechungsübersicht zum GmbH-Recht in den Jahren 2001–2004: Eigenkapitalersatz, Veräußerung des Geschäftsanteils, Gesellschafterbeschluss sowie Rechtsstellung und Haftung des GmbH-Geschäftsführers, BB 2004, S. 2585–2595.

Goette, Wulf: Anmerkung BGH, Urteil vom 17.9.2001 – II ZR 178/99, DStR 2001, S. 1853–1857.

Goette, Wulf: 3. Insolvenzrechtstag – Gesellschaftsrecht und Insolvenzrecht, Rechtsprechungsbericht – KTS 2006, 217–237.

Goette, Wulf/Goette, Maximilian: Die GmbH – Darstellungen anhand der Rechtsprechung des BGH, 3. Aufl. 2019.

Goette, Wulf/Habersack, Mathias: Münchener Kommentar zum Aktiengesetz, Band I (§§ 1–75 AktG), Band II (§§ 76–117 AktG) und Band V (§§ 278–328 AktG), 5. Aufl., München 2019/20 [zitiert: *Bearbeiter,* in: MüKoAktG].

Graef, Joachim: Anmerkung zu BGH, Urteil vom 16.9.2002 – II ZR 107/01, BB 2002, S. 2517–2518.

Grigoleit, Hans Christoph: Aktiengesetz Kommentar, 2. Aufl. München 2020 [zitiert: *Bearbeiter,* in: Grigoleit AktG].

Grigoleit, Hans Christoph: Gesellschafterhaftung für interne Einflussnahme im Recht der GmbH, München 2006.

Großkommentar zum Aktiengesetz ® siehe unter *Gadow/Barz und Hopt/ Wiedemann.*

Grüneberg, Christian: Bürgerliches Gesetzbuch Kommentar, 82. Aufl., München 2023 [zitiert: *Bearbeiter,* in: Grüneberg BGB].

Haas, Ulrich: Anmerkung zu BGH, Urteil vom 31.1.2000 – II ZR 189/99, NZG 2000, S. 544–546.

Haas, Ulrich: Der Verzicht und Vergleich auf Haftungsansprüche gegen den GmbH-Geschäftsführer, ZInsO 2007, S. 464–472.

Haas, Ulrich: Haftung des GmbH-Geschäftsführers in der Krise der Gesellschaft, in *Heintzen, Markus/Kruschwitz, Lutz,* Unternehmen in der Krise, Berlin 2004, S. 73–107 [zitiert: *Haas,* in: Heintzen/Kruschwitz].

Habersack, Mathias/Casper, Mathias/Löbbe, Marc: GmbHG Gesetz
betreffend die Gesellschaften mit beschränkter Haftung
Großkommentar, Band I (§§ 1–28 GmbHG), Band II (§§ 29–52 *GmbHG*),
3. Aufl., Tübingen 2019, 2020 [zitiert: *Bearbeiter*, in: HCL GmbHG].

Habersack, Mathias/Schürnbrand, Jan: Die Rechtsnatur der Haftung aus
§§ 93 Abs. 3 AktG, 43 Abs. 3 GmbHG, WM 2005, S. 957–961.

Hachenburg GmbHG ® siehe unter *Ulmer.*

Hasselbach, Kai: Der Verzicht auf Schadensersatzansprüche gegen
Organmitglieder, DB 2010, S. 2037–2044.

Heinsius, Theodor: Haftungsfragen im faktischen Konzern, AG 1986,
S. 99–105.

Heisse, Matthias: Die Beschränkung der Geschäftsführerhaftung gegenüber
der GmbH, Köln 1988.

Hefermehl, Wolfgang: Zur Haftung der Vorstandsmitglieder bei
Ausführung von Hauptversammlungsbeschlüssen in: *Fischer, Robert/
Hefermehl, Wolfgang,* Gesellschaftsrecht und Unternehmensrecht,
Festschrift für Wolfgang Schilling zum 65. Geburtstag, Berlin 1973,
S. 159–174 [zitiert: *Hefermehl*, in: FS Schilling].

Henssler, Martin: Beck-online Großkommentar AktG, Stand: 01.10.2022,
München 2022 [zitiert: *Bearbeiter*, in: BeckOGK AktG].

Henssler, Martin/Strohn, Lutz: Gesellschaftsrecht Kommentar, 5. Aufl.,
München 2021 [zitiert: *Bearbeiter*, in: Henssler/Strohn GesR].

Hirschfeld, Maximilian: Aufsteigende Sicherheiten im Konzern, Berlin 2021
(zugl. Diss. Passau 2021).

Hölters, Wolfgang/Weber, Markus: Aktiengesetz Kommentar, 4. Aufl.,
München 2022 [zitiert: *Bearbeiter*, in: Hölters/Weber AktG].

Holthausen, Joachim: Entlastung und Generalbereinigung – unverzichtbare
Instrumente zur Erlangung von Rechtssicherheit und persönlicher
Haftungsbeschränkung, GmbHR 2019, S. 634–640.

Hommelhoff, Peter: Förder- und Schutzrecht für den faktischen GmbH-
Konzern, ZGR 2012, S. 535–565.

Hommelhoff, Peter: Selbstschutz der GmbH-Minderheit bei Bildung eines
faktischen Konzerns, in: *Grunewald, Barbara/Koch, Jens/Tielmann,
Jörgen,* Festschrift für Eberhard Vetter zum 70. Geburtstag, Köln 2019,
S. 259–270 [zitiert: *Hommelhoff*, in: FS E. Vetter].

Hopt, Klaus J./Wiedemann, Herbert: Aktiengesetz Großkommentar, Band VIII (§§ 278–319), 42. Lieferung § 311 AktG, 41. Lieferung §§ 312–318 AktG, 4. Aufl., Berlin 2013, 2016, 2020 [zitiert: *Bearbeiter*, in: Großkomm AktG].

Hueck, Götz: Arbeitskreis GmbH-Reform: Thesen und Vorschläge zur GmbH-Reform, Band I, Heidelberg 1971.

Hübner, Ulrich: Managerhaftung, Rechtsgrundlagen und Risikopotentiale einer persönlichen Inanspruchnahme der Unternehmensleiter von Kapitalgesellschaften, München 1992.

Joussen, Jacob: Der Sorgfaltsmaßstab des § 43 Abs. 1 GmbHG, GmbHR 2005, S. 441–447.

Jula, Rocco: Die Haftung von GmbH-Geschäftsführern und Aufsichtsräten: Haftung, Strafbarkeit, Risikoverminderung und vermeidung, Versicherungslösungen, 1. Aufl., Berlin 1998.

Jula, Rocco: Geschäftsführerhaftung gemäß §43 GmbHG: Minimierung der Risiken durch Regelungen im Anstellungsvertrag?, GmbHR 2001, S. 806–811.

Jungkurth, Frank: Konzernleitung bei der GmbH: Die Pflichten des Geschäftsführers, Berlin 2000.

Klausing, Friedrich: Gesetz über Aktiengesellschaften und Kommanditgesellschaften auf Aktien, Berlin 1937 [zitiert: *Klausing*, Aktiengesetz 1937].

Kleinert, Detlef: Das GmbH-Recht in der Rechtsprechung des BGH – Ein Beispiel für notwendige richterliche Rechtsfortbildung? in: *Letzgus, Klaus/Hill, Hermann/Klein, Hans Hugo/Kleiner, Detlef/Oschatz, Georg-Berndt/de With, Hans,* Festschrift für Herbert Helmrich zum 60. Geburtstag, München 1994, S. 667–676 [zitiert: *Kleinert*, in: FS Helmrich].

Koch, Jens: Aktiengesetz, 16. Aufl., München 2022 [zitiert: *Koch*, AktG].

Kölner Kommentar zum Aktiengesetz ® siehe unter *Zöllner/Noack*.

Konzen, Horst: Geschäftsführung, Weisungsrecht und Verantwortlichkeit in der GmbH und GmbH & Co KG, NJW 1989, S. 2977–1987.

Krieger, Gerd/Schneider, Uwe H.: Handbuch Managerhaftung, 3. Aufl., Köln 2017 [zitiert: *Bearbeiter*, in: Krieger/Schneider, Hdb Managerhaftung].

Kropff, Bruno: Benachteiligungsverbot und Nachteilsausgleich im faktischen Konzern, in: *Doralt, Peter/Nowotny, Christian*, Kontinuität und Wandel – Festschrift für Walther Kastner zum 90. Geburtstag, Wien 1992, S. 279–299 [zitiert: *Kropff*, in: FS Kastner].

Kropff, Bruno: Der GmbH-Beherrschungsvertrag: Voraussetzung für den Vorrang von Konzerninteressen, in: *Bierich, Marcus/Hommelhoff, Peter/ Kropff, Bruno*, Festschrift für Johannes Semler zum 70. Geburtstag am 28. April 1993, Berlin 1993, S. 517–540 [zitiert: *Kropff*, in: FS Semler].

Kropff, Bruno: Einlagenrückgewähr und Nachteilsausgleich im faktischen Konzern, NJW 2009, S. 814–817.

Kropff, Bruno: Textausgabe des Aktiengesetzes vom 6.9.1965 und des Einführungsgesetzes zum Aktiengesetz vom 6.9.1965, Düsseldorf 1965 [zitiert: *Kropff*, Aktiengesetz 1965].

Kropff, Bruno/Semler, Johannes: Münchener Kommentar zum Aktiengesetz, Band VIII (§§ 278–328 AktG), 2. Aufl., München 2000, 2003 [zitiert: *Bearbeiter*, in: MüKoAktG, 2. Aufl. 2000/2003].

Larenz, Karl: Methodenlehre der Rechtswissenschaft, 6. Aufl., Berlin u.a. 1991.

Liebscher, Thomas: GmbH-Konzernrecht, 1. Aufl., Mannheim 2006.

Lieder, Jan: Annexkompetenzen der Gesellschafterversammlung, NZG 2015, S. 569–580.

Lohr, Martin: Die Beschränkung der Innenhaftung des GmbH-GF, NZG 2000, S. 1204–1213.

Lutter, Marcus: Haftung und Haftungsfreiräume des GmbH-Geschäftsführers, GmbHR 2000, S. 301–312.

Lutter, Marcus/Banerjea, Nirmal Robert: Die Haftung des Geschäftsführers für existenzvernichtende Eingriffe ZIP 2003, S. 2177–2180.

Lutter, Marcus/Hommelhoff, Peter: GmbH-Gesetz Kommentar, 20. Aufl., Köln 2020 [zitiert: *Bearbeiter*, in: Lutter/Hommelhoff GmbHG].

Lutter, Marcus/Hommelhoff, Peter: GmbH-Gesetz Kommentar, 15. Aufl., Köln 2000 [zitiert: *Lutter/Hommelhoff*, GmbHG, 15. Aufl. 2000].

Mestmäcker, Ernst Joachim/ Behrens, Peter: Das Gesellschaftsrecht der Konzerne im internationalen Vergleich. Ein Symposium des Max-Planck-Instituts für ausländisches und internationales Privatrecht, Hamburg, Baden-Baden, 1991 [zitiert: *Bearbeiter*, in: Mestmäcker/Behrens].

Michalski, Lutz: Kommentar zum Gesetz betreffend die Gesellschaften mit beschränkter Haftung, Band I (Systematische Darstellungen, §§ 1–34 GmbHG), 1. Aufl., München 2002 [zitiert: *Bearbeiter*, in: Michalski GmbHG, 1. Aufl. 2002].

Michalski, Lutz/Heidinger, Andreas/Leible, Stefan/Schmidt, Jessica: Kommentar zum Gesetz betreffend die Gesellschaften mit beschränkter Haftung (GmbH-Gesetz), Band I (§§ 1–34 GmbHG) und Band II (§§ 35–85 GmbHG), 3. Aufl., München 2017 [zitiert: *Bearbeiter*, in: MHLS GmbHG].

Möllers, Thomas M. J.: Juristische Methodenlehre, München 2017.

Morlok, Martin: Die vier Auslegungsmethoden – was sonst?, in: *Gabriel, Gottfried/Gröschner, Rolf,* Subsumtion – Schlüsselbegriff der juristischen Methodenlehre, Tübingen 2012, S. 179–214 [zitiert: *Morlok,* in: Gabriel/Gröschner Subsumtion].

Mülbert, Peter O./Leuschner, Lars: Aufsteigende Darlehen im Kapitalerhaltungs- und Konzernrecht – Gesetzgeber und BGH haben gesprochen, NZG 2009, S. 281–288.

Mugdan, Benno: Die gesammten Materialien zum Bürgerlichen Gesetzbuch für das Deutsche Reich, Band I, Berlin 1899.

Münchener Handbuch des Gesellschaftsrechts Band 3: Gesellschaft mit beschränkter Haftung ® siehe unter *Wicke/Bachmann.*

Münchener Kommentar zum Aktiengesetz ® siehe unter *Goette/Habersack.*

Münchener Kommentar zum Aktiengesetz, 2. *Aufl.* 2000/2003 ® siehe unter *Kropff/Semler.*

Münchener Kommentar zum Anfechtungsgesetz ® siehe unter *Weinland.*

Münchener Kommentar zum Bürgerlichen Gesetzbuch ® siehe unter *Säcker/Rixecker/Oetker/Limperg.*

Münchener Kommentar zum GmbHG ® siehe unter *Fleischer/Goette.*

Münchener Kommentar zur Insolvenzordnung ® siehe unter *Stürner/Eidenmüller/Schoppmeyer.*

Münchener Kommentar zur ZPO ® siehe unter *Rauscher/Krüger.*

Noack, Ulrich/Servatius, Wolfang/Haas, Ulrich: Gesetz betreffend die Gesellschaften mit beschränkter Haftung, 23. Aufl., München 2022 [zitiert: *Bearbeiter,* in: Noack/Servatius/Haas GmbHG].

Oppenländer, Frank/Trölitzsch, Thomas: Praxishandbuch der Gmbh-Geschäftsführung, 3. Aufl., München 2020, [zitiert: *Bearbeiter,* in: Oppenländer/Trölitzsch].

Paefgen, Walter: Existenzvernichtungshaftung nach Gesellschaftsdeliktsrecht – Besprechung des BGH-Urteils vom 16.7.2007, DB 2007, S. 1907–1912.

Pelz, Christian: Die persönliche Haftung des Geschäftsführers einer GmbH, RNotZ 2003, S. 415–433.

Podewils, Felix: Haftungsbegrenzung nach arbeitsrechtlichen Grundsätzen auch für Vorstände und Geschäftsführer?, DB 2018, S. 2304–2307.

Rauscher, Thomas/Krüger, Wolfgang: Münchener Kommentar zur Zivilprozessordnung, Band I (§§ 1–354 ZPO), 6. Aufl., München 2020 [zitiert: *Bearbeiter,* in: MüKoZPO].

Reese, Jürgen: Die Haftung von Managern im Innenverhältnis, DStR 1995, S. 532–537.

Röhricht, Volker: Die GmbH im Spannungsfeld zwischen wirtschaftlicher Dispositionsfreiheit ihrer Gesellschafter und Gläubigerschutz, in: *Geiß, Karlmann/Nehm, Kay/Brandner, Erich/Hagen, Horst,* Festschrift aus Anlass des fünfzigjährigen Bestehens des BGH, 2000 München, S. 83–122 [zitiert: *Röhricht,* in: FS 50 Jahre BGH].

Rowedder, Heinz: Bestandsschutz im faktischen GmbH-Konzern, in: *Hommelhoff, Peter et al.,* Entwicklungen im GmbH-Konzernrecht, ZGR 1986, S. 20–38.

Rowedder, Heinz/Pentz, Andreas: Gesetz betreffend die Gesellschaften mit beschränkter Haftung Kommentar, 7. Aufl., München 2022 [zitiert: *Bearbeiter,* in: Rowedder/Pentz GmbHG].

Rowedder, Heinz/Schmidt-Leithoff, Christian: Gesetz betreffend die Gesellschaften mit beschränkter Haftung Kommentar, 5. Aufl., München 2013 [zitiert: *Bearbeiter,* in: Rowedder/Schmidt-Leithoff GmbHG, 5. Aufl. 2013].

Rowedder, Heinz/Schmidt-Leithoff, Christian: Gesetz betreffend die Gesellschaften mit beschränkter Haftung Kommentar, 4. Aufl., München 2002 [zitiert: *Bearbeiter,* in: Rowedder/Schmidt-Leithoff GmbHG, 4. Aufl. 2002].

Sachs, Michael: Grundgesetz Kommentar, 9. Aufl., München 2021 [zitiert: *Bearbeiter,* in: Sachs GG].

Säcker, Jürgen/Rixecker, Roland/Oetker, Hartmut/Limperg, Bettina: Münchener Kommentar zum Bürgerlichen Gesetzbuch, Band I (§§ 1–240 BGB), Band II (§§ 241–310 BGB), Band III (§§ 311–432 BGB), 9. Aufl., München 2021, 2022, [zitiert: *Bearbeiter,* in: MüKoBGB].

Saenger, Ingo/Inhester, Michael: GmbHG Handkommentar, 4. Aufl., Baden-Baden 2020 [zitiert: *Bearbeiter,* in: Saenger/Inhester GmbHG].

Schmidt, Karsten: Entlastung, Entlastungsrecht und Entlastungsklage des Geschäftsführers einer GmbH – Versuch einer Neuorientierung, ZGR 1978, S. 425–446.

Schmidt, Karsten: Konkursverschleppungshaftung und Konkursverursachungshaftung, ZIP 1988, S. 1497–1507.

Schmidt, Karsten: Reform der Kapitalsicherung und Haftung in der Krise nach dem Regierungsentwurf des MoMiG, GmbHR 2007, S. 1072–1080.

Schmidt, Karsten/Lutter, Marcus: Aktiengesetz Kommentar, Band I (§§ 1–149 AktG), 4. Aufl., Köln 2020 [zitiert: *Bearbeiter,* in: K. Schmidt/Lutter AktG].

Schneider, Sven H.: (Mit)Haftung des Geschäftsführers eines wegen Existenzvernichtung haftenden Gesellschafters, GmbHR 2011, S. 685–692.

Schneider, Sven H.: (Mit)Haftung des Geschäftsführers eines wegen Existenzvernichtung haftenden Gesellschafters, in: *Burgard, Ulrich/Hadding, Walther/Mülbert, Peter/Nietsch, Michael/Welter, Reinhard,* Festschrift für Uwe H. Schneider zum 70. Geburtstag, Köln 2011, S. 1177–1198 [zitiert: *S. H. Schneider,* in: FS U. H. Schneider].

Schneider, Uwe H.: Haftungsmilderung für Vorstandsmitglieder und Geschäftsführer bei fehlerhafter Unternehmensleitung, in: *Hadding, Walther/Immenga, Ulrich/Mertens, Hans-Joachim/Pleyer, Clemens/Schneider, Uwe H.,* Festschrift für Winfried Werner zum 65. Geburtstag, Berlin 1984, S. 795–816 [zitiert: *U. H. Schneider,* in: FS Werner].

Schneider, Uwe H.: Konzernleitung als Rechtsproblem, BB 1981, S. 249–259.

Schneider, Uwe H.: Konzernleitung durch Weisungen der Gesellschafter der abhängigen GmbH an ihre Geschäftsführer? – Ein Beitrag zur Konzerngründung und zur Konzernleitung im GmbH-Konzern in: *Krieger, Gerd/Lutter, Marcus/Schmidt, Karsten,* Festschrift für Michael Hoffmann-Becking zum 70. Geburtstag, München 2013, S. 1071–1084 [zitiert: *U. H. Schneider,* in: FS Hoffmann-Becking].

Schneider, Uwe H.: Stimmverbote im Gmbh-Konzern, ZHR 150 (1986), S. 609–630.

Schneider Uwe H./Schneider, Sven H.: Die zwölf goldenen Regeln des GmbH-Geschäftsführers zur Haftungsvermeidung und Vermögenssicherung, GmbHR 2005, 1229–1235.

Scholz, Franz: Kommentar zum GmbH-Gesetz, Band I (§§ 1–34 GmbHG), 13. Aufl. 2022, Band II (§§ 35–52 GmbHG) 12. Aufl. 2021 (Stand der Aktualisierung: 01.01.2023), Köln 2014 u.a. [zitiert: *Bearbeiter*, in: Scholz GmbHG].

Scholz, Franz: Kommentar zum GmbH-Gesetz, Band II (§§ 35–52 GmbHG), 11. Aufl., Köln 2013 [zitiert: *Bearbeiter*, in: Scholz GmbHG, 11. Aufl. 2013].

Schramm, Volker: Konzernverantwortung und Haftungsdurchgriff im qualifizierten faktischen GmbH-Konzern, München 1991.

Sernetz, Herbert/Haas, Ulrich: Kapitalaufbringung und erhaltung in der GmbH, Köln 2003 [zitiert: *Bearbeiter*, in: Sernetz/Haas, Kapitalaufbringung und erhaltung].

Stein, Ursula: Das faktische Organ, Köln u.a. 1984 (zugl. Diss. Frankfurt a. M. 1983).

Stimpel, Walter: Zum Auszahlungsverbot des § 30 Abs. 1 GmbHG, in: *Lutter, Marcus/Ulmer, Peter/Zöllner, Wolfgang*, Festschrift 100 Jahre GmbH-Gesetz, Köln 1992, S. 335–361 [zitiert: *Stimpel*, in: FS 100 Jahre GmbHG].

Strohn, Lutz: Existenzvernichtungshaftung – Vermögensvermischungshaftung – Durchgriffshaftung, ZInsO 2008, S. 706–712.

Strohn, Lutz: Geschäftsführerhaftung als Innen und Außenhaftung, ZInsO 2009, 1417–1425.

Stürner, Rolf/Eidenmüller, Horst/Schoppmeyer, Heinrich: Münchener Kommentar zur Insolvenzordnung, Band 1 (§ 15a), 4. Aufl., München 2019 [zitiert: *Bearbeiter*, in: MüKoInsO].

Sturm, Andreas: Entscheidungsbesprechung BGH, Urteil vom 16.9.2002 – II ZR 107/01, GmbHR 2003, S. 573–579.

Thelen, Werner: Der Gläubigerschutz bei Insolvenz der Gesellschaft mit beschränkter Haftung, ZIP 1987, 1027.

Tröger, Tobias/Dangelmayer, Stephan: Eigenhaftung der Organe für die Veranlassung existenzvernichtender Leitungsmaßnahmen im Konzern, ZGR 2011, S. 558–588.

Ulmer, Peter: Der Gläubigerschutz im faktischen GmbH-Konzern beim Fehlen von Minderheitsgesellschaftern, ZHR 148 (1984), S. 391–427.

Ulmer, Peter: Hachenburg Gesetz betreffend die Gesellschaften mit beschränkter Haftung Kommentar Band II (§§ 34–52 GmbHG), Band III (§§ 53–85 GmbHG), 8. *Aufl.*, Berlin u.a. 1992, 1997 [zitiert: *Bearbeiter*, in: Hachenburg GmbHG].

Ulmer, Peter/Habersack, Mathias/Löbbe, Marc: GmbHG Gesetz betreffend die Gesellschaften mit beschränkter Haftung Großkommentar, Band III (§§ 53–88 GmbHG) 2. Aufl., Tübingen 2016 [zitiert: *Bearbeiter*, in: UHL GmbHG].

Vetter, Jochen: Rechtsfolgen existenzvernichtender Eingriffe, ZIP 2003, S. 601–612.

Verse, Dirk: Zur Enthaftung der Geschäftsführer bei Befolgung von Gesellschafterbeschlüssen. Überlegungen zu § 43 Abs. 3 Satz 3 GmbHG, in: *Dreher, Meinrad/Mülbert, Peter/Verse, Dirk/Drescher, Ingo,* Festschrift für Alfred Bergmann zum 65. Geburtstag, Berlin/Boston 2018, S. 781–798 [*Verse,* in: FS Bergmann].

von Mangoldt, Hermann/Klein, Friedrich/Strack, Christian: Kommentar zum Grundgesetz, 7. Aufl., München 2018 [zitiert: *Bearbeiter*, in: v. Mangoldt/Klein/Starck GG].

von Staudinger, Julius: Kommentar zum Bürgerlichen Gesetzbuch, Buch 1: Allgemeiner Teil: §§ 134–138 (Neubearbeitung 2021); Buch 3: §§ 397–432 (Neubearbeitung 2022), Berlin u.a. 2022 [zitiert: *Bearbeiter*, in: Staudinger BGB].

Weinland, Alexander: Münchener Kommentar zum Anfechtungsgesetz, 2. Aufl., München 2022 [zitiert: *Bearbeiter*, in: MüKoAnfG].

Weller, Marc-Philippe: Die Neuausrichtung der Existenzvernichtungshaftung durch den BGH und ihre Implikationen für die Praxis – zugleich Besprechung BGH vom 16.7.2007 – II ZR 3/04, ZIP 2007, S. 1681–1688.

Werner, Rüdiger: Möglichkeiten einer privatautonomen Beschränkung der Geschäftsführerhaftung, GmbHR 2014, S. 792–798.

Wicke, Hartmut: Gesetz betreffend die Gesellschaften mit beschränkter Haftung (GmbHG) Kommentar, 4. Aufl., München 2020 [zitiert: *Wicke, GmbHG*].

Wicke, Hartmut/Bachmann, Gregor: Münchener Handbuch des Gesellschaftsrechts Band 3: Gesellschaft mit beschränkter Haftung, 5. Aufl., München 2018 [zitiert: *Bearbeiter,* in: MHdB GmbH].

Wiedemann, Herbert: Aufstieg und Krise des GmbH-Konzernrechts, GmbHR 2011, S. 1009–1016.

Wiedemann, Herbert: Die Bedeutung der ITT-Entscheidung, JZ 1976, S. 392–397.

Wigand, Martin: Verzicht, Vergleich und sonstige Haftungsbeschränkungen im Gesellschaftsrecht, Berlin 2012 (zugl. Diss. Zürich 2012) [zitiert: *Wigand,* Haftungsbeschränkungen].

Wilhelm, Jan: Kapitalgesellschaftsrecht mit Grundzügen des Kapitalmarktrechts, 5. Aufl., Berlin 2020.

Wilhelm, Jan: Rechtsform und Haftung bei der juristischen Person, Köln u.a. 1981 (zugl. Habil. Bonn 1978) [zitiert: *Wilhelm,* Rechtsform und Haftung].

Wilhelm, Jan: Zurück zur Durchgriffshaftung – das „KBV"-Urteil des II. Zivilsenats des BGH vom 24.6.2002, NJW 2003, S. 175–180.

Ziemons, Hildegard: Die Haftung der Gesellschafter für Einflußnahmen auf die Geschäftsführung der GmbH, Köln u.a. 1996 (zugl. Diss. Bonn 1996).

Ziemons, Hildegard/Jaeger, Carsten/Pöschke, Moritz: Beck'scher Online Kommentar zum GmbHG, 54. Aufl., Stand: 01.11.2022, München 2022 [zitiert: *Bearbeiter,* in: BeckOK GmbHG].

Zöllner, Wolfgang: Die sogenannten Gesellschafterklagen im Kapitalgesellschaftsrecht, ZGR 1988, S. 392–422.

Zöllner, Wolfgang: Beschluß, Beschlußergebnis und Beschlußergebnisfeststellung – Ein Beitrag zu Theorie und Dogmatik des Beschlußrechts, in: *Schneider, Uwe H./Hommelhoff, Peter,* Festschrift für Marcus Lutter zum 70. Geburtstag, Köln 2000, S. 821–834 [zitiert: *Zöllner,* in: FS Lutter].

Zöllner, Wolfgang/Noack, Ulrich: Kölner Kommentar zum Aktiengesetz, Band 6 (§§ 15–22 AktG, §§ 291–328 AktG), 3. Aufl., Köln u.a. 2004 [zitiert: *Bearbeiter,* in: KölnKomm AktG].

www.ingramcontent.com/pod-product-compliance
Lightning Source LLC
Chambersburg PA
CBHW061252220326
41599CB00028B/5627